U0517602

A LIBRARY OF
DOCTORAL
DISSERTATIONS
IN SOCIAL SCIENCES IN CHINA

中国
社会科学
博士论文
文库

明清时期湖广天主教的传播与发展

The Diffusion and Development of Catholic in
Hu–guang Province during the Ming and Qing Dynasties

刘　芳　著

导师　汤开建

中国社会科学出版社

图书在版编目（CIP）数据

明清时期湖广天主教的传播与发展／刘芳著 . —北京：中国社会科学出版社，
2018.9

（中国社会科学博士论文文库）

ISBN 978 – 7 – 5203 – 2729 – 9

Ⅰ.①明… Ⅱ.①刘… Ⅲ.①罗马公教—传播—历史—研究—湖北—
明清时代②罗马公教—传播—历史—研究—湖南—明清时代 Ⅳ.①B979.2

中国版本图书馆 CIP 数据核字（2018）第 137471 号

出 版 人	赵剑英	
责任编辑	张　湉	
责任校对	韩天炜	
责任印制	王　超	

出　　版	中国社会科学出版社	
社　　址	北京鼓楼西大街甲 158 号	
邮　　编	100720	
网　　址	http://www.csspw.cn	
发 行 部	010 – 84083685	
门 市 部	010 – 84029450	
经　　销	新华书店及其他书店	

印　　刷	北京君升印刷有限公司	
装　　订	廊坊市广阳区广增装订厂	
版　　次	2018 年 9 月第 1 版	
印　　次	2018 年 9 月第 1 次印刷	

开　　本	710×1000　1/16	
印　　张	17.25	
插　　页	2	
字　　数	292 千字	
定　　价	75.00 元	

凡购买中国社会科学出版社图书，如有质量问题请与本社营销中心联系调换
电话:010 – 84083683
版权所有　侵权必究

《中国社会科学博士论文文库》
编辑委员会

主　　任：李铁映

副 主 任：汝　信　　江蓝生　　陈佳贵

委　　员：（按姓氏笔画为序）

王洛林　　王家福　　王辑思

冯广裕　　任继愈　　江蓝生

汝　信　　刘庆柱　　刘树成

李茂生　　李铁映　　杨　义

何秉孟　　邹东涛　　余永定

沈家煊　　张树相　　陈佳贵

陈祖武　　武　寅　　郝时远

信春鹰　　黄宝生　　黄浩涛

总 编 辑：赵剑英

学术秘书：冯广裕

总　序

　　在胡绳同志倡导和主持下，中国社会科学院组成编委会，从全国每年毕业并通过答辩的社会科学博士论文中遴选优秀者纳入"中国社会科学博士论文文库"，由中国社会科学出版社正式出版，这项工作已持续了12年。这12年所出版的论文，代表了这一时期中国社会科学各学科博士学位论文水平，较好地实现了本文库编辑出版的初衷。

　　编辑出版博士文库，既是培养社会科学各学科学术带头人的有效举措，又是一种重要的文化积累，很有意义。在到中国社会科学院之前，我就曾饶有兴趣地看过文库中的部分论文，到社科院以后，也一直关注和支持文库的出版。新旧世纪之交，原编委会主任胡绳同志仙逝，社科院希望我主持文库编委会的工作，我同意了。社会科学博士都是青年社会科学研究人员，青年是国家的未来，青年社科学者是我们社会科学的未来，我们有责任支持他们更快地成长。

　　每一个时代总有属于它们自己的问题，"问题就是时代的声音"（马克思语）。坚持理论联系实际，注意研究带全局性的战略问题，是我们党的优良传统。我希望包括博士在内的青年社会科学工作者继承和发扬这一优良传统，密切关注、深入研究21世纪初中国面临的重大时代问题。离开了时代性，脱离了社会潮流，社会科学研究的价值就要受到影响。我是鼓励青年人成名成家的，这是党的需要，国家的需要，人民的需要。但问题在于，什么是名呢？名，就是他的价值得到了社会的承认。如果没有得到社会、人民的承认，他的价值又表现在哪里呢？所以说，价值就在于对社会重大问题的回答和解决。一旦回答了时代性的重大问题，就必然会对社会产生巨大而深刻的影响，你也因此而实现了你的价值。在这方面年轻的博士有很大的优势：精力旺盛，思维敏捷，勤于学习，勇于创新。但青年学者要多向老一辈学者学习，博士尤其要很好地向导师学习，在导师的指导下，发挥自己的优势，研究重大问题，就有可能出好的成果，实现自己的价值。过去 12 年入选文库的论文，也说明了这一点。

什么是当前时代的重大问题呢？纵观当今世界，无外乎两种社会制度，一种是资本主义制度，一种是社会主义制度。所有的世界观问题、政治问题、理论问题都离不开对这两大制度的基本看法。对于社会主义，马克思主义者和资本主义世界的学者都有很多的研究和论述；对于资本主义，马克思主义者和资本主义世界的学者也有过很多研究和论述。面对这些众说纷纭的思潮和学说，我们应该如何认识？从基本倾向看，资本主义国家的学者、政治家论证的是资本主义的合理性和长期存在的"必然性"；中国的马克思主义者，中国的社会科学工作者，当然要向世界、向社会讲清楚，中国坚持走自己的路一定能实现现代化，中华民族一定能通过社会主义来实现全面的振兴。中国的问题只能由中国人用自己的理论来解决，让外国人来解决中国的问题，是行不通的。也许有的同志会说，马克思主义也是外来的。但是，要知道，马克思主义只是在中国化了以后才解决中国的问题的。如果没有马克思主义的普遍原理与中国革命和建设的实际相结合而形成的毛泽东思想、邓小平理论，马克思主义同样不能解决中国的问题。教条主义是不行的，东教条不行，西教条也不行，什么教条都不行。把学问、理论当教条，本身就是反科学的。

在 21 世纪，人类所面对的最重大的问题仍然是两大制度问题：这两大制度的前途、命运如何？资本主义会如何变化？社会主义怎么发展？中国特色的社会主义怎么发展？中国学者无论是研究资本主义，还是研究社会主义，最终总是要落脚到解决中国的现实与未来问题。我看中国的未来就是如何保持长期的稳定和发展。只要能长期稳定，就能长期发展；只要能长期发展，中国的社会主义现代化就能实现。

什么是 21 世纪的重大理论问题？我看还是马克思主义的发展问

题。我们的理论是为中国的发展服务的，决不是相反。解决中国问题的关键，取决于我们能否更好地坚持和发展马克思主义，特别是发展马克思主义。不能发展马克思主义也就不能坚持马克思主义。一切不发展的、僵化的东西都是坚持不住的，也不可能坚持住。坚持马克思主义，就是要随着实践，随着社会、经济各方面的发展，不断地发展马克思主义。马克思主义没有穷尽真理，也没有包揽一切答案。它所提供给我们的，更多的是认识世界、改造世界的世界观、方法论、价值观，是立场，是方法。我们必须学会运用科学的世界观来认识社会的发展，在实践中不断地丰富和发展马克思主义，只有发展马克思主义才能真正坚持马克思主义。我们年轻的社会科学博士们要以坚持和发展马克思主义为己任，在这方面多出精品力作。我们将优先出版这种成果。

2001 年 8 月 8 日于北戴河

摘　　要

　　明清时期，湖广地区作为独立政区，一直接纳众多天主教修会在此传教，并最终成为一个统一的传教区域。某种程度上而言，这为中国天主教史、区域社会文化史的研究提供了可行性考察素材。本研究在收集了大量的传教士报告、书信、传记以及教会论著和中文原始档案的基础上，以实证、文本比对的研究方法，动态地考察了自明末罗明坚神父进入湖广到1840年鸦片战争爆发前，天主教在此地区传播与发展的情况，以期对明清时期湖广地区天主教传播与发展的历程进行钩沉发微，并最终揭示出湖广地区天主教事业的不同面相与特征。

　　本书由绪论、正文和结论三个部分组成。其中绪论部分对选题缘起和写作思路作出解释，并回顾国内外学术界关于中国天主教史、区域史的研究状况。同时还对本书所参考的主体材料和研究方法进行简单介绍。

　　正文共分四章，其中第一、二、三章是历史考察部分，第四章是专题讨论部分。

　　第一章简要介绍基督教三次入华历程，并对明末天主教入华的整个世界背景作出解释。同时介绍湖广教区的建立，以期从宏观上对整个湖广天主教的发展有一个大致的了解。最后还简要梳理早期进入湖广的几名传教士的活动。

　　第二章主要介绍清初至1724年雍正禁教令下达之前湖广天主教的发展情况，同时对清初官方天主教政策、多修会的传教活动进行梳理，指出早期湖广天主教在政府的优容下，采用上层传教策略达到了在湖广开辟传教点的目的。这一时期，先后有不同的修会进入湖广传教，他们之间的关系是相当微妙的，这使湖广地区天主教的发展呈现出独特的多修会交织的特征。

　　第三章主要分析禁教时期湖广天主教的发展情况。与前一个时期相比，禁教时期湖广天主教的发展情况愈发复杂，先后有六个修会来湖广工作。由于来自不同的国家，他们在湖广地区有着各自的传教势力范围，在传教方法上也不尽相同，因此在传教过程中时常出现纷争，这对湖广地区天主教的发展有一定的消极影响。另外，这一时期，由于政府打压，天主教开始收缩至边缘地区，在下层民众中收获了不少基督徒，天主教从此在湖广走上了底层化的道路。但是值得注意的是，湖广地区由于地理、历史、人文等多方面原因，其底层化、本地化又与山东、陕西、福建等地有着截然不同之处，深深打上了地区的烙印。

第四章为专题讨论，主要探讨明清时期湖广地区天主教传播与发展的特点。以个案分析的方式探讨明清时期尤其是禁教时期，湖广地区政府对天主教的政策及态度，指出官员的宽松态度是天主教在此屡禁不止的原因之一。同时，还总结湖广地区多修会传教的特点和各修会间的分歧。此外，用分析统计的方法考察了湖广地区天主教徒的社会构成，并对湖广天主教在禁教时期的底层化作出分析。对意大利中国学院的建立及中国学生培养的梳理，可以发现这一时期湖广地区天主教本地化最突出的表现即在于神职人员的本土化。

最后，结语部分是对整个研究的回顾、总结，指出湖广地区的天主教在长达三百年的发展历程中，经历了从初期繁荣到禁教期的秘密存留的过程，每个时期都有自己鲜明的时代特色。开教之初，传教士以大城市为首要关注点，而禁教期则不得不退居偏远地带。同时传教对象亦发生巨大转变，以早期的上层文人士绅为主，逐渐转变为以底层贫民为主，传教对象的转变也意味着信教方式、修持方法均出现了重大改变。而虽然同属于底层传教，湖广地区天主教的传播与发展又与陕西、山东、福建等地不同，表现出自己的地方特色。

关键词：明清时期；天主教；湖广；禁教

Abstract

Hunan and Hubei as a unified mission area (Hu-guang), from the late Ming until the outbreak of the Opium War in 1840, has accepted a large number of religious groups of Catholic, and provides so much material for the research of the history of the Chinese Catholic. This dissertation focus on the activites of the missionaries of Catholic during the Ming and Qing dynasties based on many reports, letters, biographies, and archives of the church. It explained why Catholic would develop during the great Prohibition, and its difference from the other neighbor provinces.

In introduction part, the author explains the reason of this topic, the main idea, and then gives a review of relevant theoretical background and studies, which is followed by a brief explanation of the basic materials and analytical structure of this thesis.

Chapter I, the author briefly introduced the history of Catholic in China, and the international situation in the 16th century when Catholic came to China for the third time. Also the author analyzes the Catholic Diocese of the Hu-guang and the pioneers of the mission who entered into the province in the end of the Ming dynasty.

Chapter II, the author describes the policy of the Chinese government and the activities of the missionaries who belong to different orders from the beginning of the Qing dynasty until the 1724 when the Emperor of Yongzhen announced the prohibition of Catholic. The author pointed out that the missionaries preached many rich persons and officials under the protection of the government in the early of the Qing dynasty. During this period, there arrived so many missionaries form different orders. Their relationship was delicate and that makes the development of the Catholic in this province has its characteristic.

Chapter Ⅲ, author describes the development of Catholic during the Prohibition. Compared with the previous period, the situation is more complicated. During this period, there were six different religious groups working in this province. Since they come from different countries and orders, they had their own parish and different opinions on the methods of spreading Catholic. Some times that leads to disputes and it influenced on the development of Catholic in this province. Also during this period, due to official pressure from the government, the Catholic began to retreat to the edge of the province, and gained a lot of poor Christians. Due to the differences of the geography, history and culture, the development of Catholic in Hu-guang province is different from other parts, such as Shandong, Shaanxi, and Fujian.

Chapter Ⅳ, analyzed several important questions: the attitude of the officials during the Qianlong period, and point out that the favor of the official on Catholic gave an impetus to the development of the religion; summarized the characteristics and the disputes between the orders; discussed the establish and influences of the Chinese college in Italy, point out the native clergy is important for the localization of Catholic.

Final chapter concluded the entire research, pointing out the characteristic of Catholic during the three periods in Hu-guang province. First, the clergies settled down in the big cites and preached in the rich. But during the prohibition, they moved to the country side and spread Catholic in the poor. But the development of the Catholic between the poor persons is different from the other provinces.

Keys words: Ming-Qing dynasties; Catholic; Hu-guang province; the Prohibition

目　　录

Contents

绪　　论

一　选题缘由

本书以明清时期湖广地区的天主教为研究对象，主要考察明末到1840年鸦片战争前，天主教在湖广地区传播与发展的历史。作为政区概念的湖广，始于元朝，后专指元明清时期直属中央政府管辖的国家一级行政区。元代，湖广省涵括今长江以南、湖北、湖南大部、广西、海南全省、贵州大部及雷州半岛。至明清时期，一般专指湖北湖南。康熙三十五年（1696），罗马教廷在中国设立宗座代牧区。两湖地区作为一个独立单元成为湖广代牧区，与四川、云南等宗座代牧区并列，直至咸丰六年（1856）才分成湖北、湖南两个教区。所以晚清以前，湖广地区无论是从政治、文化还是宗教事务上，一直都是一个统一整体，是区域社会文化史的研究对象。

湖广地区地处中国内陆中心、长江中游，北达中原、燕赵，西经三峡至巴蜀，南越南岭到两广，沿长江而下可达江西、安徽、江苏。自天主教入华以来，由于区位地理优势明显，湖广成为传教士进入内地的必经之地。晚清以前天主教在华传播的三百年时间里，这一地区接纳了众多不同国籍、不同修会的传教士。早在百年禁教前，就有意大利方济各会士担任湖广代牧。禁教后期，湖广地区又交付给意大利方济各会管理。同时，这一地区也是最早接触到遣使会士的教区之一。尤其是在耶稣会解散后，遣使会接替其在中国的传教工作，湖广地区一跃成为法国遣使会除北京之外的活动中心，在中国传教史上占有重要地位。另外，由于多方原因，湖广地区还成为多明我会、传信部中国神职人员的工作地。以往学者多关注耶稣会的研究，近年来随着西文档案材料的不断翻译整理，多明我会、遣使会、方济各会、巴黎外方传教会亦逐渐成为学界关注的焦点。考察湖广地区多修会交织下的天主教发展情况，无疑对深化明清时期天主教入华史的整体研究有一定意义。与此同时，以往学术界认为禁教时期天主教在中国备受打压，传教形势极不乐观。然而，通过对湖广教区天主教事业的考察，我们发现，由于地理环境优越、官府态度暧昧、传教策略多变等原因，禁教时期天主教在湖广不仅没有销声匿迹，反而得到长足发展，成为同时期最兴盛的传教区之一。通过梳理禁教时期湖广天主教的具体活动情况，分析天主教在湖广禁而不止的原因，可以使我们对整个中国天主教的形势有进一步的了解，对禁教时期天主教在华秘密存留的状况与因由有更为清晰的认识。另外，通过对比研究湖广教区与其他教区，如陕西、福建、山东等地的天主教发展情况，我们也可以发现，虽然湖广地区的天主教发展情形与其他教区存在着类似的地方，例如下层传教、信教中的色彩等，但还是更多地表现出地方差异性。如山东的天主教徒流入当地民间的其他教派中，福建天主教则在当地强宗大族的支持下成为地方上一大强盛势力，陕西天主教则逐渐与中国民间信仰相混合，早期的传教士亦被神像化，成为一方保护神。考察湖广地区天主教事业的不同面相，不仅对我们了解中国天主教史具有重要意义，更为重要的是将加深我们对整个明清时期中国社会历史文化变迁的认知与理解。同时，通过研究湖广天主教，我们还发现这一地区存在相当数量的基督教社区。这种基督教社区由单一教徒组成，与外界环境相对隔绝。这类社区在湖广偏僻的山区大量存在，甚至一直延续至近代。考察湖广天主教这种教会社区的产生、发展及演变，不仅能加深我们对当时底层民众社会生活的了解，同时也可以深化我们对中国传统社会社团组织、宗教组织的认识。最后，湖广教区天主教传播主要依赖于大量的本地神职人员。通过考察湖广本地神职人员的活动情况，仔细分析他们在中国天主教史中的作用，不仅可以对以往在中国天主教史上默默无闻的人们做出准确客观的评价，同时也可以对天主教在禁教时期日益本土化的进程有着更为深刻的理解。综上所述，研究湖广地区天主教的发展历史在学术上具有较为重要的意义。

二 研究现状

目前中国天主教史研究已经逐渐成为学术界的热点，国内外涌现出大批相关成果。据统计，仅国内学者1990—2007年在全国各级刊物上发表的相关论文就有150多篇，几乎占1949年以来我国学者在此领域所发表论文总数的 1/2 强。与此同时，相关学术史研究亦是层出不穷，为我们了解整个在华天主教史的研究现状提供了诸多信息。由于篇幅有限，本书仅选取部分研究成果作一简单介绍。首先是台湾学者黄一农的《明末清初天主教传华史研究的回顾与展望》，① 对 1949 年至 1994 年海内外学者有关明末清初天主教入华史的研究成果进行了详细的梳理，是我们了解当前天主教史研究现状不可多得的佳作之一。在黄一农的影响下，大陆学者张先清的《1990—1996 年明清天主教在华传播史研究概述》，② 对 1990 年至 1996 年大陆学者关于明清天主教的成果作了详细统计与分类，指出目前学术界在明清天主教在华研究史上主要有以下几个热点方向。一是关于来华耶稣会士活动的评价问题。目前学术界对此问题尚无定论，学者们从多角度出发对此问题进行探讨与争论，对扩展学术思路，重新审视历史有着较为积极的作用。③ 二是关于来华耶稣会士。以往学术界关注较多的是利玛窦、罗明坚、南怀仁等。近些年来，研究视角也开始扩大到其他传教士身上，涌现出大量文章。④ 三是中西思想文化的交流与冲撞。早期中国学

① 黄一农：《明末清初天主教传华史研究的回顾与展望》，台湾《新史学》1996 年第 7 卷第 1 期。

② 张先清：《1990—1996 年间明清天主教在华传播史研究概述》，《中国研究史动态》1998 年第 6 期。

③ 何桂春：《十年来明清在华耶稣会士研究述评》，《中国史研究动态》1992 年第 5 期；康志杰：《也谈"关于明清耶稣会士在华活动评价的几个问题"》，《学术月刊》1993 年第 10 期；何桂春：《关于明清耶稣会士在华活动评价的几个问题》，《学术月刊》1992 年第 11 期；许明龙：《试评 18 世纪末以前来华的欧洲耶稣会士》，《世界历史》1993 年第 4 期；万明：《明代后期西方传教士来华尝试及其成败述论》，《北京大学学报》1993 年第 5 期；宝成关：《明末西学东渐重评》，《学术研究》1994 年第 3 期；宝成关：《清初西学输入的成就与局限》，《史学月刊》1995 年第 3 期；何桂春：《〈中俄尼布楚条约〉与耶稣会士》，《世界宗教研究》1990 年第 1 期；等等。

④ 徐明德：《论意籍汉学家卫匡国的历史功绩》，《世界宗教研究》1995 年第 2 期；沈定平：《论卫匡国在中西文化交流史上的地位与作用》，《中国社会科学》1995 年第 3 期；许明龙：《卫匡国在华行迹再探》，《世界宗教研究》1995 年第 1 期；顾卫民：《本世纪中国学者对马尔蒂尼（卫匡国）的介绍与研究》，《社会科学》1994 年第 9 期；徐明德：《论意大利汉学家卫匡国在中意文化交流史上的卓越功绩》，载陈村富主编《宗教与文化论丛》，东方出版社 1994 年版；林金水：《艾儒略与明末福州社会》，《海交史研究》1992 年第 2 期；林金水：《艾儒略与福建士大夫的交游——东西方文化的接触与对话，兼论天学与儒学的相容与排斥》，载朱维铮主编《基督教与近代文化》，上海人民出版社 1994 年版；林金水、吴怀民：《艾儒略在华传教活动的结束——记艾氏在闽北》，载陈村富主编《宗教与文化论丛》，东方出版社 1994 年版；林金水：《试论艾儒略传播基督教的策略与方法》，《世界宗教研究》1995 年第 1 期；计翔翔：《金尼阁与中西文化交流》，《杭州大学学报》1994 年第 3 期；计翔翔：《明末在华天主教士金尼阁事迹考》，《世界历史》1995 年第 1 期；等等。

者过多地关注西学东渐，而对中国文化西传欧洲的影响则鲜有研究，目前此种情况也得到改善。① 四是从科技史角度研究耶稣会士在华科技活动。目前，科技史研究成为学术热点，相关成果层出不穷。② 此外，还有郭熹微的《黄一农及其明清天主教传华史研究》③、陈开华的《二十世纪汉语界的天主教传华史研究综述》④、钱国权的《天主教在华传播史的研究状况概述》⑤、荆世杰的《50 年来中国天主教研究的回顾与前瞻》⑥ 等均是我们了解明清天主教在华传教史的基本参考文献。在此不予赘述。

早期中国天主教史研究的热点多集中在来华耶稣会上，而对其他修会，如方济各会、遣使会、多明我会等较少关注。诚然，入华西方传教士无论是从人数，还是从规模、产生的影响上而言，耶稣会在中西方文化交流上的贡献确实为其他修会难以企及。但是，从整个中国天主教史研究的层面上看，遣使会、方济各会、多明我会、巴黎外方传教会在中国社会底层群众中的渗透以及本地神职人员的培养教育等方面，却也有着耶稣会无法比拟的优势。此外，由于中国各地区在政治、经济、文化上存在巨大差异，故而天主教在各地区的传播也深深地打上了地域的烙印。曾有西方学者说过：基督教早期在中国发展"地区性和本土的因素起着决定性作用"⑦。因此，如果我们要想更好地理解天主教在中国的情况，首先应当将传教活动置于具体的区域社会历史背景中加以考察，综合看待教会与传播区域社会之间的互动关系，只有这样才能更完整地理解天主教在明清社

---

① 林金水：《明清之际朱熹理学在西方的传播与影响》，《朱子学刊》1994 年第 1 辑；许敏：《明清之际耶稣会传教士与中国社会生活的西传——西方人眼里中国人的衣食住行》，《史学集刊》1992 年 1 期；许敏：《西方传教士对明清之际中国婚姻的论述》，《中国史研究》1994 年第 3 期；等等。

② 朱亚宗：《科学的创造者与文化的迷失者——徐光启历史角色新探》，《自然辩证法通讯》1990 年第 2 期；陆敬严：《中德科技交流的先驱——汤若望》，《中国科技史料》1993 年第 2 期；江晓原：《通天捷径——明清之际耶稣会士在华传播的欧洲天文学说及其作用与意义》，载朱维铮主编《基督教与近代文化》，上海人民出版社 1994 年版；等等。

③ 郭熹微：《黄一农及其明清天主教传华史研究》，《世界宗教研究》2000 年第 2 期。

④ 陈开华：《二十世纪汉语界的天主教传华史研究综述》，《中国天主教》2004 年第 3 期。

⑤ 钱国权：《天主教在华传播史的研究状况概述》，《甘肃社会科学》2005 年第 3 期。

⑥ 荆世杰：《50 年来中国天主教研究的回顾与前瞻》，《南京晓庄学院学报》2007 年第 1 期。

⑦ ［美］孟德卫：《灵与肉：山东的天主教，1650—1785》，潘琳译，大象出版社 2009 年版，第126 页。

会生活中的真实处境，使原先单纯研究西方教会在华活动史逐渐转变为明
清天主教发展的区域社会文化史。有鉴于此，近些年来学术界拓宽研究视
野，在多修会研究、区域史研究方面取得了一系列成果。

　　在多修会史的研究中，国内学者汤开建教授首先发表了研究论文
《明清之际方济各会在中国的传教》①，从而开辟了明清西方教会在华传教
史研究的新领域。此后崔维孝博士的《明清之际西班牙方济会在华传教
研究：1579—1732》②，在解读大量西班牙语、葡萄牙语原始档案材料的
基础上，对明清之际西班牙方济会在华传教的各个方面均作了翔实的介绍
与分析。暨南大学韦羽博士的《清中前期巴黎外方传教会在四川传教活
动研究》③，采用大量法文原始档案及材料，对巴黎外方传教会在四川的
传教活动作了较为详尽的梳理。中国社会科学院耿昇研究员的《试论巴
黎外方传教会的在华活动》④ 对 1949 年前巴黎外方传教会在华活动进行
了整理，为我们提供了不少研究线索。

　　在区域史研究方面，国外有美国学者罗伯特·安特蒙⑤对清代四川江
津地区的研究。英国学者狄德满⑥对清中叶山东地区民间秘密结社与天主
教之间的关系进行了研究。意大利学者梅欧金⑦对明末至清中叶天主教在
闽东的传播情况进行了考察。国内则有暨南大学汤开建教授发表的一系列
研究成果。《明清之际澳门与中国内地天主教传播之关系》⑧ 一文作者在
整理澳门中文档案的基础上，结合西文档案从四个方面介绍了澳门在中国
内地天主教中的重要作用，指出澳门为中国内地天主教事业提供了充分的

　　① 汤开建：《明清之际方济各会在中国的传教》，载卓新平主编《相遇与对话：明末清初中西文化交流国际学术研究会论文集》，宗教文化出版社 2003 年版。

　　② 崔维孝：《明清之际西班牙方济会在华传教研究：1579—1732》，中华书局 2006 年版。

　　③ 韦羽：《清中前期巴黎外方传教会在四川传教活动研究》，博士学位论文，暨南大学，2009 年。

　　④ 耿昇：《试论巴黎外方传教会的在华活动》，"明清时期的中国与西班牙"国际学术研讨会论文，澳门，2007 年。

　　⑤ Roberte Entenmann, "Catholics in Eighteenth Century Sichuan", in D. Baysm ed, *Christianity in China: from the Eighteenth Century to the Present*, Stanford University Press, 1996.

　　⑥ R. G. Tiedemann, "Christianity and Chinese ' Heterodox Sects ': Mass Conversion and Syncretism in Shangdong Province in the Early Eighteenth Century", *Monumenta Serica*, Vol. 44, 1996.

　　⑦ Eugenio Menegon, *Ancestors, Virgins and Friars: the Localization of Christianity in Late Imperial Mindong (Fujian, China) 1632–1863*, Berkerley: University of California, 2002.

　　⑧ 汤开建：《明清之际澳门与中国内地天主教传播之关系》，《汉学研究》2002 年第 2 期。

物资与人才准备，明清之际中国内地天主教之所以获得蓬勃发展，并且历经多次禁教而始终存续，澳门起了重要作用。《明末清初天主教在江南的传播与发展》① 主要考察了明末南京、上海、杭州、松江等地天主教的传播活动，并总结了当时江南天主教会异常繁荣的原因。《明清之际天主教在海南的传播、发展及兴衰》② 对海南天主教的传入、发展、衰落情况作了详细介绍。《明清之际甘青地区天主教传教活动钩沉》③ 对明末清初进入甘青地区的耶稣会士进行了详细梳理，指出虽然因为雍正、乾隆的相继禁教，甘青地区天主教的发展受到一定影响，但是天主教仍在当地留存了下来。《晚清天主教在陕西三边的传播》④ 利用《教案教务档》《清末教案》等清宫档案资料及其他第一手材料，结合西人著作，对圣母圣心会1874 年到 1914 年在陕西三边地区的传教活动作了较为系统的梳理，展现了圣母圣心会在陕西三边地区传教的概貌。台湾学者黄一农在《两头蛇：明末清初的第一代天主教徒》⑤ 一书中探讨了在中西文化夹缝中天主教信徒的处境，其中第八章以明末奉教士人韩霖为例，分析了天主教在其家乡山西绛州的发展。章文钦的《澳门与明清时代的中国天主教徒》⑥ 详细探讨了澳门这一拥有独特地理环境的地区与明清时期中国人信奉天主教的密切关系。伍昆明的《早期传教士进藏活动史》⑦ 描述了 16 世纪以来西方天主教传教士在西藏等地活动的历史，是第一部关于天主教在西藏传播的学术论著。张先清的《官府、宗族与天主教：17—19 世纪福安乡村教会的历史叙事》⑧ 系统考查了 1632 年至 1846 年天主教在闽东福安乡村社会的活动历程，对地方官府、宗族与乡村教会发展三者之间的关系进行了研究与总结，通过福安乡村教会的发展个案表明其作为明清时期地方社会最活跃的宗教组织之一，在地域宗教信仰中具有深层次的影响，不

①　汤开建：《明末清初天主教在江南的传播与发展》，《社会科学》2006 年第 12 期。

②　汤开建：《明清之际天主教在海南的传播、发展及兴衰》，《海南大学学报》2001 年第 4 期。

③　汤开建：《明清之际甘青地区天主教传教活动钩沉》，《兰州大学学报》2007 年第 5 期。

④　汤开建：《晚清天主教在陕西三边的传播》，《西北师大学报》2004 年第 4 期。

⑤　黄一农：《两头蛇：明末清初的第一代天主教徒》，上海古籍出版社 2006 年版。

⑥　章文钦：《澳门与明清时代的中国天主教徒》，《澳门历史文化》，中华书局 1999 年版。

⑦　伍昆明：《早期传教士进藏活动史》，中国藏学出版社 1992 年版。

⑧　张先清：《官府、宗族与天主教：17—19 世纪福安乡村教会的历史叙事》，中华书局 2009 年版。

仅能够有效利用宗族在基层社会关系网中的各种资源来维护乡村教会的发展，更重要的是为宗教信仰的传承提供了稳固的纽带。周萍萍的《十七、十八世纪天主教在江南的传播》① 一书以时间为序，对江南地区从明末直到乾隆禁教时期的传教情况作了系统分析，特别是重点研究了学术界普遍忽视的平民信徒和女性信徒这两个交叉却又互相不统属的奉教群体。秦和平的《基督宗教在四川传播史稿》② 对清代四川天主教的传播作了深入系统分析，论述了清中叶四川天主教得以保存与发展的关键所在，通过分析清中叶四川天主教传播活动遗留的若干迟缓效应，揭示出清季四川教案屡屡滋生的原因。夏瑰琦的《明末天主教杭州开教与活动考述》③ 对杭州地区早期天主教的传播活动作了论述。叶农的《明末天主教在广东地区的传播与发展》④ 分三个时期对明末天主教在广东的活动进行了系统探讨，不过重点仍是介绍罗明坚、利玛窦等传教士。王雪的《基督教与陕西》⑤、张晓虹的《陕西天主教教区的初步研究》⑥以陕西天主教教区的设置与划分为研究个案，通过分析天主教组织机构的设置与天主教地域传播之间的关系，来探讨天主教教区的划分对近代中国文化地域分布格局的影响。

相对而言，学者们对湖广地区的研究则略显薄弱。国外仅有古贝乐⑦、荣振华⑧、柯兰石⑨几位学者的研究涉及湖广地区。古书可以说是一部资料集，以时间为主线，分别对耶稣会、方济各会、遣使会在湖广的活动作了统计。荣文专讲中国内陆地区的传教情况，其中对湖广的天主教发展了统计与分析。柯书记载了武昌自开教以来的历史，其主要内容是1840 年后的武昌教务史，但作者也对武昌天主教的传入历史作了简单

---

① 周萍萍：《十七、十八世纪天主教在江南的传播》，社会科学文献出版社 2007 年版。

② 秦和平：《基督宗教在四川传播史稿》，四川人民出版社 2006 年版。

③ 夏瑰琦：《明末天主教杭州开教与活动考述》，《世界宗教研究》1994 年第 3 期。

④ 叶农：《明末天主教在广东地区的传播与发展》，《暨南学报》2001 年第 5 期。

⑤ 王雪：《基督教与陕西》，中国社会科学出版社 2007 年版。

⑥ 张晓虹：《陕西天主教教区的初步研究》，《九州学林》2005 年第 3 卷第 2 期。

⑦ Mgr. Noël Gubbels, *Trois siècles d'apostolat—— histoire du catholicisme au Hu-kwang depuis les origines 1587 jusqu'à 1870*, Franciscan Press, 1934.

⑧ Dehergne Joseph, "La Chine centrale vers 1700", *Archivum Historicum Societatis Iesu*, Vol. 36, 1967.

⑨ Blad Clancy（柯兰石）：《武昌教区史》，手抄本。

回顾。

国内针对湖北天主教进行专门研究的是湖北大学康志杰教授。康教授撰有一系列关于湖北天主教的文章，[①] 尤其是著作《上主的葡萄园——鄂西北磨盘山天主教社区研究（1636—2005）》[②]，上篇为历史考证，以时间为序，从经济、政治、军事、文化、教育、慈善等方面论述了磨盘山天主教社区从创建到兴旺发展的过程。下篇是田野调查，借助社会学、人类学、考古学等学科的研究方法，对当地教堂、墓葬遗址进行考察，展现了在宗教组织和政府机构并存的情况下，乡村秩序的整合、信徒的伦理道德和行为规范更多地受信仰制约与影响的社会人文景观。

总体而言，上述专题研究论著，对明清时期湖广天主教乃至整个中国天主教史的研究做出了重要贡献。但对湖广地区天主教的研究仍显不足。

第一，缺乏整体宏观研究。明清时期湖广地区作为一个独立的行政区划、一个统一的代牧区，由于地理环境特殊，成为同时期一个相当重要的传教区。然而遗憾的是，迄今为止学术界还缺乏针对这一特定区域的整体性研究。第二，史料运用不足。以往湖广地区天主教研究难以取得重大进展的原因之一就是原始资料的分散。因为有关天主教的材料在湖广地方志文献中留存极少。而国内学术界缺乏多语种语言能力的训练，致使对大量的西方档案及传教士遗留下的日记、记录等资料无法充分利用。基于此，本书拟在大量占有中西文材料的基础上，以期对明清时期湖广地区天主教传播与发展的历程进行钩沉发微，并最终揭示出湖广地区天主教事业的不同面相与特征。

三　史料说明

如前所述，湖广天主教史研究难以取得突破性进展的原因在于资料的搜集、整理与解读不完整。据笔者所知，相关的材料有以下几种：

1. 档案史料

近些年来，天主教东传文献的整理取得重大进展，使本研究具备了较

---

① 康志杰：《湖北天主教开教述略》，《江汉论坛》1999 年第 2 期；《16 至 18 世纪来华耶稣会士对长江文化的解读》，《江汉论坛》2003 年第 1 期；《关于湖北磨盘山神权社会的考察》，《世界宗教研究》2004 年第 3 期。

② 康志杰：《上主的葡萄园——鄂西北磨盘山天主教社区研究（1636—2005）》，辅仁大学出版社 2006 年版。

坚实的文献基础。《清中前期西洋天主教在华活动档案史料》① 是首部将清前中期西洋天主教在华活动档案以专题形式编辑出版的大型档案史料汇编，挑选了从顺治元年（1644）到道光三十年（1850）共1230件藏于中国第一历史档案馆的汉文档案。这批档案有：皇帝的亲笔朱谕和谕旨、官员的奏折和题本、官衙之间的咨呈文书、官衙内部存抄备查的簿册、传教士进献的礼品清单、传教士的奏折等。其中多数档案史料为首次公布，为我们了解湖广地区的传教情况、传教地域分布、教徒成分等提供了大量的一手资料。《明清时期澳门问题档案文献汇编》② 收录了大量明清时期与西方传教士有关的档案材料。其他还有《康熙朝满文朱批奏折全译》③、《雍正朝满文朱批奏折全译》④、《雍正朝汉文谕旨汇编》⑤、《宫中档雍正朝奏折》⑥、《康熙与罗马使节关系文书》⑦ 等。

　　同时，近年来海内外学者不断挖掘出新的档案史料，也为本研究提供了不少便利。如韩琦、吴旻编《欧洲所藏雍正乾隆朝天主教文献汇编》⑧ 辑选了一批雍正、乾隆时期有关天主教的中文档案。这批档案原本分别保存在巴黎外方传教会档案馆、罗马耶稣会档案馆、梵蒂冈教廷图书馆、传信部档案馆、法国国家图书馆等地。这批文献不仅弥补了国内相关汉文档案文献之缺，同时也对研究雍正、乾隆年间天主教史及地方官员对天主教的态度、中国教徒的宗教生活等问题提供了不少新信息。

　　此外，还有钟鸣旦、杜鼎克主编的《耶稣会罗马档案馆明清天主教文献》⑨ 和钟鸣旦、黄一农等编的《徐家汇藏书楼明清天主教文献》⑩ 等都是本研究所必须参考的材料。

---

　　① 中国第一历史档案馆编：《清中前期西洋天主教在华活动档案史料》，中华书局2003年版。

　　② 中国第一历史档案馆、澳门基金会、暨南大学古籍研究所编：《明清时期澳门问题档案文献汇编》，人民出版社1999年版。

　　③ 中国第一历史档案馆编：《康熙朝满文朱批奏折全译》，中国社会科学出版社1996年版。

　　④ 中国第一历史档案馆编：《雍正朝满文朱批奏折全译》，黄山书社1998年版。

　　⑤ 中国第一历史档案馆编：《雍正朝汉文谕旨汇编》，广西师范大学出版社1999年版。

　　⑥ 台北"故宫博物院"编：《宫中档雍正朝奏折》，台北"故宫博物院"1978年版。

　　⑦ ［英］马戛尔尼：《康熙与罗马使节关系文书》，刘复译，台湾学生书局1973年版。

　　⑧ 韩琦、吴旻编：《欧洲所藏雍正乾隆朝天主教文献汇编》，上海人民出版社2008年版。

　　⑨ ［比］钟鸣旦、杜鼎克编：《耶稣会罗马档案馆明清天主教文献》，利氏学社2002年版。

　　⑩ ［比］钟鸣旦等编：《徐家汇藏书楼明清天主教文献》，辅仁大学神学院1996年版。

　　另外，大量西文材料的整理翻译出版也为本研究提供了方便。费赖之的《在华耶稣会士列传及书目》①、荣振华的《在华耶稣会士列传及书目补编》② 均为我们提供了关于西方传教士活动的第一手资料。《耶稣会士中国书简集——中国回忆录》③ 收录了明清间入华耶稣会士发自中国的 152 封书信，这些书信以亲历者的视角向西方详尽介绍了中国社会生活的方方面面，涵盖了传教士对中国政治体制、社会风俗、自然地理、天文仪象、工艺技术的观察和理解，为中国天主教史的研究提供了大量珍贵的一手文献。此书不仅是研究明清史、宗教史、中外交流史的重要史料，而且在思想史上进一步凸显了中西思想文化交流会通的积极意义。其中很多传教于湖广的传教士留下的大量有关湖广情况的书信为本书提供了史料支持。耿昇研究员的译作《16—20 世纪入华天主教传教士列传》④ 首次翻译出版了遣使会在华传教士列传及巴黎外方传教会列传，为本书的撰写提供了不少新材料。

　　2. 外文材料

　　此外，本研究还使用了大量外文原始档案材料，主要是来自巴黎外方传教会档案馆、耶稣会巴黎档案馆、遣使会档案馆的年度报表、传教士书信、回忆录等。

　　Archives des Missionaries de Paris⑤、Archives de la Propagande⑥ 是法国巴黎外方传教会档案馆和传信部档案所藏的报表与年报。这两批档案数量巨大，是当时在华西方传教士写给其会长的信件、汇报传教情况的报告、传教统计年表、传教士之间的书信往来等，是了解巴黎外方传教会、传信部在华传教的重要史料。《传教士书信集》⑦ 保存了大量湖广教区传教士的信件，对我们了解传教细节、教徒活动等方面均有重要意义。

---

　　①　[法] 费赖之：《在华耶稣会士列传及书目》，冯承钧译，中华书局 1995 年版。

　　②　[法] 荣振华：《在华耶稣会士列传及书目补编》，耿昇译，中华书局 1995 年版。

　　③　[法] 杜赫德编：《耶稣会士中国书简集——中国回忆录》，郑德弟、吕一民、沈坚译，大象出版社 2001—2005 年版。

　　④　[法] 荣振华等：《16—20 世纪入华天主教传教士列传》，耿昇译，广西师范大学出版社 2010 年版。

　　⑤　巴黎外方传教会档案馆的年报与档案。

　　⑥　传信部档案。

　　⑦　*Lettres édifiantes et curieuses concernant l'Asie，l'Afrique et l'Amérique，avec quelques relations nouvelles des missions，et des notes géographiques et historiques*，Paris，1834.

此外,《北京传教史与遣使会士》① 记述了遣使会自 1785 年接替耶稣会士在北京的教会事业以来在中国的传教活动,为我们全面了解遣使会在华活动提供了重要的参考材料。陆南（Adrien Launay）关于李安德神父的著作②和《外方传教会的历史文献》③ 存有大量在华巴黎外方传教会人员在中国活动的材料。尤其是对李安德、马青山等传教士在湖广的工作均有较为详细的介绍。《在中国鞑靼与西藏地区的基督教》④、《法国耶稣会士史（1528—1762)》⑤、《耶稣会士在中国,从沙勿略到耶稣会解散的历史》⑥ 等诸多教会人士留下的回忆录或是研究成果,亦对本书的研究提供了大量可资借鉴的资料。

四　研究方法

1. 实证方法,注重文本

除了运用传统的史料解读方法外,还注重对中文原始档案与西文材料进行整理与比对,详细论述明清时期天主教在湖广的传播活动,力图将湖广天主教的活动与当时的历史环境结合起来,对历史事件的发生、发展进行梳理。

2. 田野调查

对湖北及湖南教堂、图书馆进行文献档案调查整理。引入区域史的研究方法,对史料进行处理,以期符合地域特征。

3. 个案解读

通过对湖广地区典型个案的详细分析,分析湖广地区天主教的地方特色,深化对中国天主教史在各地的发展情况的理解。

---

① Alphone Hubrecht, *La mission de Peking et les lazaristes*, Peking, Imprimerie des Lazarites, 1939.

② Launan Adrien, *journal d'André Ly, prêtre chinois, missionnnaire et notaire apostolique, 1746 – 1763*, Paris, A. Picard, 1906.

③ Adrien Launay, *Documents historiques relatifs à la société des Mission étrangères*, Paris.

④ M. Huc, *Le christianisme en chine, en tartari et au thibet, ancien missionnaire apostolique en chine*, Paris, Gaume Frères, Librarie-éditeur, 1857.

⑤ Le P. Henri Fouqueray, *Histoire de la compagnie de jésus en France des origines à la suppression (1528 –1762)*, Paris, Bureaux des études, 1922.

⑥ Jean-Pierre Duteil, *Le Mandat du Ciel-le role des jésuites en chine, de la mort de François-Xavier à la dissolution de la compagnie de jésus (1552 – 1774)*, Paris, Editeur Arguments, 1994.

第一章

明末天主教来华与
湖广教区的设立

第一节　天主教进入中国与湖广
教区的沿革

一　天主教进入中国

基督宗教①首次进入中国是在唐贞观九年（635）。当时聂斯多略派主教阿罗本来到长安。聂派在中国被称为"景教"，入华不久便在许多地区发展起来，并在数百个城镇修建教堂，②可谓"法流士道"，"寺满百城"③。现今国内各地多处发现的十字石刻，正好印证基督教在中国发展的这个阶段。而除主教阿罗本外，还有其他两名传教士，即景净与阿罗憾，均对景教在中国的传播与发展起到了一定的推进作用。然而好景不长，随着唐武宗灭佛，"敕下杀天下摩尼师，剃发令著袈裟作沙门形而杀之"④，景教为此一并受到牵连，元气大伤。"余僧及尼，并大秦、穆护、

---

① 对于基督教词条的释义主要为：基督教是一个相信耶稣基督为救主的一神论宗教。基督教、佛教、伊斯兰教是世界三大宗教。早期的基督教只有一个教会，但在基督教的历史进程中却分化为许多派别，主要有天主教（中文也可译为公教、罗马公教）、东正教、新教（中文又常称为基督教）三大派别，以及其他一些影响较小的派别。中文的"基督教"一词有时被用于专指基督新教。新教在嘉庆十二年（1807）传入中国，但是到19世纪30年代，澳门的基督新教教徒不过十多人而已，所以本书以基督宗教来指代整个教派，文中出现的天主教、基督教如没有特殊说明均指天主教。

② ［荷］金普斯、麦克罗斯基：《方济会来华史（1294—1955）》，李志忠译，香港天主教方济各会2000年发行，第1页。

③ 杨森富编著：《中国基督教史》，台湾商务印书馆1968年版，第15页。

④ 汤用彤：《隋唐佛教史稿》，中华书局1982年版，第42页。

袄僧皆勒归俗。"① 直至元朝，基督教才又重新进入中国。

当时，第一个获准在中国传教的天主教传教士是孟高维诺（Monte-corvino）主教。② 孟高维诺于至元二十六年（1289）以波斯王使臣的身份回到罗马，教皇尼古拉四世（Nicolas Ⅳ）命其为教廷使节出使蒙古。于是，孟高维诺取道南路，经亚美利亚、波斯、印度辗转来到中国。孟高维诺在中国传教三十多年，授洗据说达到三万多人。鉴于其在中国所取得的成就，教皇克莱蒙特五世 1307 年宣布在北京设立总主教区，委任孟高维诺为总主教，统理远东教务，有捡授主教划分教区之权。可惜的是，孟高维诺死后，中国教会因后继无人而渐趋没落。至正二十二年（1362），汉军攻入泉州，元朝最后一位天主教主教雅各伯弗乐楞斯被乱兵杀害。③ 天主教亦随着元朝的覆灭在中原腹地销声匿迹。

明朝末年，在耶稣会士的先导下，天主教再一次传入中国，开启了中国与欧洲两大文明第一次大规模的接触。也正是在这一历史背景下，西方传教士开始踏入湖广地区。

二　明清时期湖广概况

1. 行政区划

所谓"湖南""湖北"，本义是相对于洞庭湖而言的方位。唐广德年间，于湘水、资水流域设置湖南观察使，是为"湖南"得名之始。宋代在此基础上设置荆湖南路，并以沅、澧水流域及今湖北中部地区为荆湖北路。可以说，湖南、湖北大部分州县至宋代时已基本稳定下来。元朝置湖广行中书省，其辖地包括长江以南、湖北、湖南大部、广西、海南全省、贵州大部及雷州半岛，面积远大于今天所谓的两湖地区。明代将长江以北、大别山、桐柏山以南的河南行省南部并入"湖广"，长江由此不再成为行政区划的界限；同时又将两广与江西、湖南分开，大体奠定了今天两湖地区的行政规划。后"以大湖中分南北"为原则，湖南、湖北各设巡按御史，为分省之先兆。清康熙二年（1663）实行湖广行省左、右二布

---

① 杨森富编著：《中国基督教史》，第 17 页。

② 意大利人，1247 年生，方济各会修士，曾负责组织方济各会在波斯的传教工作。

③ 萧若瑟：《天主教传行中国考》，《中国天主教史籍丛编》，辅仁大学出版社 2003 年版，第 63 页。

政使分驻与分治，标志着分省、建省的开始。不过有清一代，湖广总督始终管辖湖南、湖北两省。① 可以说，明清时期的湖广地区在行政区划上有着紧密联系。

湖广地区在名称上也有不少别称，清及清以前文献中曾出现诸如"荆州""两湖""荆楚""湖湘"等说法。由于本书以明清时期为研究时段，故一概以"湖广"为名。

2. 地理环境

湖广地区地处中国内陆中心、长江中游，北达中原、燕赵，西经三峡至巴蜀，南越南岭到两广，沿长江而下可达江西、安徽、江苏，号称"九省通衢"。湖广境内多丘陵山地，南岭、武陵山脉、巴山、秦岭、桐柏山脉环绕四周。鄂西北、鄂西南、湘西地区尤为偏远，政府控制较弱，成为流民和少数民族的聚居地。主要河流有长江及其支流如湘江、汉水、沅江、资水等。境内水网密布，湖泊众多。洞庭湖号称八百里之广，下游为江汉和洞庭湖平原，是境内的粮食主产区和人口聚居地，故自宋以来便流传"湖广熟、天下足"之说。众多的河流和湖泊使该地区水路交通便利，地处中部腹地的区位优势又使湖广地区成为全国人员往来和物资运输的要道。

3. 湖广的文化特质

湖广地区最为人称道的不是它的物产，而是它的人文精神特质。秀美山川孕育的幽远文化，使该地成为南方儒学兴盛之地。道光《安陆县志》曾云：境内"州民淳，词讼少……士民纯秀几同邹鲁之风……土风淳厚，其士多秀杰，其民多隐德……货殖不饶，惟俗喜儒学，近世名流相望而起"②。早在南宋时期，许多北方大族避居此地，优越的自然条件使其成为相当有吸引力的移民地域。福建崇安人胡安国和其子胡宏在建炎之乱后，由湖北迁居湖南衡山下，继承二程理学思想，在此地著书立说，聚徒讲学，其后胡宏高足张栻主教岳麓书院，开创湖湘学派。湖湘学派特点在于兼容并包，不偏一说，其在全国区域文化中独树一帜。其后思想家王夫

---

① 傅林祥：《江南、湖广、陕西分省过程与清初省制的变化》，《中国历史地理论丛》2008年第2辑。

② （清）王履谦修，李廷锡纂：《安陆县志》，清道光二十三年刊本，《中国方志丛书》第324号，成文出版社1975年版，第345页。

之、陶澍、曾国藩、魏源等继续加以阐发，使得本地儒学文化进一步发扬光大。

与此同时，荆楚、湖湘地区自古以来广泛流行鬼神崇拜，"楚人信巫鬼，重淫祀"[①]，"其故乡遗俗好鬼而信神"[②]。鬼神崇拜深刻影响着湖广地区的民众生活，诸如婚丧嫁娶、劳动生产、医疗卫生等日常生活无一不受巫鬼之说影响。"楚人好鬼，千年习惯难可猝破。科学幼稚，民智茫昧，无神非鬼。"[③] 在天主教传入前，湖广地区的主要宗教是佛教、道教和伊斯兰教。佛教早在西晋时期就已传入，在湖广宗教、文化中占重要地位。隋唐时期禅宗十分繁荣，禅宗寺院在湖广地区几占半壁江山，宋元时期则以临济宗和曹洞宗最为盛行。明承前制，重建并兴修了众多的佛教寺院，如著名高僧大德大圆上座（1566—1642）主持湖南振兴密印寺，弘储继起（1604—1672）主持南岳福严寺。清代佛教影响有所衰落。道教是中国传统的宗教，起于原始的方术、巫术和黄老思想，湖湘地区是中国道教的发源地之一。隋唐时期湖广道教处于鼎盛时期，道观修建频繁，著名的有司马承祯、肖灵护、徐灵府等。宋元以降，两湖地区主要的道教宗派是正一道。元代全真教兴起，逐步向此地传播。明代道教风靡一时，张三丰创立武当道，崇奉真武大帝，影响两湖地区。至清代时，因不重武当山之祭祀，道教开始衰落下去。由此可见，天主教传入湖广之时，佛教、道教繁荣时期已过，客观上也为天主教的发展提供了一定的有利条件。

三 葡萄牙"保教权"

天主教得以进入湖广，深层次的原因还在于世界形势的转变。宗教的复兴和传播，往往伴随着经济与政治的扩张。作为 16 世纪最强势的海权国家，葡萄牙与西班牙以其坚船利炮为后盾，乘风破浪到达东方的印度洋及"亚洲地中海"，并登上一个个在战略或经济上具有重要意义的海岸。[④]

---

① （清）隆庆修，宗绩辰纂：《永州府志》，清道光八年刊本，《中国方志丛书》第 298 号，成文出版社 1976 年版，第 357 页。

② 王树人修，侯昌铭纂：《永定县乡土志》卷 3《宗教第十》，民国九年铅印本，转引自张先清、赵蕊娟编《中国地方志基督教史料辑要》，东方出版社 2010 年版，第 503 页。

③ 田兴奎修，吴恭亨纂：《慈利县志》，民国十二年铅印本，转引自张先清、赵蕊娟编《中国地方志基督教史料辑要》，第 505 页。

④ 黄一农：《两头蛇：明末清初的第一代天主教徒》，上海古籍出版社 2006 年版，第 4 页。

而"出于被反宗教改革激发起的热情，同时为了补偿在欧洲败于新教的损失，虔诚的天主教传教士踏上新开辟的贸易路线来到世界各地"①。当时西、葡两国控制着教会的大部分事务。因为自 15、16 世纪以来，葡萄牙与西班牙成为海上强权国家，致力于向外扩张。往来于大西洋及印度洋之间的人员均仰仗此二国的船只与庇护。所以伴随着西、葡两国的对外扩张，天主教也随之传播到海外。于是"保教权"应运而生。1455 年 1 月 8 日，教宗尼古拉斯五世（Nicolaus Ⅴ）发布大敕书（Romamus Ponti-fex），将非洲 Bojador（博哈多尔角）至 Nao（纳奥角），Cabo-Guine（几内亚）全境以及向南直至大陆南端的所有陆地，划归为葡萄牙王国的征服之地，并许以颁行法规、刑罚、禁令、制定租税、于该领域独占除军需品之外与异教徒贸易的各种权力。② 1494 年的托德西利斯亚条约又确立了西、葡两国在大西洋的控制范围，教宗更以诏书（1514 年 6 月 7 日）赐给葡萄牙国王在非洲和其他葡萄牙国当时及未来属地的"保教权"③。整个中国、日本和大部分的澳洲均在葡萄牙的领域内。虽然理论上菲律宾也在葡萄牙的控制权内，但西班牙却一直拥有这些岛屿。这些协议规定在各自拥有的地区内，两国有义务提供传教经费和为传教士东来提供便利，而教廷在这些地区任命主教或是成立新教区时，则必须经过当事国的同意。所有前往该地区传教的神职人员必须搭乘其国船只。④ 这就是著名的"保教权"协议。"保教权"意味着"教宗的一切谕旨和旨令只有得到葡王及其参政院的同意，才具法律效力。因此，东印度的所有传教事务都是葡萄牙的传教事务，外国传教士进入教区必须放弃其原有国籍"⑤。

　　起初在"保教权"的支持下，天主教各修会积极向海外扩张。1517年方济各会士首先到达印度。1542 年耶稣会士亦紧接其后来到南亚。多明我会士和奥斯定会士则分别于 1548 年和 1572 年抵达印度。在此情况下，葡属印度果阿于 1534 年成立主教区，1558 年又升为大主教区。在天

　　① ［美］孟德卫：《1500—1800：中西方的伟大相遇》，江文君、姚霏等译，新星出版社 2007 年版，第 24 页。

　　② 《关于非洲、亚洲、埃塞俄比亚教会的葡萄牙国王的保护权的敕书集》，里斯本，1868，转引自戚印平《远东耶稣会史研究》，中华书局 2007 年版，第 468 页。

　　③ ［荷］金普斯、麦克罗斯基：《方济会来华史（1294—1955）》，李志忠译，第 4 页。

　　④ Alphone Hubrecht, *La mission de Peking et les lazaristes*, p. 14.

　　⑤ François Rousseau, *L'idée missionnaire aux XVIe et XVIIe siècles*, Paris, 1930, p. 90.

主教势力不断扩张时，"幅员辽阔、人口众多的中华帝国不可能避开他们的注意"。中国天主教会自建立之日起，按照"保教权"的规定，其传教事务由葡萄牙独占，其主教一职由葡王任命葡籍传教士担任，其他国家传教士不能私自前往中国进行传教，必须经过葡王的同意，经由里斯本搭乘葡国船只才能获准到中国传教。

然而，随着天主教在远东日益发展，教廷与西、葡两国王权之间的争斗也逐渐明朗起来。首先"保教权"的产生是与特定的历史情况分不开的。当时教廷极力想要扩张其海外教区，却苦于资金不足等原因而无法单独控制海外势力，而西班牙与葡萄牙两国在对外扩张、殖民时，也需要教廷协助，在政治、思想等方面控制当地居民。因此，"保教权"从一开始就是两者势力与利益较量与妥协的结果。当一方势力出现增长时，这种平衡的局面也就势必被打破。随着工业革命的发生，欧洲其他强国逐渐开始与西、葡两国角逐其海外霸主地位，西、葡两国日益衰落已是不争的事实。有学者就指出："19世纪新教的传播发轫于英国，也是与英国的工业革命和海外扩张政策分不开的。"① 再者，"保教权"的专横使葡萄牙将远东特别是中国的传教权，经常与罗马教廷在主教人选上发生龃龉，出现非葡萄牙籍者不能担任主教一职的局面，极大束缚了罗马教廷的传教。这种情况曾令传信部主管英葛主教大发感叹："保教权蜕变为对教务的践踏，教规被置若罔闻或嗤之以鼻，皇家官员干涉主教任命，皇家顾问插手教务。"②

正是由于"保教权"弊端众多，因此，教廷一直致力于摆脱西班牙与葡萄牙的控制，想直接掌握新教区的控制权。但是教廷也不希望与葡萄牙政府发生正面冲突。这就导致了"宗座代牧制"的产生。而湖广地区正是在此背景之下成为单独教区的，但是地处中部的湖广，是传教士进入中国内陆的必经之地，因此，此地早就有葡籍传教士进行开拓活动。而设立代牧之后，将教区重新分配则势必引起多方势力的争夺与矛盾。

四　宗座代牧制与湖广教区的设立

按照罗马天主教会的体制，全世界教区可分为常法教区与传教区两种

---

① 谭树林：《马礼逊与中西文化交流》，中国美术学院出版社2004年版，第16页。

② J. M. Sedes, *Une grande ame sacerdotale*：*le prêtre chinois André Ly*, Paris, Desclée, 1940, p. 20.

地方管理机构。常法教区也称圣统制，是将全世界分为数个教省，作为罗马教廷的派出机构。一个教省的地域大致为一国或数国。由于历史原因，罗马天主教会还另有一套传教区制度。传教区制与常法教区制不同之处是：传教区制有三种教区形式，一为宗座代牧区，简称代牧区；一为宗座监牧区，简称监牧区；一为自立传教区，简称自立区。① 一般来讲，监牧区是代牧主教区之前奏与准备，② 即区域内的教牧工作还没有达到十分成熟的地步，这种管理方式可以暂缓设立代牧区的压力与种种必要的手续。代牧区在教律上不是主教区，代牧也并非正式的教区主教，只是代替教宗执行职权。因此，教廷并不需要照会葡萄牙国王，葡萄牙国王也无充分理由来干涉教廷的决定。"宗座代牧制"最初是由法国耶稣会士罗历山神父提出的。1649 年 6 月 27 日，他到达罗马后向教宗和枢机院上书，提出创设"宗座代牧制"，以摆脱西班牙、葡萄牙"保教权"控制。他认为应由传信部以"宗座代牧"的名义派遣代牧主教，直接受命于传信部和教宗，并由这些代牧在传教区培植本地神职人员。其意见很快得到罗马教廷的首肯。1655 年 1 月 7 日，亚历山大七世继任罗马教宗，他希望"建立一个凌驾于所有在华传教的宗教修会之上的神职组织，来代表和传达教廷的意愿"③。于是，教廷 1659 年起在远东广泛实行宗座代牧制，并极力扩大宗座代牧的权力。

1669 年，格勒门德九世将许多其他修会主教都没有的权力先后赋予远东宗座代牧，包括"宗座代牧有确认乌尔班八世谕令和废除某些婚姻禁令的权力，南京宗座代牧、高神父继任者的管辖权延伸到暹罗，传教士服从宗座代牧"，等等，此举引起其他修会极大的嫉妒。④

以上行动均说明罗马教廷想从葡萄牙国王手中夺回传教自主权的决心，也从另一方面见证了欧洲新一代强国势力的出现。如法国："教廷在

---

① 《刚总主教论中国现状及教务之情形》，《圣教杂志》1931 年第 20 卷第 3 期，第 170 页；徐宗泽：《中国天主教传教史概论》，上海书店出版社 1990 年版，第 223—224 页；［意］德礼贤：《中国天主教传教史》，上海商务印书馆 1933 年版，第 115 页。

② 赵庆源：《中国天主教教区划分及其首长接替年表》，台湾闻道出版社 1980 年版，第 5—7 页。

③ G. Goyau, *Histoire générale comparée des Mission*，转引自 J. M. Sedes, *Une grande ame sacerdotale：le prêtre chinois André Ly*，Paris，Desclée，1940，p. 22.

④ Notice bibliographique de François Pallu, Archives des missionnaires des MEP/ EDA, carton 12（http：//www. Mesapie. Org）.

向暹罗和中国派遣传教士和宗座代牧主教时，当然是挑选法国人。"[1] 17世纪，法国国力日渐强盛，不少法国人对海外传教热情高涨。因为"法国从未被授予任何海外的传教特权。此外，法国慷慨的平信徒可以提供财政费用。他们中很多人是贵族"[2]。1630年，旺塔图公爵亨利在巴黎组织了圣事会，吸引了大量的世俗人员和神职人员。该团体以丰富成员的精神生活为宗旨，以献身福音的坚定决心，进行符合时代需要的福音传播实践：通过布施和创建麻风院来帮助穷人，照顾病人，探访囚徒，帮助心灵迷失的妇女重拾信心，反对异端，在乡村和城市筹集传教资金。[3] 1663年，在法王路易十四的许可下，巴黎外方传教会创始人陆方济在巴黎巴克街开办了一处神学院，并于次年建立了巴黎外方传教会。[4] "有一群热忱的法国的平信徒和神职人员力图弘扬其宗教信仰直至世界的尽头，想在这方面甘居其他宗教团体（如耶稣会、多明我会和方济各会）之后。"[5]

此后，法王路易十四出于宗教、科学和政治目的积极参与到对外传教事务中，1688年向中国派遣了"国王数学家"，这是法国传教团争夺葡萄牙耶稣会对中国独占权的开始，也标志着法国对远东天主教事业的介入。[6]

葡萄牙国王自然不甘心"保教权"的沦失。1680年9月，佩德罗二世派专使前往罗马教廷交涉远东"保教权"问题。经教廷枢机团讨论得出结论：

　　1. 教宗未曾将亚洲教会的宗教机构交葡萄牙，只承认葡王可以在他所赞助和保护的教堂中行使保教权；2. 先前为阻止从菲律宾去

· ① ［法］维吉尔·毕诺：《中国对法国哲学思想形成的影响》，耿昇译，商务印书馆2000年版，第31页。

② ［法］沙百里：《从李多林（又名徐德新）主教自1789年至1805年的通信看18世纪末至19世纪初四川本地社会中的天主教》，顾卫民译，《中国天主教历史译文集》，广西师范大学出版社2010年版，第65页。

③ Jean Guennou, *Missions etrangères de Paris*, Paris, Le sarment Fayard, 1986, p. 22.

④ Ibid. , p. 83.

⑤ ［法］沙百里：《从李多林（又名徐德新）主教自1789年至1805年的通信看18世纪末至19世纪初四川本地社会中的天主教》，顾卫民译，《中国天主教历史译文集》，第64页。

⑥ Mgr. Noël Gubbels, *Trois siècles d'apostolat—— histoire du catholicisme au Hu-kwang depuis les origines 1587 jusqu'à 1870*, p. 39.

亚洲传教，教宗曾下令教士从里斯本宫廷领取证书，再前往亚洲。但后来由于西班牙、荷兰、英国、法国在印度均拥有殖民地，教宗乌尔班八世已取消此禁令，传教士可从最方便的道路去亚洲；3. 不同意葡王管制他所不能控制的异教国家的天主教会；4. 葡属印度总主教的权利，不会因宗座代牧制而受损害；5. 派遣宗座代牧不会对葡王的权利造成损害。①

同时传信部再次下令，将中国与安南的教务分离，交趾宗座代牧不再兼管中国事务，安南东京宗座代牧陆方济改任福建代牧，管理浙、赣、粤、桂、川、滇、黔等8省。②

1690年4月10日，根据教皇亚历山大八世的敕书成立北京和南京教区，葡萄牙国王享有推荐主教的权力。于是中国分为三个主教区：一是澳门主教区，兼辖广东、广西；二是北京主教区，兼辖直隶、山东、山西、蒙古、河南、四川、陕西；三是南京主教区，兼辖江南、浙江、福建、江西、湖广、贵州、云南。③ 三教区均尊果阿总主教为首长。葡萄牙国王的用意，是想将宗座代牧制取消，而以澳门、南京、北京三主教，分治中国教会，将中国教区的独占权牢牢把握在自己手中。但是在1696年8月9日，教廷传信部正式于中国福建、江西、浙江、湖广、四川、贵州、云南、陕西及山西9省设立代牧区，④ 以此抗衡葡王，分割其中国传教区的独占权。

五　湖广教区的沿革

1696年，湖广成为单独的代牧区，其首位代牧由余宜阁担任，⑤ 但其未到任，由四川代牧代管。而其他地区代牧也多由非葡萄牙国籍耶稣会士担任。但是，由于设立代牧时人员配备方面并不完善，又出现了任命代牧

① ［瑞典］龙思泰：《早期澳门史》，吴义雄、郭德焱、沈正邦译，东方出版社1997年版，第175页。

② 罗光主编：《天主教在华传教史集》，台北征祥出版社1967年版，第301页。

③ ［葡］施白蒂：《澳门编年史：16—18世纪》，小雨译，澳门基金会1995年版，第64页。

④ 罗光主编：《天主教在华传教史集》，第303页。

⑤ 崔维孝：《明清之际西班牙方济会在华传教研究：1579—1732》，第50页。

不能正式到职的情况。时四川代牧为梁弘仁，未赴任而委白日昇及毕天祥为署理。①

表 1.1　　　　　　　　**各代牧区首任代牧②**

代牧区	外文名	中文名	国籍	修会
江西	Alvarus Benavente	白万乐	西班牙	奥斯定会
湖广	Nicolai a Leonissa	余宜阁	意大利	方济各会
贵州	Charles Turcotti	都加禄	意大利	耶稣会
福建	Charles Maigrot	颜珰	法国	巴黎外方传教会
浙江	Petrus d'Alcala	希主教	西班牙	多明我会
山西	Antonio Posateri	张安当	意大利	耶稣会
陕西	Basilius Brollo	叶宗贤	意大利	方济各会
云南	Philibert le Blanc	卜于善	法国	巴黎外方传教会
四川	Artus de Lionne	梁弘仁	法国	巴黎外方传教会

湖广教区的情况则更复杂。虽然自 1696 年起，湖广成为单独的代牧区，但是由于种种原因，其传教事务一直由四川或陕晋代牧兼管。这种情况一直持续到 1838 年，湖广教区才重新交由方济各会士单独管理。

以下是湖广教区的沿革。

1. 1696 年成立湖广代牧区，但是其代牧一直没有到达湖广，教务主要由四川等省代牧兼管。

2. 1762—1838 年教务由陕晋代牧兼管。

3. 1839 年从陕晋代牧兼管下分离，设立了单独的主教。

4. 1856 年湖广教区一分为二，形成湖北、湖南两教区。

---

① 赵庆源：《中国天主教教区划分及其首长接替年表》，第 17 页。

② 根据赵庆源《中国天主教教区划分及其首长接替年表》（第 17—37 页）及古贝乐 *Trois siècles d'apostolat——histoire du catholicisme au Hu-kwang depuis les origines 1587 jusqu'à 1870* 统计。

表 1.2　　　　　　　　　　　　　　湖广历代代牧统计[①]

时间（年）	外文名	中文名	修会	代牧区
1702	Bapt. Maoletti[②]	叶功贤	方济各会	湖广代理主教
1708	Claud. De Visdelou	刘应	法国耶稣会	贵州代牧，兼理湖广教务
1716	Joannes Muellener	穆天尺	遣使会	四川代牧，兼理湖、黔及滇三省教务
1722	Bapt. Maoletti	叶功贤	方济各会	湖广署理
1744	Joachim E. de Martillat	马蒂亚		云南代牧兼理湖广及贵州教务
1806	J. Ant. a Pompeiana	伍安当		代理湖广教务
1812	Joannes Landrua	蓝月旺	遣使会	任湖广代理
1839	Joseph Rizzolati	李文秀	方济各会	湖广代牧

　　从表 1.2 中我们看到代牧制对葡萄牙"保教权"的挑战。1659 年初次任命的宗座代牧有：巴间主教，为安南东京宗座代牧，兼理中国浙、闽、赣、粤省教务；德拉莫（Lambet de la Motte）主教，为交趾宗座代牧，兼理中国滇、黔、湖、贵、川 5 省教务；1660 年又任命多冷提（Lgnatius Cotolendi）主教，为中国南京宗座代牧，管辖苏、豫、晋、鲁、陕各省和高丽教务。[③] 这三人均为法国人。[④] 1696 年设立九处宗座代牧时，没有一位葡萄牙耶稣会士担任代牧。意大利籍与法国籍神父占大多数。罗马教廷为了抗衡葡萄牙等老牌殖民强国的力量，势必要依靠这些新兴国家。而选择意大利籍传教士则更有另一层深意。这在罗文藻写给教廷的信中可以清楚地看到：

　　　　另一个促使我选择他（指余宜阁）作为后继者的原因是他是意大利人。就我个人认为，这是一个将改变这些传教区情况的有利条

　　① 根据赵庆源《中国天主教教区划分及其首长接替年表》（第 17—37 页）及古贝乐 Trois siècles d'apostolat—— histoire du catholicisme au Hu-kwang depuis les origines 1587 jusqu'à 1870 统计。

　　② R. P. Daniele Van Damme, O. F. M., *Necrologium Fratrum Minorum in Sinis*, Hong Kong, 1978, p. 9. 其中记载叶功贤为 1721 年被任命为湖广代牧。他曾在湖南马路口、常德等地传教。

　　③ 罗光主编：《天主教在华传教史集》，第 301 页；顾卫民：《17 世纪罗马教廷与葡萄牙在中国传教事业上的合作与矛盾》，《文化杂志》2003 年第 46 期。

　　④ Alphone Hubrecht, *La mission de Peking et les lazaristes*, p. 14.

件，这将会帮助他保持和平，使他更依靠罗马教廷。如果他是别的国家的人，这一点恐怕会很难做到。因为现在，我观察到每个传教士都倾向于他们自己国家，所有的人都想把水引到他们自己的磨坊里去。就这样产生了麻烦和痛苦。①

因此我们也就不难理解，当 1688 年法国耶稣会传教团到达中国时，作为葡萄牙耶稣会的竞争者，他们受到葡萄牙驻澳人员的百般阻拦，不得已只好转道从宁波上岸。事实上葡萄牙传教士一直力图保持"保教权"赋予其的特权。1803 年，里斯本政府曾照会教廷大使，重申对中国天主教传教区的"保教权"。照会明确指出，根据教皇格肋孟八世的敕谕，葡萄牙人过去坚持，现在仍然坚持：未经里斯本或果阿许可，任何传教士不得去印度群岛。葡萄牙拒绝承认保罗五世关于废除"保教权"敕谕。果阿总督曾下令，不准澳门接受未经里斯本许可而进入澳门的传教士，如有发现，应立即遣返欧洲；禁止船长运送未经葡萄牙准许的传教士至澳门。② 因此，在中国的传教中，葡萄牙籍传教士经常与其他国家的传教士发生争执，这种情况一直至近代也没有多少改观。1840 年前后，时任耶稣会总会长的罗当神父就曾嘱咐南格禄及其同伴们，要小心应对这种痛心的内部纠缠（指教区争夺），务必置身局外。当时在江南地区的神父曾被卷进葡萄牙遣使会关于"保教权"的争夺中。③ 1843 年，传信部甚至专门为此召开特别会议，希望解决争端。由此可以看出"保教权"自实行起一直受到各方挑战，葡萄牙传教士并不想轻易放弃自己已经取得的权力地位。当时，澳门葡萄牙遣使会及其培养中国神职人员的圣若瑟公学，就对山东及河南脱离北京与南京教区，设置并任命新的宗座署理主教，且没有咨询通知葡萄牙表现出极大的愤慨。该公学院长雷神父将罗马的措置向里斯本作了汇报，并指出，假如不抗议的话，那么用不了多久时间，葡萄牙的"保教权"就只能行使于澳门主教区了。

---

① Mgr. Noël Gubbels, *Trois siècles d'apostolat—— histoire du catholicisme au Hu-kwang depuis les origines 1587 jusqu'à 1870*, p. 45.

② ［法］卫青心：《法国对华传教政策（1842—1856）》，黄庆华译，中国社会科学出版社 1991 年版，第 8—11 页。

③ ［法］史式徽：《江南传教史》，天主教上海教区史料译写组译，上海译文出版社 1983 年版，第 71 页。

　　值得注意的是，表1.1显示云南、四川和福建被交给巴黎外方传教会。虽然日后福建成为多明我会的大本营，但是云南、四川和贵州却成为法国巴黎外方传教会的单独传教区。马青山与穆天尺神父就四川传教权发生争夺时曾说："我向他（穆天尺）恳请让我在这个省份（四川）至少待上两年，以便得到教廷传信部的回复。他回答我说这是不可能的。他认为是我们自己将这个省份抛弃的。"① 马青山还曾要求穆天尺给予他在云南和贵州传教的权利，但是也被穆天尺拒绝了。马青山为巴黎外方传教会士，时正进入中国，希望能到从前外方传教会开辟的教区工作，而穆天尺为遣使会士，正为四川代牧，其新来传教士需要得到其许可，方可进入四川教区工作。1696年四川首任代牧为巴黎外方传教会士梁弘仁，其继任者为该修会的白日昇，而同属遣使会的毕天祥与穆天尺则作为副手在其指挥下传教。1715年由于巴黎外方传教会无继任者出任代牧一职，而转由穆天尺继任代牧并兼理云贵地区教务，从此将以上地区逐渐收入遣使会管理范围，并且在其任职期间排斥巴黎外方传教会修士，以避免传教权利的外落。按照教廷最初规定，未建立教区制度的地区由最先开拓教务事务的修会享有优先管理权，除非他们在该教区长达6年以上无继任者。四川地区是由巴黎外方传教会修士所开辟的教区，他们享有优先权，但是由于该修会在较长一段时间内没有再次派遣该会成员接替工作，而使教区沦为遣使会势力范围，而穆天尺借此机会拒绝再次分享这些地区的传教权利。但是，巴黎外方传教会则坚持要等到教廷重新判断，以期夺回传教权。由此可见，四川、云南等地自设立代牧区被托付给巴黎外方传教会管理后，虽然期间仍有其他传教士在此进行活动，但是巴黎外方传教会在此地的传教权利一直被该会传教士所认可。同时亦可明白，宗座代牧的设立不仅是为了从葡萄牙手中夺回在中国传教的自主权，同时也是为了平衡各修会在华传教势力。湖广自设立代牧后，历任代牧或是兼管代牧多数为方济各会士。然而在湖广实际活动频繁的却是耶稣会和遣使会。所以可以说从最开始，湖广地区传教情况就呈现出与其他地区不同的一个特点：修会众多。同时传教区制的教牧人员配置略有不同：宗座代牧区内设一主教，管辖全区教务，此主教称为"宗座代牧"，领受主教圣秩，但为名衔主教，即其

---

① Adrien Launay, *Histoire des missions de Chine：mission du Se-Tchoan*, Vol. 1, Paris, 1920, p. 117.

职责虽与正式主教相同，而各代牧区与代牧主教之间没有必然的从属关系。因此，其他修会传教士均在湖广占有一席之地。他们在这里既有相互合作，又因为传教区域的划分而产生争执。他们从属于不同的修会，以各修会单独的传教方法进行工作，使湖广天主教事业发展也极其不平衡。下面我们就开始追溯湖广天主教史的起源。

第二节　明末天主教进入湖广

关于湖广天主教的最早情况，中西材料中一直缺乏翔实的资料记载。仅在一些通史性著作中偶有提及。如《方济会来华史（1294—1955）》中曾记有：当蒙古人在高加索一带活跃起来时，曾掳来一批东正教徒，并且把他们编入军中服役，他们的后裔便是阿速人（Alans 亦称阿兰人）。聂派和东正教基督徒就这样被纳入了蒙古大帝国内，这帝国更在 1279 年灭了自 960 年至此统治中国的宋朝。[①] 法国学者古贝尔则认为这批夹杂着聂派和东正教基督徒的蒙古大军在进攻中原时由四川沿长江而下，随后攻占了湖广的一些城市，并于 1274 年控制了武昌。[②] 这是最早提到的湖广与天主教的交集。顾卫民先生亦在其著作中提到："孟高维诺任主教期间，曾劝化了一些外来的部族信仰天主教，包括从俄罗斯和西方来的军人，其中最重要的部族是从黑海高加索地区来大都的阿兰人。"[③] 这批阿兰人甚至上书教宗请求派遣主教与传教士东来："吾等恳求圣上（教宗）遣一品德高尚、学识渊博和有聪明才智之使者东去慰吾国人身心，并请催其道。因吾主（元顺帝）盼能开辟一条迅捷而完好之通道，以便圣上与吾主之间经常互派使节，建立友好。"[④] 但是这种带有传奇色彩的历史并不能带给我们早期湖广天主教史过多的细节，真正有档案记载的西方传教士进入湖广则要晚至明朝末年。

---

① ［荷］金普斯、麦克罗斯基：《方济会来华史（1294—1955）》，李志忠译，第 1 页。

② Mgr. Noël Gubbels, *Trois siècles d'apostolat—— histoire du catholicisme au Hu-kwang depuis les origines 1587 jusqu'à 1870*, 1934, p. 6.

③ 顾卫民：《基督教与近代中国社会》，上海人民出版社 2010 年版，第 16 页。

④ ［英］阿·克·穆尔：《一五五〇年前的中国基督教史》，郝镇华译，中华书局 1984 年版，第 283—284 页。

一　早期来湖广的几位传教士

1. 罗明坚

湖广最早的传教士可以追溯到明末来华的耶稣会士罗明坚。他是晚明来华的著名耶稣会士利玛窦的重要伙伴之一。

1537 年由西班牙籍军官罗耀拉创办的耶稣会"自称是'知识阶层'",因而传教活动"越来越集中到'引导'心灵方面,尤其是'引导'统治阶级的心灵方面,也就是集中到政治上",为做到这一点,首先要征服"'首脑人物'"①。在此指导思想的引领下,耶稣会虽然历史不如其他修会久远,但在成立后,他们很快就与欧洲各国的权力核心建立了良好关系,成为欧洲势力强大的修会之一,其传教方针是"远地传教"与"教育青年"②。因此,自西班牙与葡萄牙两国向东扩展之时,耶稣会士也一并跟着前往开辟新教区。尤其在中国,自利玛窦入华后,耶稣会士大批涌入,在中国每个省区都留下了他们的足迹。罗明坚神父正是在这种情形下来到湖广的。

罗明坚,字复初,1543 年生于意大利斯皮纳佐拉城,入耶稣会前已获得两个法学博士学位,学识渊博,在市府"任显职"③。31 岁时他到达澳门,先是在澳门学习中文,继而传教于内地,与利玛窦一起是适应政策的支持者。1587 年罗明坚神父为开辟教区潜入湖北。此段历史中文材料中较少提及,我们从西文材料中勾勒出以下史实:罗明坚自来华后与利玛窦神父一起主要在广东地区传教。当时天主教才进入中国不久,传教士对中国国情并不了解,因此利氏最初以"西僧"服饰打扮自己,借以传播天主教。罗明坚等人当时误读了中国文化,"以为佛教是当时中国官府认可的宗教正统,要使得中国社会接受西方基督教,必先获得中国官方的首肯,并追随中国官方认可的佛教"④。

---

① 〔法〕埃德蒙·帕里斯:《耶稣会士秘史》,张茄萍、勾永东译,罗结珍校,中国社会科学出版社 1990 年版,第 24 页。
② 〔法〕白晋:《清康乾两帝与天主教传教史》,冯作民译,光启出版社 1966 年版,第 18 页。
③ 〔法〕费赖之:《在华耶稣会士列传及书目》,冯承钧译,第 23 页。
④ 万俊人:《为何基督教更容易进入中国文化?——从利玛窦传教中国的进入方式看宗教与道德的文化亲缘性》,载罗秉嘉、黄保罗编《基督宗教与中国文化:关于中国处境神学的中国—北欧会议论文集》,中国社会科学出版社 2004 年版,第 109 页。

　　而中国的文人士绅由于接触天主教时间较短，对其教义也并没有十足领会，只是从服饰等方面将其与中国的释、道两教相提并论。例如明朝张尔岐就曾有记："玛窦初至广，下舶，髡首袒肩，人以为西僧。"① 正是出于此种认识，因此与之交好的文人建议罗明坚这位"西僧"去湖北武当山传教。在中国，各宗教派别之间常有辩论以彰明其教理。也许正是出于这种考虑，广州文人才建议罗明坚北上武当山，在道教圣地宣扬其宗教。因为利氏在浙江传教时，亦有官绅建议："淳熙与利玛窦书，劝其于经史之外，更读佛藏。"②

　　罗明坚神父为了在内地开辟传教点，接受了此建议，并在该文人帮助下顺利取得了明朝官府发放给外国人的通行证，带着翻译人员起程北上。经过桂林时，他听闻有一位皇室贵族逗留于此，便想拜见这位皇亲。罗明坚神父希望与当地权贵建立起良好的关系来帮助传教，这套方法曾在其他地区取得过成功。

　　　　……

　　　　该省的军事首脑也是他的朋友，罗明坚送给他一块表；这是一种用许多小金属齿轮安装成套的计时工具。这位官员被称为总兵（Zumpin），也就是将军，在神父有机会访问他时，他也对神父特别礼遇。这些与官员们的早期友谊，对于发展对基督教的友好态度是很有价值的。③

　　利玛窦在描述陈瑞召见葡人代表罗明坚与本涅拉（Malias Panela）时说："两个代表受到很隆重的军礼，目的是为吓唬他们，而非为欢迎他们，然而，当他看到带来的礼物，他庄严的态度，立刻改为和善，他含笑告诉他们，殖民地的一切均可照旧，但是要属中国官员管辖，这只是习惯

---

　　① （明）张尔岐：《蒿庵闲话》，中国第一历史档案馆、澳门基金会、暨南大学古籍所编《明清时期澳门问题档案文献汇编》第 5 册，人民出版社 1999 年版，第 381 页。

　　② 浙江通志馆修，余绍宋等纂：《重修浙江通志稿·宗教·耶教》，民国三十七年铅印本，转引自张先清、赵蕊娟编《中国地方志基督教史料辑要》，第 373 页。

　　③ 参见 ［意］利玛窦、［比］金尼阁《利玛窦中国札记》，何高济、王遵仲、李申译，何兆武校，中华书局 1983 年版，第 145—146、174 页。

性及形式性的声明。"①

桑切斯神父也回忆说："两人磕过头后，对都堂说，葡萄牙人从来是中国国王的臣民及忠实仆人，将都堂大人奉为主人及庇护人。听了这话，都堂的态度缓和了下来，怒容烟消云散，还说想将葡萄牙人收作子民。他对两人大加恩施，给了他们几块银牌。我看见了他给罗明坚神甫的两三块这样的牌子。这是宽过于长的半块银板，如同盾牌。上面写着持有人有出入中国的特权，可晋见都堂，任何人不得加以阻拦。"②

罗明坚神父经常要求传教士要备好礼物，以备不时之需。1584 年 1 月 25 日，他曾致信耶稣会总长："在前信中曾希望神父寄来一座钟表，一手掌高，内有摆，外面镀金，将作为进贡，献给中国皇帝，以便求得准许，在中国传播福音。……因此谨神父速觅一架钟表，一些铜版印的精美圣母与救主的圣像，这是中国官吏们所希望的。"③

但是这一次，罗明坚神父的"礼物外交"却失败了。当时天主教作为一种外来文化刚进入中国，这一时期几位神父才在广东一隅站稳脚跟，并没有在中国打开局面。所以罗明坚神父这次贸然的举动不仅没有使其得到皇亲贵族的庇护，反而引致了明朝官员的敌意，将其赶出桂林。此后，虽然罗明坚仍然坚持北上，到达了广西与湖广边境，但是随后旅行的细节我们不得而知。仅在西文材料中发现其旅行并非一帆风顺，很快就被迫返回肇庆。法国学者沙百里认为："罗明坚对于中国民间宗教的表现形式很敏感，他于是便考虑赴湖北西北部的武当山作一次远足，令人遗憾的是，罗明坚未能实现他的计划。"④ 笔者在罗明坚神父所遗留下来的中文作品中发现其《邀友》一诗中曾记有如下字句：湖广回来兄已知，与兄别久

① ［意］利玛窦：《利玛窦全集》第 1 卷，刘俊余、王玉川译，光启出版社、辅仁大学出版社 1986 年版，第 118 页。

② ［西班牙］桑切斯（Alonso Sanchez）：《耶稣会桑切斯神甫受菲律宾总督佩尼亚罗沙、主教及其他陛下的官员之命从吕宋岛马尼拉城使华简志》，转引自金国平、吴志良《早期澳门史论》，广东人民出版社 2007 年版，第 163 页。

③ 参见［意］利玛窦《利玛窦书信集》下册，附录一《罗明坚致总会长阿桂委瓦神父书》，罗渔译，光启出版社、辅仁大学出版社 1986 年版，第 457 页。

④ ［法］沙百里：《中国基督徒史》，耿昇、郑德弟译，中国社会科学出版社 1998 年版，第 108 页。

情多间。① 法国学者荣振华也曾有记录：自 1587 年起，在湖南永州东北的白水到祁阳县，罗明坚神父曾在当地尝试过建立传教点，留下了几个基督教徒，② 认为罗明坚神父应该到过湖广。罗明坚试图在湖广传教并不只是单纯地想开辟一处新传教点，他希望借此打入内地传教。罗明坚到中国后，勤学中文，因为他知道十多年前明朝澳门官员就以不懂中文而拒绝贝勒兹入中国内地传教。当时官员与贝勒兹对话：

> 官：你会说中国话么？
>
> 贝勒兹：不。
>
> 官：那么，顶好你先去作学生，学习我们中国的话，以后你再作我们的老师给我们讲解你们的教理。③

由此罗明坚神父深知中文的重要，激发了学习热情，三年以后他便开始用中文来写作，对中国文化思想也有一定的了解，他说，"这是为归化他们必须有的步骤"④，"以便日后用中文著书，驳斥中文书中（有关宗教方面）的谬误。希望将来能为天主服务，使真理之光照耀这个庞大的民族"⑤。事实上基督宗教数次入华，在中国传教时间也有上百年，然而仍有大量的中国人不仅对其教义一无所知，甚至还带有着极大的误解。以致晚清号称"中国开眼看世界的第一人"林则徐的《海国图志》和《皇朝经世文续编》中仍有大量关于基督宗教荒谬而可笑的记录：《海国图志》中称基督教徒把华人的眼睛挖出来，配以铅粉，炼制白银，外国传教士因此而致富。《皇朝经世文续编》中称，传教士制作迷幻药，使妇女发狂等。⑥ 而这距明末基督宗教进入中国已有很长时间了。由此可见使一门外来宗教被当地人理解并接受是多么困难。所以笔者猜测罗明坚神父选择武当

---

① Albert Chan, "Michele Ruggieri, S. J. (1543 - 1607), and His Chinese Poems", *Monumenta Serica*, Vol. 41, 1993, pp. 129 - 176.

② Joseph Dehergne, "Les chréstientés de chine de la période Ming 1581 - 1650", *Monumenta Serica*, Vol. 15, 1957, pp. 1 - 136.

③ 刘羡冰：《双语精英与文化交流》，澳门基金会 1994 年版，第 33 页。

④ ［意］利玛窦：《利玛窦书信集》，罗渔译，第 427 页。

⑤ 同上书，第 413 页。

⑥ 转引自陶飞亚《1895 年传教士集体上疏清廷考》，吴义雄主编《地方社会文化与近代中西文化交流》，上海人民出版社 2010 年版，第 394 页。

山是希望进一步了解中国的土生宗教——道教，而后为其宣扬天主教铺路，或是直接在道教圣地宣扬天主教。因为作为宗教圣地，武当山更易吸引教徒，方便其扩大天主教的影响。只是这次新的尝试并没有取得多少成果。一路上他所遇到的尽是官员的阻拦，几个月之后他就不得不回到肇庆。

2. 史惟贞

第二位出现在湖广的传教士是法国耶稣会士史惟贞（Pierre Van Spiere），他也是第一位在湖广殉教的传教士。史惟贞神父曾在印度等地传教和学习，1611年到达澳门。他曾两次进入湖广。第一次是在1619年，他受湖广信教官员Thaddee（中文名未详）的邀请曾在湖广停留了一些时日。此后他得到南京等地信教官吏的帮助于江南定居。① 他在拯救弃婴方面，做出了一定的成绩。当时华人"或因贫苦，或因迷信，或因其他原因，不欲留着婴儿者，若不毙之，即弃于道"②。史惟贞神父出于宗教关怀，在南京与一些信教的妇女为临死的婴儿授洗：这些妇女"在神父的指引下，不顾习俗的束缚，在夜晚来临时，她们在城市里出没，将这些被遗弃的婴儿，他们那些崇拜偶像的父母将他们置于死地而不顾，带到神父这里授洗"③。

史惟贞神父的第二次湖广之行也是出于一位信教官员的邀请。然而万万没有想到，这一次却成了他最后的旅行。1627年，湖广一位信教官员潘西蒙请求一位传教士为其家庭举行圣诞节圣事。史惟贞神父巡视教区回来，虽然已经疲惫不堪，然而他还是同意去湖广通山举行圣事。湖北大学康志杰教授考证出这位官员是当时的通山县令。④

史惟贞神父与两名同伴一起上路，坐船沿水路而上。由于盛放弥撒用的器物箱子沉重，被船夫误以为是金银财宝而起了歹心，联合江盗谋害神父，将神父投入江中溺死。⑤ 最后神父被"运葬于南昌"⑥。

---

① ［法］费赖之：《在华耶稣会士列传及书目》，冯承钧译，第153页。

② 同上。

③ Mgr. Noël Gubbels, *Trois siècles d'apostolat—— histoire du catholicisme au Hu-kwang depuis les origines 1587 jusqu'à 1870*, p. 9.

④ 周积明编：《湖北文化史》，湖北教育出版社2006年版，第1046页。

⑤ Mgr. Noël Gubbels, *Trois siècles d'apostolat—— histoire du catholicisme au Hu-kwang depuis les origines 1587 jusqu'à 1870*, p. 9.

⑥ ［法］费赖之：《在华耶稣会士列传及书目》，冯承钧译，第153—154页。

3. 费乐德

1635 年至 1636 年，湖广传教是由葡萄牙耶稣会士费乐德神父（Rodrigue Figueredo）主持的。费乐德神父 1622 年来到中国，曾在杭州及河南传教，[①] 其到湖广传教的原因也与史神父相似：一位原籍湖广的信教文人，返回其老家，请求费乐德神父与他一起回乡，并且许诺帮助神父在当地立足，建堂传教。费赖之对此有记："有信教之翰林某归乡里，邀请乐德同往武昌府，许助其在武昌建筑教堂一所。"[②] 在这种期望的鼓励下，神父和这位翰林一起上路了。但是这次尝试很快就跟前两次一样宣告失败。因为当时正值明末农民军起义风起云涌，地方政府正为叛乱大伤脑筋。他们对任何可疑的情形都保持着高度的谨慎。西文材料记载道：

> 在神父刚刚到达湖广 3 个月，这个省的长官就召见了翰林，对他进行了严厉的指责，说他在帝国处于危险时期竟敢带一位人们不认识的外国人来到这里。人们对外国人不放心，因为他可能会与反叛者有联系。[③]

最后迫于压力，翰林不仅令神父速离湖广，且为了显示自己与反叛毫无联系，还放弃了信仰。虽然费乐德并没有完成在湖广建堂的心愿，但这次旅行却也不是完全无功而返。神父在湖广停留时，他为该翰林的几位家庭成员施洗，其中就有其侄子。这位年轻人后来在张献忠攻打武昌时，在战乱中奇迹般生还，返回离武昌不远的家乡。这段经历使他对天主教信仰更加坚定，为其父母及周边一些人施洗，人数达到了 300 名，还在附近建立了一所小礼拜堂，这是至今中西文材料中提到的湖广最早的天主教堂。此后这个传教点在穆迪我神父时代得到一定的发展。

二　首位定居武昌的神父

湖广早期的三位传教士都只是匆匆经过，没有留下多少传教成果。当

---

① Mgr. Noël Gubbels, *Trois siècles d'apostolat—— histoire du catholicisme au Hu-kwang depuis les origines 1587 jusqu'à 1870*, p. 10.

② ［法］费赖之：《在华耶稣会士列传及书目》，冯承钧译，第 164 页。

③ Mgr. Noël Gubbels, *Trois siècles d'apostolat—— histoire du catholicisme au Hu-kwang depuis les origines 1587 jusqu'à 1870*, p. 10.

时处于教会开拓期，十分艰难："在中国要在没有一点基督的地方播下信仰的种子决不是件轻而易举的事，因为没有人愿意成为信教的第一人。"①在湖广真正建堂传教的神父要属葡萄牙耶稣会士何大化。

何大化（Antoine de Gouvea），字德川，生于葡萄牙卡萨尔小城，曾在印度、果阿教授文学等，直到 1636 年才入华。②

入华后，何大化居于杭州，刻苦学习中文，以便为将来传教打下语言基础。江南传教区一直是耶稣会传教的重要区域之一。利玛窦神父及其同事，在江南做了大量的工作。有材料记载：

> 在 1595 年及 1599 年，当利玛窦上北京时，曾在南京逗留，在那里他做了大量的劝化工作。接替他在南京工作的罗如望神父，在 1603 年劝化了一位北京朝廷将封以最显赫官职的著名的大学士徐光启，罗神父给他付了洗，取名保禄。徐光启，上海人，是他引进利玛窦的同会兄弟到他的本城乡下，他城内的住宅便成了附近地区宗教信仰的发源地。③

此后徐氏一门成为当时江南地区有名的信教望族，不仅自己家族信仰天主教，并且在影响其他文人方面也有一定的影响。法国学者曾记载："在南京，徐光启的孙女，许甘第大，归化了一名三十岁的官员，后来这位官员将自己所有的财产全部捐献用于建造苏州、松江等地的医院。"④正是当时江南信教氛围浓厚，不少的达官显贵成为天主教徒。当他们离开江南前往其他地区任官，或是告老还乡时，就可能将天主教信仰带到当地。何大化正是借此契机而来到湖广。当时有两名湖北籍的信教官员，请求派传教士与其回乡，在当地传教。于是何大化被选上，与两名官员一起踏上了前往湖广的道路。经过艰苦的旅行后，何大化到达湖广武昌。武昌自明以来，一直是湖北省会，华中地区的政治经济中心，水陆交通便利，

---

① ［法］杜赫德编：《耶稣会士中国书简集：中国回忆录》第 1 卷，郑德弟、吕一民、沈坚译，大象出版社 2001 年版，第 210 页。

② ［法］费赖之：《在华耶稣会士列传及书目》，冯承钧译，第 227 页。

③ ［法］史式徽：《江南传教史》，天主教上海教区史料译写组译，第 8 页。

④ R. P. Broullion, *Mémoire sur l'état actuel de la mission du Kiang-nan 1842 - 1855*, Paris, rue de Buci, 1855.

方志中称"武昌为湖北下游水陆冲要,上接省垣,下临江皖"①,是何大化理想的传教点。何大化本想以武昌为据点,逐渐将天主教扩张开来。但是他因"于天算之学不甚精通,不为士大夫所重视,独居城外山上茅屋中数月"②,并没有引起较大影响。康志杰教授经过田野调查,对何大化入湖广传教情况做出了以下描述:

> 谷城名士方岳贡(字四长)是天启二年(1622)进士,授户部主事。崇祯元年(1628)任松江知府时,结识了几位传教士。三年后方岳贡擢山东副使兼右参议,总理江南粮储,以清廉著称。崇祯七年(1634),在任满调京之前,方岳贡回乡探亲,顺道将耶稣会士何大化带到谷城。③

由于资料的缺失,我们现在无法肯定这位方姓官员到底是不是西方材料中所提到的雅克或马蒂亚斯厄森中的一位,但是何大化经由湖广籍官员延请至鄂的事实却是不容置疑的。

康志杰教授还在书中引用了当地传说,对何大化初期立足武昌进行了梳理:

> 何大化到谷城后,辞别方岳贡,只身来到玉皇顶游览。此时玉皇顶香客络绎不绝,何大化陶醉在美景之中,不知不觉中天色已晚,一时找不着下山的方向,着急中遇一汲水老人,便随老人回到家中。此老人姓黄,全家5口人,两个儿子外出,女儿患重病卧床多日,老人为女儿的疾病多次求助神灵,均不验。何大化精通医术,很快为黄家女儿医好了病,并趁老人感激之中宣讲天主教道理,又在山中搭盖一茅草屋,供奉耶稣圣像(十字架),取名圣母堂。洋人医病的消息传开后,附近的村民凡遇疾病,甚至天灾人祸都来求天主、圣母保佑,祈求平安,要求施洗入教的人数逐渐增多。不久,地方官风闻道教圣地

---

① (清)钟铜山修,柯逢时纂:《武昌县志》(一),清光绪十一年刊本,《中国方志丛书》第348号,成文出版社1975年版,第1页。

② [法]费赖之:《在华耶稣会士列传及书目》,冯承钧译,第227页。

③ 康志杰:《上主的葡萄园——鄂西北磨盘山天主教社区研究(1636—2005)》,第12页。

玉皇顶有洋人传教，即派官兵烧毁了教堂，何大化也逃离老鸦山。[①]

通过中西文材料的比对，我们可以得出以下几点结论：

第一，何大化在明末确是受官员延请至武昌传教。

第二，何大化对天算之学并不精通，因此在传教初期并没有得到士大夫的重视，在上层人群中影响颇微，然而在下层的传教却有一定发展："他独自一个人在城外的一所小破屋子里待了几个月，但是在这里他为三十来名农民授洗。"[②] 他在此传教大约有两年时间，"信徒发展到 300 来人，并赖官吏雅克之助建立小教堂一所"[③]。

但是对于何大化离开史料的记载不一。费赖之与西方材料记载何大化离开湖广是因为张献忠起义军攻打武昌城，"同时瘟疫和饥荒也加重了这些破坏，耶稣会副省长考虑到武昌传教士所面临的危险，于是下令何大化神父返回福建"[④]。而民间记载则说其离开是因当地官府的驱逐。考虑到何大化进入湖广有当地官员的庇护，在传教过程中还得到一定的帮助，因此我们更倾向于认为他是由于农民起义军的进攻而离开湖广。何大化没有再回湖广，他在福建度过了余生。

湖广的传教由于缺乏传教士再次陷入低潮。这种情况直到穆迪我到达才被打破。

三 早期湖广天主教事业述评

通过对早期湖广传教情况的梳理，我们从中可以得出以下结论：晚明天主教入华，适逢一个思想文化相当活跃的年代。明初程朱理学一统天下的格局此时已被冲破，虽然儒家思想仍是占主导地位的社会思想，但是人们对各家学说也渐趋包容。当时以利玛窦、汤若望、南怀仁为代表的耶稣会士意识到要让作为外来宗教在中国社会的肌体里沉淀、发芽、生根、膨胀，必须理解中国的文化和各阶层的社会心态，必须强调天主教与儒学的

---

① 康志杰：《上主的葡萄园——鄂西北磨盘山天主教社区研究（1636—2005）》，第 12 页。

② Mgr. Noël Gubbels, *Trois siècles d'apostolat—— histoire du catholicisme au Hu-kwang depuis les origines 1587 jusqu'à 1870*, p. 14.

③ ［法］费赖之：《在华耶稣会士列传及书目》，冯承钧译，第 227 页。

④ Mgr. Noël Gubbels, *Trois siècles d'apostolat—— histoire du catholicisme au Hu-kwang depuis les origines 1587 jusqu'à 1870*, p. 15.

共同点，并辅以西文的科学知识，从而达到推动天主教传播的目的。因此，天主教在当时确实吸引了一批儒家士人的注意。《浙江通志》中记载："利氏初至杭，继伏若望任司铎，旋至甬，出圣像示众，授洗十五人，多文人学士。"① 特别是中国士绅对西方天算很感兴趣，很多传教士身兼数职，精通天算，以此结交权贵，传播教义。利玛窦"假道中国知识阶层即士大夫群体对社会的知识影响力，以及他们对中国政治（官方）势力的文化影响力，先融入中国文化社会，进而了解中国文化及其'精神气质'，为西方基督教进入中国文化探明通道。这是一条间接地接近和进入中国本土文化及其深层精神的理智型进路"②。而这条道路最终也被证实是可行的。"素来以'天下苍生'为己任的中国传统士大夫知识分子不折不扣地扮演着维持中国封建政治秩序的管理者角色，成为中国传统政治的人力基础和主要管理群体。利玛窦正是看清了当时的士大夫特别是儒家学者在中国社会既受普通民众尊重，又受朝廷垂青的政治真相，才会选择中国儒学知识分子群体作为自己接近的首要对象。"③ 利氏在中国的二十八年岁月中，在士林名流中觅得知音，建立了以往任何传教士都无法比拟的极为广泛的社会联系。

后人在评价利氏的传教政策时曾说："在天主教会的历史上，这是一个改良和同化方面的最辉煌而勇敢的尝试，可以称为明智的机会主义，这个尝试会被误解为引诱中国人皈依基督信仰。但是，如果恰如其分地看到利玛窦的决心和动机，就会明白利玛窦的努力接近真理。……他的灵魂中燃烧着对中国人民的爱，他为他们在艺术和文化上的成就赞叹不已，他为他们古代著作者的思想赞美叫绝。他懂得，中国的精神中没有平庸的东西，上帝赐予它一个卓绝的享赋，在它自身内部具有超越欧洲取得卓绝的人类精神成就的能力。"④ 甚至晚清时期，当西方传教士感到自己在中国

① 浙江通志馆修，余绍宋等纂：《重修浙江通志稿·宗教·耶教》第102册，民国三十七年铅印本，转引自张先清、赵蕊娟编《中国地方志基督教史料辑要》，第373页。

② 万俊人：《为何基督教更容易进入中国文化？——从利玛窦传教中国的进入方式看宗教与道德的文化亲缘性》，载罗明嘉、黄保罗编《基督宗教与中国文化：关于中国处境神学的中国—北欧会议论文集》，第110页。

③ 同上书，第111页。

④ ［美］菲茨帕特里克：《中国礼仪之争——中国社会和天主教制度的比较研究》，《世界宗教研究》1989年第4期。

社会进退维谷时，也不禁对曾经的风光作出一番感叹。1884 年，英国浸信会传教士李提摩太在一篇文章中将 19 世纪来华传教士的社会地位与之前来华的景教传教士、耶稣会士作了一番比较，感叹道：

> 中国基督教传教士的地位，是非常独特的。我们不是像罗马帝国的传教士去北欧那样的情形出现的，强权的使者必定会吞没所有现存的文明。我们也不是像两千前的佛教僧侣那样，被邀请来中国提供一种深刻的感情需要；也不是像一千多年前的景教徒，被赐与土地和庙宇；也没有像两百年前的耶稣会士，受到皇室的宠爱、眷顾。没有高级官吏挺身而出为我们战斗，也没有一群学者组织起来提倡基督教的哲学。我们无数的教育和慈善设施，至今绝大部分不是由中国的资金支助的。相对而言我们的宗教也不为人民所欣赏。①

耶稣会士自身的素质也保证了其适应政策的成功。正如法国学者谢和耐所说："第一批耶稣会传教士，正是在这一时期进入中国并与中国最有文化修养的阶层建立了联系，欧亚大陆两极基本上是独立发展起来的两种社会（中国社会与希腊—拉丁和基督教的西方），在历史上首次开始了真正的交流。"② 直到鸦片战争时期，人们仍然对耶稣会士的多才多艺记忆犹新："最好还是派遣一批耶稣会的神父前来我国；他们的虔诚热心和他们的道德学问，中国人民和日本人民都是记忆犹新的，他们胜过任何其他修会的教士。……因为在平民与士大夫之间，在皇帝朝廷之中，耶稣会的声誉受到特别尊敬，甚至认为一位博学多才的耶稣会士比帝国的官员和学者要强得多。"③ 鸦片战争后，在耶稣会士重返中国时，当时来的三名传教士：艾方济和李秀芳两神父被指定专心于传教工作，而会长南格禄神父，则设法深入北京，准备重操 17、18 世纪前辈的工作，用科学和教育来间接传教。他们认为这可能是比较有效的，也是接近上层社会的唯一方法。④ 这就可以看出早期耶稣会的上层传教策略确实在中国传教上起到了

---

① 　T. Richard, "Christian Persecutions in China, Their Nature, Cause, Remedies", *The Chinese Recorder*, Vol. 6, 1884.

② 　［法］谢和耐：《中国和基督教》，耿昇译，上海古籍出版社 1991 年版，第 1 页。

③ 　［法］史式徽：《江南传教史》，天主教上海教区史料译写组译，第 32 页。

④ 　同上书，第 39 页。

不容小觑的作用。

上层文人与传教士之间的友好关系也为天主教进入湖广提供了契机。早期进入湖广的传教士均是由当地官员邀请、引荐才来的。但是到湖广之后，他们并没有受到当地官员的足够重视，没有出现江南那种大量有名望的士绅入教情况。其影响颇为有限。究其原因是传教士活动时间太短暂，除何大化在武昌定居两年外，其他几位神父没站稳脚跟就由于各种原因离去，根本来不及与当地士绅建立友好关系。另外，还因为对士绅官员来说，他们感兴趣的仍是欧洲先进的科技知识，对传教士的教理兴趣还是不足。

总体来说，早期湖广天主教传教开创艰难，但是也不是完全没有成果。据1663年罗马耶稣会文献记载：自1583年，利玛窦、罗明坚入肇庆传教，迄明末湖广武昌府有教徒1000名，建有小堂。① 而法国学者荣振华也提及：1644年，小向门有一位耶稣会士在此地传教。约在1644年这位耶稣会士在离衡州2公里的地方，即Hwang-sha-wan（黄沙湾）建立了一个基督教堂口，这可能是湖南最早的基督教堂口。② 虽然目前尚未有材料指明这位传教士是谁。当时还有一名虔诚的教徒。此人为李应轼（1560—1620），字省勿，祖籍湖广，生于北京，世袭锦衣卫武职。万历二十年十二月，在朝鲜战争中初任参谋一职，后授为参军，三十八年八月受洗，教名保禄，他曾公开烧毁大量被教会视为"迷信"的书籍，在家中设有私人小堂，信仰虔诚，后离京回湖广奉养老母。③ 虽然此人应是在北京受洗，但也是早期湖广天主教史中的人物之一。

入清以后，湖广天主教迅速发展，为百年禁教期的禁而不绝打下了基础。

---

① 《中国圣教掌故拾零——明末圣教传到之地》，《圣教杂志》1936年第25卷。

② Joseph Dehergne, "Les chréstientés de chine de la période Ming 1581 – 1650", *Monumenta Serica*, Vol. 15，1957.

③ 黄一农：《两头蛇：明末清初的第一代天主教徒》，第76页；方豪《中国天主教史人物传》（中华书局1988年版）上有其传记；［意］利玛窦、［比］金尼阁：《利玛窦中国札记》，何高济、王遵仲、李申译，何兆武校，第472—476页；裴化行：《利玛窦评传》，商务印书馆1993年版，第401—402页。

第二章

清初湖广天主教的发展

第一节　清初对天主教的优容

　　清初湖广天主教得到长足发展，这得益于当时宽松的天主教政策。自明末利玛窦开始，欧洲传教士远涉重洋，以学术叩门而入，利用西方科学技术、工艺美术引起士大夫阶层直至皇帝等统治人物的好感。特别是利玛窦发展出一套合儒的传教方针，推动在华传教士蓄发留胡，改着丝袍方巾的儒服；一切习惯礼节，皆以中国士人为模范，以"西方学者"的姿态出现。① 利氏的传教方式被后继者保持下来。他们继续获得顺治、康熙两代皇帝的器重和礼遇，传教工作因此得到迅速发展。正如利氏所言："我给你们打开一扇大门，从这扇门进去，可以建立许多大的功劳。"②

一　顺治对天主教的优容

　　清兵进入北京后，曾强令城内居民在三日内搬出。时汤若望等传教士留在耶稣会在北京的住院，而住院恰在搬迁之列。为了保住其城内的居留权，汤若望于顺治元年（1644）五月十一日上疏清廷请求"仍居原寓，照旧虔修"③。大学士范文程批准了汤若望的请求，并下令不许清兵擅入教堂滋扰。这就是传教士与清王朝友好关系的开始。汤若望抓住了这个与新王朝交好的机会，为新朝编造次年新历，定名《时宪历》。历法颁行全国不久，汤若望就被任命为钦天监监正。自此以后，清朝钦天监一直由西

---

　　①　［法］穆启蒙编著：《中国天主教史》，侯景文译，光启出版社 1981 年版，第 47 页。

　　②　云先·克鲁宁：《利玛窦传〈西泰子来华记〉》，思果译，香港公教真理会 1967 年版，第 1 页。

　　③　徐宗泽：《中国天主教传教史概论》，上海书店出版社 1990 年版，第 216 页。

洋人掌管。汤若望利用自己的特殊身份，先后同顺治帝及一批满、汉贵族人物建立起良好关系，为天主教在中国传播提供了便利。这种地位优势一直被后继者所羡慕，1832 年当耶稣会解散后，由于苦于司铎缺乏，北京一批教友曾呈请愿书，说道："中外传教士在皇上和高级士大夫面前，没能保持利玛窦及其后继者的地位，上层阶级和平民百姓，谁也不愿意听信他们。"①

由于在中央有汤若望对顺治帝的影响，地方各级官吏对天主教教士较为礼遇，再加上各地传教士的努力，中国天主教获得迅速发展。这一时期，西方传教士入境管制十分宽松，凡申请入境者均可获批准。此期入华传教士仍以耶稣会为多。顺治时期全国 14 个省区（直隶、山东、山西、陕西、甘肃、河南、四川、湖广、江西、福建、浙江、江南、广西、广东）共有耶稣会教堂 310 所，教友 169990 人。与方济各会、多明我会的数据相加则到 1664 年前全国天主教总教堂数为 356 座，教友 255180 人。② 因有诸多城镇乡村的教堂（包括小堂）无法统计，再加上很多教堂也无具体教徒人数，所以当时教堂和信众的实际数量应超过这些数字。

二　康熙时期天主教的发展

就在汤若望为耶稣会在华事业发展兴盛而高兴时，没想到一场风波即将来临。顺治去世后，鳌拜等大臣摄政，一改前朝保教政策，反教势力迅速壮大。康熙三年（1664），杨光先教案爆发。杨光先教案使正处于发展阶段的天主教遭受打压。然而康熙亲政后，北京的情况有了转机。1692年康熙皇帝批准礼部解除天主教禁令的奏疏，此即著名的"容教令"。据苏霖神父称："那一天，对所有的传教士与中国基督徒来说，都是最大的快乐与永远的幸福。"③ 传教士称它标志着天主教在中国"黄金时代"的到来。④ 中国天主教获得迅速广泛的传播。

"容教令"的颁布"是耶稣会士们极大的成功。它标志着耶稣会士们

---

① ［法］史式徽：《江南传教史》，天主教上海教区史料译写组译，第 30 页。

② 汤开建：《顺治朝全国各地天主教教堂教友考略》，《清史研究》2002 年第 3 期。

③ ［德］莱布尼茨：《中国近事：为了照亮我们这个时代的历史》，梅谦立译，大象出版社2005 年版，第 35 页。

④ 许明龙：《中西文化交流先驱》，东方出版社 1993 年版，第 121 页。

在宫廷中的影响到达了顶峰，并且这个命令极大地促进了基督教的传播"①。这一时期，各修会均有大批传教士进入中国。如方济各会自1665年利安当被捕后，在中国的传教事业曾告中断，1671年前无一名方济各会士入华。利安当神父去世三年后，方济各会才重返中国。文度辣神父带领从西班牙招募来的传教士先是在广州扎下根基，然后逐渐向外辐射，在东莞、潮州和惠州等地建立教堂。后又从广东向外发展，除了在山东建立教区外，还将方济各会的传教工作逐步推进到福建、江西、南京等地。

1680年，传信部亦派出意大利方济各会士伊大仁到达广东。1684年，第一批巴黎外方传教会教士陆方济等来华并在广州登陆。② 当时传教士对传教形势充满希望：

> 从前，在欧洲，亲王们对基督教的照顾和保护也造成了在民众中的大量皈依。中国人同样一直以来对统治者们都是巴结和讨好的。帝国的命令和皇帝个人对宗教带有好感的立场就造成了在整个帝国内民众的大量皈依，我们在那里计算到很快就有300间教堂和300000名基督徒。③

我们看到湖广天主教也开始进入初步繁荣时期，各修会传教士均开始派遣人员开辟传教点。

第二节　穆迪我神父在湖广的活动

一　甘第大接引穆迪我来湖广

自何大化在武昌定居后，耶稣会士在湖广天主教传教中一直占据重要地位。不仅人数上远超其他修会，在传教地区上也有优势。明末清初湖广最重要的耶稣会士当属穆迪我。他是继何大化后，使天主教在湖广站稳脚跟并得以发展的传教士之一。

---

① Mgr. Noël Gubbels, *Trois siècles d'apostolat—— histoire du catholicisme au Hu-kwang depuis les origines 1587 jusqu'à 1870*, p. 51.

② ［法］荣振华：《在华耶稣会士列传及书目补编》，耿昇译，第815—816页。

③ Mgr. Noël Gubbels, *Trois siècles d'apostolat—— histoire du catholicisme au Hu-kwang depuis les origines 1587 jusqu'à 1870*, p. 53.

穆迪我神父（Jacques Métel），1618 年生于法国贡比涅，有兄弟三人，均为耶稣会士。1657 年，穆氏三兄弟穆尼阁①、穆迪我及穆格我②三人与狄若瑟、傅沧溟神父乘"加比泰纳"号船抵达澳门，随即进入内地传教。③

穆迪我神父进入内地后被派至江西南昌等地传教。当时南昌教务颓废，"教堂驻所皆渐倾圮"④。在此地他结识了许缵曾及其母。许缵曾曾任江西邮传道，迎养其母，太夫人一到江西省城，见当地教堂狭小隐僻，便买了一座大房子，改造成高大又雄伟的教堂。⑤ 同时她还劝化了不少当地官吏信仰天主教，为天主教捐资建堂。⑥ 在他们的帮助下，穆迪我神父开始振兴江西教务。也正是在他们的引荐下穆迪我神父来到湖广。

许太夫人，教名甘第大，号称中国天主教三大女性信徒之一，在湖广开教中起了非常重要的作用。正是她将穆迪我神父留在湖广，并在日后的传教中给予极大的经济支持与政治支持，使湖广天主教经历了从何大化神父离去后的萧条而到穆迪我神父的繁荣转折时期。方豪曾称赞她道："南昌、武昌、汉口、成都、重庆、开封、崇明等地教会，亦获夫人臂助。"⑦《天主教传行中国考》更是对其热心助教大加赞赏："是四川、河南、湖广三省，闯献大乱之后，重开圣教，皆甘第大提倡之力也。"⑧

1660 年，许缵曾升四川布政使司分守上下川东道参政。许缵曾请穆迪我神父同行前往四川传教。行至武昌时，许缵曾"念蜀疆初辟，川东未开，流寇余孽蜂屯蚁聚于楚蜀之交，夔门左右尚不知有正朔也，乃奉母僦居汉口，依妹丈李南明、同门汪贞五居焉"⑨。太夫人也希望神父能够

---

① 穆尼阁（Nicolas Motel）神父字全真，穆氏昆季三人之长也。

② 穆格我（Claude Motel）神父字来真，穆氏三神甫之年最幼者。其传教区域除去四川之外，还兼管汉中、城固等陕西传教区。

③ ［法］荣振华：《在华耶稣会士列传及书目补编》，耿昇译，第 450—452 页；［法］费赖之：《在华耶稣会士列传及书目》，冯承钧译，第 298 页。

④ ［法］费赖之：《在华耶稣会士列传及书目》，冯承钧译，第 307 页。

⑤ ［比］柏应理：《一位中国奉教太太》，徐允希译，上海土山湾印书馆 1938 年版，第 41 页。

⑥ R. P. Broullion, *Mémoire sur l'état actuel de la mission du Kiang-nan* 1842 – 1855, rue de Buci, Paris, 1855.

⑦ 方豪：《中国天主教史人物传》（中），中华书局 1988 年版，第 69 页。

⑧ 萧若瑟：《天主教传行中国考》，《中国天主教史籍丛编》，第 151 页。

⑨ 方豪：《中国天主教史人物传》（中），中华书局 1988 年版，第 73 页。

留在当地传教。最后神父在湖广定居下来，而四川方面则改派其弟穆格我
神父。这段历史在《圣教入川中》亦有记载：

> 缵曾调任湖广，太夫人一同到署，见武昌省城地大物博，无人传
> 教，遂写信至耶稣会会长处，请遣司铎数位到省传教，又买地基建造
> 圣堂。①

西方材料中也有记：

> 原湖广只有一位教士，管理全省教务，当时却不知在哪里，夫人
> 便写信给耶稣会长，请求派一位神父到汉口。穆迪我神父就这样来到
> 湖广，夫人一见急忙给他筹备住所，并建了一个教堂，又在大河对面
> （汉口）自己住宅中也盖了一座小圣堂。②

四年之间，此地教众就达到 2200 人，③ 且 "分布于八个堂区"④。在
随后三十年的时间里，穆迪我神父一直是湖广地区最主要的传教士。

二　与上层交好

穆迪我神父在湖广传教中深深体会到与上层官员交好对天主教发展的
重要性。他到达湖广传教得益于许缵曾。在武昌建堂时，他屡遭当地佛教
徒的攻击，也是赖官吏的庇佑才得幸免。此事费书记载颇略：

> 许夫人为购房屋一所，并建教堂一处，仇教者闻之不安，有一小
> 官阻止迪我入居新屋；僧人亦具呈于官扼之，幸许缵曾行前曾以迪我
> 托诸官保护，诸官常左袒之。⑤

---

① ［法］古洛东：《圣教入川记》，舒伏隆译，四川人民出版社 1981 年版，第 65 页。

② Couplet. S. J., *Histoire d'une dame chrétienne*, Paris, 1688; *Biographie de Candida Siu*, tra-
duite du latin, publié dans Sacerdos in Sinis, 1918, p. 67.

③ 方豪：《中国天主教史人物传》（中），中华书局 1988 年版，第 73 页。

④ Mgr. Noël Gubbels, *Trois siècles d'apostolat—— histoire du catholicisme au Hu-kwang depuis les
origines 1587 jusqu'à 1870*, p. 26.

⑤ ［法］费赖之：《在华耶稣会士列传及书目》，冯承钧译，第 307 页。

而通过西方材料的解读，我们可以更清楚地了解事情的经过：

　　在之前的章节中我们已经提到过明末费乐德神父曾在武昌授洗一位翰林的侄子。后来这位年轻人在其家乡发展了一个小的传教点，这个地区长达二十年的时间内没有神父来领导。在这位教徒得知穆迪我神父到达湖广后，他马上赶到神父的住所请穆迪我到该地区巡视，为一些未受洗的信徒们举行宗教仪式。这些信徒为了迎接神父的到来，显示他们对天主教的虔诚，就集体将家里神像尽数销毁。他们这种过激的行为触怒了当地的僧侣。在官吏的挑唆下，僧人们向武昌的官员们写信告状，希望将传教士赶出湖广地区。然而由于事先许缵曾曾托付当地高官请求他们善待穆迪我神父，这场风波最后以传教士取得胜利而结束。①

此后穆迪我在湖广活动时"诸官常左袒之"②，甚至城中一位冯姓武官亦入教，并承诺在武昌及其所管辖的两府城市均建立新堂。穆迪我神父这一次在与民间信仰的交锋中取得胜利完全是因为许缵曾及其家族势力的影响。天主教的上层路线使早期在内地开教的传教士得到当地士绅的庇护，得以开展教务事业。甚至在杨光先掀起教难时，湖广也较其他地区平静："然督抚与各地方官办法不同，江苏、福建、湖广等省，地方官优待教士，不忍拘拿，惟将朝旨通知，商定进京日期，一切凭神父做主，至期派兵护送，礼貌相将。"③

然凡事皆有利弊，与上层结交虽然在一定时期内庇护了传教士，但也在地方上引起士绅文人的嫉妒与不满，湖北黄冈吴德芝在《天主教书事》一篇中就对官吏庇护传教士而耿耿于怀：

　　西洋国天主教，前未之有也。明季，其国人利玛窦、汤若望、南

---

① Mgr. Noël Gubbels, *Trois siècles d'apostolat—— histoire du catholicisme au Hu-kwang depuis les origines 1587 jusqu'à 1870*, p. 14.

② ［法］费赖之：《在华耶稣会士列传及书目》，冯承钧译，第307页。

③ 萧若瑟：《天主教传行中国考》，《中国天主教史籍丛编》，第169页。

怀仁先后来中国，人多信之。康熙中，黄冈令刘公泽溥深恶之，议毁
其庙，逐其人，胥吏有从其教者，惩以重典，不旬日而上官下檄，反
责以多事，盖钱可通神也。①

　　地方士绅的厌恶在鸦片战争之后更是明显表现出来，曾发生过当地道
员不惜伪造公文反对传教之事。此事在《清末教案》中有详细记载。②

　　方志中也有基督教借助外在势力传教压抑本地文化而引起士人痛恨的
相关记载："孔孟之教，天下大同之教也。彼外教者流，亦自不敢响议我
四业之民，童而习之，至死不背。然无国权以扶其衰，无教权以振其敝，
徒尊以空名而不能见诸实事……挟其国权教力，播腾其说，日浸灌于人
心，几何不载胥及溺也。"③

　　穆迪我神父在湖广传教的过程中，竭力与达官显贵保持良好关系。
1669 年康熙亲政后，穆迪我神父结束了五年的流亡生活，重新回到湖广。
当时"副区长适因要务偕迪我赴南昌。事毕迪我欲还，南昌教民固留之，
迪我不从，冒风波渡鄱阳而还武昌"④。可见湖广教区在其心中的地位。
回到教区后，穆迪我神父立即着手恢复发展天主教，特别是将天主教介绍
给当地的达官显贵。1674 年，他结识了一位显贵官员，此官吏年事已高，
他"合家四十人暨亲友五十人悉皆随之受洗，在原籍建筑教堂一所"⑤。

　　1675 年，佟国器奉命讨吴三桂，行次武昌，穆迪我立即求见。佟国
器是清初较有实力的天主教官吏之一。但是此时他尚未受洗。其妻首先成
为天主教徒，取名为 Agathe，是清初著名三位奉教女性之一，与甘第大也
颇有交情。他们一家对天主教极具善意，穆迪我神父在其经过时特意拜见
了他。佟国器带领大批随从，当着公众的面亲自参观了武昌教堂，并嘱巡

　　① 转引自（清）梁章钜《浪迹丛谈》，中国第一历史档案馆、澳门基金会、暨南大学古籍
所编《明清时期澳门问题档案文献汇编》第 6 册，人民出版社 1999 年版，第 668—669 页。

　　② 1892 年湖南在籍道员周汉刊播揭贴伪造公文鼓吹反教，在社会造成很大影响。见中国第
一历史档案馆、福建师范大学历史系合编《清末教案》第 2 册，中华书局 1998 年版，第 551—
554 页。

　　③ 王树人修，侯昌铭纂：《永定县乡土志》卷 3《宗教第十》，民国九年铅印本，张先清、
赵蕊娟编《中国地方志基督教史料辑要》，第 503 页。

　　④ ［法］费赖之：《在华耶稣会士列传及书目》，冯承钧译，第 308 页。

　　⑤ 同上书，第 307—308 页。

抚妥为保护。[①] 佟国器在晚些时候也入了教，并且其家族内 300 多人也都一起入了教。[②] 他们家族"与传教士往来甚密，据传二人家中并有小圣堂"[③]。

早期传教士为了使天主教在各地站稳脚跟，均采取了类似的手法。例如白日昇神父为了顺利地在四川留下来，也给当地官员送了价值 30—40 两银子的礼物，才使川陕巡抚命令四川省的官员宽容传教士的活动。[④]

罗明坚在请求两广总督陈瑞照顾西人时，也是用了礼物："两个代表（指罗明坚与另一位神父）受到很隆重的军礼，目的是吓唬他们，而非为欢迎他们，然而，当他（指陈瑞）看到带来的礼物，他庄严的态度，立刻改为和善，他含笑告诉他们，殖民地的一切均可照旧，但是要属中国官员管辖，这只是习惯性及形式性的声明。"[⑤]

......

该省的军事首脑也是他的朋友，罗明坚送给他一块表；这是一种用许多小金属齿轮安装成套的计时工具。这位官员被称为总兵（Zumpin），也就是将军，在神父有机会访问他时，他也对神父特别礼遇。这些与官员们的早期友谊，对于发展对基督教的友好态度是很有价值的。[⑥]

穆迪我神父除了利用与官吏的私交来传播天主教外，也没有忘记利用其他手段来扩大天主教在民间的影响。

中国人对宗教大多持实用态度。一种对实际生活有利的宗教信仰往往

---

① Mgr. Noël Gubbels, *Trois siècles d'apostolat—— histoire du catholicisme au Hu-kwang depuis les origines 1587 jusqu'à 1870*, p. 27.

② Couplet. S. J., *Histoire d'une dame chrétienne*, Paris, 1688; *Biographie de Candida Siu*, traduite du latin, publié dans Sacerdos in Sinis, 1918, p. 124.

③ 方豪：《中国天主教史人物传》（中），中华书局 1988 年版，第 54 页。

④ ［美］鄢华阳：《清代早期四川中国天主教会的建立》，顾卫民译，《中国天主教历史译文集》，第 5 页。

⑤ ［意］利玛窦：《利玛窦全集》第 1 卷，刘俊余、王玉川译，光启出版社、辅仁大学出版社 1986 年版，第 118 页。

⑥ ［意］利玛窦、［比］金尼阁：《利玛窦中国札记》，何高济、王遵仲、李申译，何兆武校，第 145—146 页。

会收获众多的信众。1676 年，一位濒死的军官因其母为天主教徒，在其母亲坚持下同意神父为其举行临终洗礼。然而他受洗后却不治而愈，这种奇迹不仅坚定了信教者的信仰，同时在非信徒中也产生了不可忽视的影响。奇迹发生后，至少当事者全家都会要求受洗，进而附近目睹此事的亲戚邻居也会陆续入教。当然，"传教士在这一点上，与他们试图争取到自己一方来的社会阶层的心理相吻合。他们相信魔鬼附身的真实性和洒圣水的有效性"①。特别是穆迪我神父借机宣称"洗礼用的水、圣骨、祝圣过的盐都是对抗一切病痛的圣药"②。事实上，传教士均注意利用圣物吸引教徒，李明神父曾写道："这种对圣体圣事的虔诚心理也扩大运用到圣像、圣物、圣牌、圣水以及进一步全面地运用到一切具有我教某些特点的东西方面了。"③

在穆迪我神父的多方努力下，天主教在湖广传播较为顺利，后人曾称："这一时期对于传教士来说，由于得到了官方的保护所以对传教事业来说就像是天堂。"④ 在各级官员的支持下，穆迪我神父在武昌的传教慢慢扩展开来。他立足于武昌，将天主教推广到整个湖广地区。其中较为重要的传教点有如下几处。

三　开辟其他传教点

1. 荆州、宜昌传教点

荆州旧称江陵，据《江陵县志》称："清顺治十八年（1661），法国耶稣会士穆迪我到荆州城南门外建县内第一座天主教，天主教自此传入。"⑤《天主教年鉴》也记载：

---

① ［法］谢和耐：《中国与基督教：中西文化的首次撞击》，耿昇译，上海古籍出版社 2003 年版，第 71 页。

② Mgr. Noël Gubbels, *Trois siècles d'apostolat—— histoire du catholicisme au Hu-kwang depuis les origines 1587 jusqu'à 1870*, p. 27.

③ ［法］谢和耐：《中国与基督教：中国和欧洲文化之比较》，耿昇译，上海古籍出版社 1991 年版，第 130 页。

④ Mgr. Noël Gubbels, *Trois siècles d'apostolat—— histoire du catholicisme au Hu-kwang depuis les origines 1587 jusqu'à 1870*, p. 102.

⑤ 湖北省江陵县地方志编纂委员会编纂：《江陵县志》，湖北人民出版社 1990 年版，第 695 页。

　　1661 年耶稣会士穆迪我首先来湖北省荆州地区传教。继而以荆州为中心，逐渐发展到沙市、公安县横堤市、荆门十里铺，以及宜昌县鸦雀岭等地，并且在徐光启的孙女徐许氏甘娣大教友的资助下，建立了荆州老南堂等教堂。[①]

　　此后这一地区的教务事业慢慢发展起来，1702 年至 1717 年，有意大利耶稣会士聂若翰来宜昌传教。并于 1702 年在白衣庵（现南正街）建了一座会堂和司铎住宅，发展了一些教友。[②]

　　值得注意的是，荆州有大量满族基督徒。荆州地区最早的满族教徒并不是穆迪我神父发展的。西方材料曾记载在荆州大宝塔寺边，有一个小教堂，属于满族人，它不是耶稣会士的产业，因为在 1664 年到 1720 年的名单中都没有提到它。耶稣会教堂名单仅提到在荆州汉人居住区有一个教堂。[③] 荆州地处冲要，清入关后曾派大量八旗士兵驻防，在荆州城专门修建有供满人居住的鞑靼城。荆州最早的基督徒就是夹杂在这批随军人员中的。考虑到清入关后，天主教在旗人中曾有不错的发展，随着旗人南下，信仰也随之南下。曾传教于陕西的郭纳爵神父就热衷于在士兵中传教，因为"当时中国正处于明末清初的战乱之际，士兵们流动作战，时常更换戍所，驻守无数城市，他们每到一地，信教的士兵便会把天主教带到那里，使那里成为传教的中心"[④]。传教士写道：

　　　　荆州的汉人和鞑靼人心花怒放，基督教在鞑靼人中间埋下的根，是如此之深，不管后来对满洲人的宗教迫害是多么的深，荆州这个地方还是有英雄的信教者们的后代生存着。[⑤]

---

　　① 中国人民政治协商会议湖北省委员会、文史资料委员会编：《湖北文史集粹·民族宗教·社会》，湖北人民出版社 1999 年版，第 138 页。

　　② 同上。此材料中记西方传教士译名聂若望，但是考证查明应该系聂若翰，以此与另一位耶稣会士聂若望（Jean Duarte）区别开来。

　　③ Mgr. Noël Gubbels, *Trois siècles d'apostolat—— histoire du catholicisme au Hu-kwang depuis les origines 1587 jusqu'à 1870*, p. 50.

　　④ 王雪：《基督教与陕西》，中国社会科学出版社 2007 年版，第 69 页。

　　⑤ Mgr. Noël Gubbels, *Trois siècles d'apostolat—— histoire du catholicisme au Hu-kwang depuis les origines 1587 jusqu'à 1870*, p. 52.

　　此话在李文秀主教巡视湖广时得到验证。一个世纪之后，董文学教案中曾有一名叫做了保禄的教徒被捕，其出身于荆州信教满族官吏家庭。①1840 年，杨神父也屡次提及在该地有大量的满族教徒。②

　　在汉人中的传教也没有被传教士忽视。耶稣会教堂名单表中提到的荆州汉人地区的教堂是由当地教徒合资兴建，此后一直被传教士代代相传。王石汗曾说："我没有买房子（在荆州），因为我们已经有一个，还有一个教堂是穆迪我神父的基督徒所送的。"③ 天主教在此地一度极其繁盛，教堂拥有众多产业，甘神父④写道："所有靠近教堂的路都是传教团的财产。"⑤ 1860 年不平等条约签订后，法国天主教传教士要求收回在湖广产业时，曾列有一张财产明细表，表中就明确提到：在康熙年间，传教士在湖北建立了很多的教堂，在荆州就有 18 个仓库就是属于教堂的财产。⑥

　　2. 德安传教点

　　此外，神父还在各地官员的支持下在德安、湘潭建立起新教堂，扩大了天主教的势力。1686 年穆迪我神父在德安新建了一所教堂。西文材料记载穆迪我在德安建堂是应当地教徒的要求。因此在穆迪我神父传教于德安前，德安应有教徒。这些教徒具有一定的经济实力，他们捐款买下一座教堂，并将其"翻修一新"献给神父。⑦ 信徒的活动激起了反教者的仇恨，他们向地方官吏申诉。穆迪我得知后，用他惯有的方式平息了这场风波：他备好礼物去见这位官员，表明自己建立这座教堂是为了经常来此拜访当地官员，向官员表示了他的尊敬。也许是被礼物所贿赂，也许是因为穆迪我神父的身份——"一位受武昌长官尊敬的神父"，这位官员不仅公开免除了教堂的税，并在教堂建立之日，还亲自到教堂参观，甚至"跪在圣画像面前以示尊敬"⑧。

---

　　① Mgr. Noël Gubbels，*Trois siècles d'apostolat*——*histoire du catholicisme au Hu-kwang depuis les origines 1587 jusqu'à 1870*，p. 271.

　　② Ibid.，p. 277.

　　③ Ibid.，p. 58.

　　④ Valantin Gan，出生于湖广荆州的中国神父。

　　⑤ Mgr. Noël Gubbels，*Trois siècles d'apostolat*——*histoire du catholicisme au Hu-kwang depuis les origines 1587 jusqu'à 1870*，p. 53.

　　⑥ Ibid.，p. 54.

　　⑦ Ibid.，p. 30.

　　⑧ Ibid.，p. 31.

　　地方官公开对天主教示好的举动在德安引起轰动，民众纷纷来到教堂参观询问。穆迪我借机大力宣扬天主教，由于他自己无法应付众多的民众，他还特意安排一位德高望重的传道员协助他来向参观的平民介绍教义。其努力没有白费，教堂自落成后，平均每天都有"五百名信徒出入"①。

　　3. 湘潭传教点

　　这一时期，穆迪我的传教势力还扩张到湖南湘潭。西文材料提到1685 年，湘潭已有一所教堂。这座教堂也是在官吏支持下建立的：一位江姓官员，在京时与南怀仁神父相好，向其保证日后返乡时亦会将天主教信仰带回当地，帮助传教士在湖南建堂传教。此后他调离北京任职湘潭，于是兑现了诺言。② 荣振华在《传教地理》一书中指明这位江姓官员，受洗名 Francois（弗朗索瓦），曾从南怀仁学习。③ 荣振华还提到另一条材料：

　　　　另一封写于 1689 年 3 月 6 号的信说道：1687 年，穆迪我神父安置了一所教堂湘潭，这个城市的官员是基督徒，他资助了建教堂的费用，在 3 个星期内，就有 10 次洗礼；他在那里发现一个新木堂，是专给妇女们使用的。④

　　天主教慢慢在湘潭发展起来。1703 年聂若望神父计算有 5 个教堂，还有一个是后来与人们协商得到的；2000 名基督徒，每年在湘潭约有 260次洗礼。⑤

　　四　洪山墓地的建立

　　穆迪我神父不仅在各地买地建堂，同时他还想将教会的产业永久延续

　　① Mgr. Noël Gubbels, *Trois siècles d'apostolat——histoire du catholicisme au Hu-kwang depuis les origines 1587 jusqu'à 1870*, p. 31.

　　② Ibid., p. 29.

　　③ Dehergne Joseph, "La Chine centrale vers 1700", *Archivum Historicum Societatis Iesu*, Vol. 36, 1967, pp. 32 – 71.

　　④ Ibid..

　　⑤ Ibid..

下去。在中国获得一份地产对欧洲传教士来说并不是很容易的事情，如何通过正当手段且在不触怒当地民众的情况下获得一块土地就成为穆迪我神父面临的一道难题。所幸穆迪我在中国生活多年，熟识中国的礼节。他用一种巧妙的方法即购买墓地达到了目的。

穆迪我神父的两位兄弟与之同时来中国传教。1657 年，其兄穆尼阁殁于南昌。1671 年其弟格我殁于赣州。[①] 两位神父的灵柩均未在当地下葬。因此，穆迪我神父在武昌不远处购置一处土地，将二人的遗骸运回湖广，归葬于武昌，并借机以守墓为名，在附近建立住所一处。这就是离武昌一公里左右的洪山基督教公墓的来源。"洪山在县东十里，旧名东山"[②]，离武昌不远，方便穆迪我神父照料。在中国出于对死者的尊重，购置墓地来达到买地的目的通常不会被干涉。因此他认为"最肯定地保护教堂的方法就是建立墓地"[③]。穆迪我此举也非首创。许太夫人甘第大就说过："欲维持圣教，建设教士墓，却是上策。"[④] 当时有不少传教士将兄弟的尸骨运到某地来建立教堂，或是在已有教堂的地方保存这些尸骨。尤其是耶稣会士经常利用中国的这一风俗。[⑤]

穆迪我神父于 1692 年 6 月 2 日于武昌去世，然后与其兄弟一起葬在洪山。此后，虽历经时代变迁，但是这一墓地作为传教士的公产却得到了当地民众的认可。直到今天，这里仍然是基督徒的墓地，里面埋葬着来湖广的传教士与基督徒。穆迪我神父的这一做法相当高明，因为直到鸦片战争后，1844 年 10 月 24 日，在"阿基米德"号巡航舰上所签订的《中法条约》中第二十二条才明文规定："法兰西人亦一体可以建造礼拜堂、医人院、周急院、学房、坟地各项。"[⑥]

---

① ［法］荣振华：《在华耶稣会士列传及书目补编》，耿昇译，第 450 页。

② （清）王庭桢修，彭崧毓纂：《江夏县志》（一），清光绪七年重刊本，《中国方志丛书》第 341 号，成文出版社 1975 年版，第 107 页。

③ Mgr. Noël Gubbels, *Trois siècles d'apostolat—— histoire du catholicisme au Hu-kwang depuis les origines 1587 jusqu'à 1870*, p. 28.

④ ［比］柏应理：《一位中国奉教太太》，徐允希译，第 79 页。

⑤ Mgr. Noël Gubbels, *Trois siècles d'apostolat—— histoire du catholicisme au Hu-kwang depuis les origines 1587 jusqu'à 1870*, p. 28.

⑥ ［法］史式徽：《江南传教史》，天主教上海教区史料译写组译，第 75 页。

五　其他耶稣会传教士

这一时期，除了穆迪我神父，还有不少传教士活跃在湖广境内。1665年，法国耶稣会士方玛诺到达武昌。由于他没有官府的许可证，因此不得不躲藏在一位基督徒家中长达八个月，活动受限，传教工作并不如意。1690年，还有一名本地神职人员在湖广工作。他叫刘蕴德（Blaise Verbiest），由南怀仁神父授洗。① 在 1689 年时又有一名中国神父万其渊（Banhes Wan. Paul）从浙江来到湖广，但是他在湖广时间并不长，1691 年时就离开湖广前往福建了。② 1690 年，由于湖广教区发展迅速，总会长决定又加派陆若瑟③神父到湖广传教。

陆若瑟是首位定居在湖南的耶稣会士。他主要在湖南的湘潭、长沙、永州等地工作。④ 陆若瑟神父在礼仪之争时作为代表被派遣至罗马，再也没有回到中国。

此外，还有来自江西的常神父（Julien Gonzague Tchang）在湖南工作了长达十年的时间（1691—1701 年）。他先是在赣州度过修行期后，来到湖广作为陆若瑟、樊西元、聂若望的助手，为传教事业做出了一定的贡献。

陆若瑟神父长期待在湘潭，离穆迪我神父较远，实际上对穆迪我在武昌的传教没有太多帮助。但是穆迪我当时已经 72 岁了，急需传教士来接班。于是比利时耶稣会士王石汗⑤于 1691 年到达湖广，成为穆迪我的接班人。他在武昌传教有三次，分别是 1691—1695 年，1697—1700 年，最后是 1703 年。⑥ 1697 年至 1699 年，他作为武昌的驻堂神父管理当地 7 所

---

① Mgr. Noël Gubbels, *Trois siècles d'apostolat——histoire du catholicisme au Hu-kwang depuis les origines 1587 jusqu'à 1870*, p. 31.

② ［法］荣振华等：《16—20 世纪入华天主教传教士列传》，耿昇译，第 67 页。

③ 陆若瑟生于西班牙，1687 年到达中国后先是在陕西传教，随后在 1690—1699 年在湖广传教。

④ ［法］费赖之：《在华耶稣会士列传及书目》，冯承钧译，第 415 页。

⑤ 王石汗神父于 1651 年生于 Gand，1672 年在马尼拉进入初修院，在 1689 年到达中国之前，他先是在墨西哥传教了五年，此后又在南京工作两年。除了在外省传教外，他还在北京停留过两次较长时间。他于 1725 年被任命为耶稣会总会长和巡视员，于 1727 年死于松江。

⑥ Mgr. Noël Gubbels, *Trois siècles d'apostolat——histoire du catholicisme au Hu-kwang depuis les origines 1587 jusqu'à 1870*, p. 33.

教堂。① 王石汗在湖广传教时，每年都给五六百人举行洗礼，其才能被人
称赞："王石汗在武昌勇敢而又虔诚的工作着，他由于其才能和热忱而引
人注目，他是温和的、谦虚的，对穷人充满了爱，也是谨慎的、正直的，
善于处理事件。"②

王石汗主要传教于武昌等地，而湖南传教点的工作则由另一位葡萄牙
耶稣会士接管。这就是 1700 年来到湖南的聂若望神父。③ 1702 年他在衡
山县知县的帮助下在该地建有一所教堂。④ 此后他大部分时间居住在湘
潭，管理当地 6 所教堂，近 2200 名基督徒。1703 年一年的时间里，他为
290 名新教徒施洗。⑤ 禁教时期，聂若望仍在湖广秘密工作。聂若望神父
在湖广工作长达 40 多年，可谓是湖广教区元老级的葡萄牙传教士了。⑥

此外还有樊西元，⑦ 其主要居住地是晃州、湘潭等地。⑧ 樊西元神父
有时一年授洗 1000 多人。他在当地官员和民众心中都有一定地位。⑨ 费
书中曾赞道："此著名传教师，中国官民钦其德行学识，颇为信任，因利
用以发展教务。"⑩ 有资料记载，1703 年他管理湖北近 8000 名基督徒，约
10 所教堂，55 个小型礼拜堂。在那一年他就举行了 850 次洗礼。⑪ 1724
年他与另外几名神父一起被流放到广州。⑫

此外还有卜日生神父（Baborier Jean），也曾于 1716 年至 1724 年到达

① ［法］费赖之：《在华耶稣会士列传及书目》，冯承钧译，第 462 页。

② Mgr. Noël Gubbels, *Trois siècles d'apostolat—— histoire du catholicisme au Hu-kwang depuis les origines 1587 jusqu'à 1870*, p. 33.

③ 聂若望神父于 1671 年生于里斯本，在 1715 年至 1716 年，他被任命为中国教区的总会长，后来又被任命为日本教区的总会长。

④ ［法］费赖之：《在华耶稣会士列传及书目》，冯承钧译，第 566 页。

⑤ Mgr. Noël Gubbels, *Trois siècles d'apostolat—— histoire du catholicisme au Hu-kwang depuis les origines 1587 jusqu'à 1870*, p. 37.

⑥ ［法］荣振华等：《16—20 世纪入华天主教传教士列传》，耿昇译，第 134 页。

⑦ 生于法国贝亚恩省，于 1694 年到达中国。

⑧ ［法］费赖之：《在华耶稣会士列传及书目》，冯承钧译，第 472 页。

⑨ Mgr. Noël Gubbels, *Trois siècles d'apostolat—— histoire du catholicisme au Hu-kwang depuis les origines 1587 jusqu'à 1870*, p. 36.

⑩ ［法］费赖之：《在华耶稣会士列传及书目》，冯承钧译，第 472 页。

⑪ Mgr. Noël Gubbels, *Trois siècles d'apostolat—— histoire du catholicisme au Hu-kwang depuis les origines 1587 jusqu'à 1870*, p. 37.

⑫ 吴旻、韩琦编校：《欧洲所藏雍正乾隆朝天主教文献汇编》，上海人民出版社 2008 年版，第 34 页。

过湖广。[①]

　　总之，自穆迪我神父在湖广各地开辟天主教传教点以来，逐渐有不少耶稣会士相继来到湖广工作，天主教在湖广蔓延开来，无论是在社会上层还是平民中均发展了不少教徒，天主教在湖广开始进入发展时期，并随着移民向外扩散到周边其他省份。如 1702 年，当时的遣使会士毕天祥与穆天尺在四川活动时，就记载到重庆有 10 名基督教徒是湖广人。另外，白日昇和梁弘仁在成都发现的 5 名教徒中，也有 1 名来自湖广。[②]

第三节　早期方济各会在湖广的活动

一　早期来华的方济各会士

　　这一时期，除耶稣会士在湖广开辟传教点外，其他修会也开始将眼光投向湖广。这其中就有方济各会。方济各会是欧洲的老派修会，其传教方法颇为传统："到处持着十字架，宣讲耶稣受难救世的大事，指责外教人的愚昧无知，要他们赶快信仰耶稣。"[③] 元朝时中国就活跃着意大利方济各会士的身影。当时为了了解不断向外扩张的蒙古帝国，罗马教皇不断派遣使节试图与蒙古君主缔结和约。而其中最为人所知的是意大利方济各会士：柏朗嘉宾、孟高维诺、佩鲁嘉（Andrea da Perugia）、鄂多利科（Odorico da Pordenone）、马黎诺里（Giovanni de Marignoli）等人。其中孟高维诺主教于 1294 年到达元成宗贴木儿汗在汗八里的朝廷，[④] 并在元朝官方的支持下发展了不少教徒。然而随着元朝的衰落，意大利方济各会士开创的传教事业一落千丈。直至明朝中后期，随着西班牙和葡萄牙的向外扩张，方济各会才重返亚洲地区。明末最早入华的意大利方济各会士是巴沙路（Juan Bautista Lucarelli da Pesaro），1579 年他跟随西班牙方济各会士阿尔法罗等人乘船从菲律宾直接来到广州，但不久他们即被中国当局驱逐到澳门。在澳门停留期间，他们建立了中国的第一座方济各会院，并且由

---

①　［法］荣振华等：《16—20 世纪入华天主教传教士列传》，耿昇译，第 65 页。

②　［美］鄢华阳：《清代早期四川中国天主教会的建立》，顾卫民译，《中国天主教历史译文集》，第 5 页。

③　罗光：《教廷与中国使节史》，台湾传记文学出版社 1983 年版，第 84 页。

④　［荷］金普斯、麦克罗斯基：《方济会来华史（1294—1955）》，李志忠译，第 2 页。

巴沙路于 1580 年出任该会院的院长。① 但是由于与葡人不合，他们从澳门被驱逐至马尼拉。然而巴沙路并没有气馁，很快他又在当地建立了一所会院，招收年轻教友，对他们进行培训。② 后来巴沙路神父在葡萄牙官员爱雷斯·贡萨维斯·德·米兰达（Aires Gongzalves de Miranda）的协助下回到澳门，但是其建堂传教的愿望仍无法实现。③ 百年后，罗马教廷建立宗座代牧制以制约葡萄牙国王的"保教权"，意大利方济各会士才得以大规模重返中国。"传信部于 1680 年委任伊大仁为领衔阿尔高里主教，与四位意大利方济会士被遣往中国。两年后，他们一行人抵达暹罗，一直逗留至 1684 年。受到奉教国王的请求，并承诺资助传教士的经费，两位会士遂留在当地传教，而伊大仁（Bernardino Della Chiesa）、叶宗贤（Basilio Brillo of Gemona）、余宜阁（Francesco Nicolai of Leonissa）三位神父则前往广州，并于 1684 年 8 月抵达。"④ 这一批新入华的意大利方济各会士就成为湖广首批意大利方济各会传教士。

二　伊大仁主教巡视湖广

伊大仁主教，1643 年生于威尼斯的维内西亚，原属意大利翁布利亚（Umbria）方济会圣嘉勒（St. Clare）会省，在其年幼时就进入了方济各会。

伊大仁是中国天主教史上是一位重要的人物，但目前关于他的研究却较少。一方面是因为他是意大利方济各会士，国内学者普遍将注意力集中在耶稣会士研究上；另一方面则是由于涉及伊大仁的材料多是法文、西班牙文、葡萄牙文，在解读上存在很多困难。本书拟就所掌握的中西方材料对伊大仁在中国的活动进行简要梳理。

伊大仁作为中国南部地区宗座代牧——巴黎外方传教会陆方济的助手而被派至中国。因此自他一到广州，面临的首要问题就是如何划分教区。当时他居住在广州西班牙方济各会士的房子里，等待罗马教

---

① 崔维孝：《明清之际西班牙方济会在华传教研究：1579—1732》，第 48 页。
② ［意］沙法利：《在中国传教区的意大利方济会士》，韩承良译，《纪念孟高维诺总主教来华七百周年国际学术会议集》，香港思高圣经学会出版社 1995 年版，第 138 页。
③ 韩承良：《中国天主教传教历史》，香港思高圣经学会出版社 1994 年版，第 30 页。
④ ［荷］金普斯、麦可罗斯基：《方济会来华史（1294—1955）》，李志忠译，第 9 页。

廷的安排。① 最后罗马教廷决定执行 1682 年 9 月 27 日的划分，② 即将九个省份中拨出一半给伊大仁主教管辖。这次划分于 1685 年 8 月 11 日生效。③ 于是伊大仁就接受了四川、贵州、湖广及浙江四省的管理权。④ 所以伊大仁在名义上是当时湖广代牧区的最高管理者。为什么说是名义上，因为这一时期中国存在圣统制与传教区制并存的局面。伊大仁作为湖广代牧在地位上是非常高的，但是在湖广工作的其他修会传教士，他们与宗座代牧并没有直接的隶属关系，在实际传教工作中他们仍然是听命于本修会的会长。

伊大仁初至中国就面临着一个严峻的考验。陆方济主教于 1684 年 1 月到达中国福建后就要求所有在华修会传教士向其宣誓效忠，否则就禁止他们施行圣事。⑤ 陆方济此举是想以宗座代牧首长身份重新夺得中国九省的主导权，是一次向葡萄牙"保教权"的直接挑战。但是由于罗马教廷长期以来在中国传教上都不占主导地位，居于中国的各修会传教士早已习惯了主教制，所以当陆方济贸然宣布此规定时，"各修会传教士闻之骚动不已"⑥，甚至有一些方济各会、多明我会和奥斯定会的神父，"他们都宁愿离开中国而不愿向陆方济主教宣誓效忠"⑦。

为了在华天主教事业的稳定，伊大仁决定调停两方矛盾。他允许传教士不宣誓，批准他们返回各自传教区继续管理教徒。伊大仁这一举动维持了中国天主教教会的稳定和谐，同时也看出他在传教策略上倾向于调和态度。在拉丁文《中国方济各会志》第五册中曾有他致传信部的上书：

---

① R. P. Daniele Van Damme, O. F. M., *Necrologium Fratrum Minorum in Sinis*, Hong Kong, 1978, p. 189.

② 1682 年的划分是中国福建、浙江、湖广、四川、贵州、云南、陕西及山西 8 省设立代牧区。

③ Mgr. Noël Gubbels, *Trois siècles d'apostolat——histoire du catholicisme au Hu-kwang depuis les origines 1587 jusqu'à 1870*, p. 40.

④ 当时江西是浙江的一部分。1696 年 8 月 9 日，教廷传信部（Propaganda Fide）正式于中国福建、江西、浙江、湖广、四川、贵州、云南、陕西及山西 9 省设立代牧区，此时江西才从浙江境内分划出去。参见罗光《中国天主教历代分区沿革史》，《天主教在华传教史集》，第 303 页。

⑤ 崔维孝：《明清之际西班牙方济会在华传教研究：1579—1732》，第 49 页。

⑥ 陈方中、江国雄：《中梵外交关系史》，台湾商务印书馆 2003 年版，第 60—61 页。

⑦ ［荷］金普斯、麦可罗斯基：《方济会来华史（1294—1955）》，李志忠译，第 9 页。

　　此间传教区能否继续生存，端系于教宗诏书是否禁止全部中国礼仪。谨求圣座对传教区之存亡与众多灵魂之丧失，多加关怀，而不必计及于是否为无会籍之传教士或为耶稣会士？抑为其他修会之会士？今日所就顾及者为灵魂之得救，至于孰是孰非，容待来日再加审义：罪有应得者，予以惩罚，而勿殃及无辜。[①]

　　从以上材料我们可以看出，伊大仁认为传教事业取得成功是最重要的，教派内部的纷争可以日后解决。正因为如此，他才会在发生各种争执时，抛开门派偏见，顾全大局，无怪乎方豪先生说他"以谨慎仁厚著称"[②]。

　　1685 年，他开始巡视湖广教区。[③] 由于在陆方济事件上的出色表现，他赢得了不少耶稣会士的尊敬。邓宁士卜（Dunyn Szpot）记述道：这位主教（伊大仁），随身携带着仍在宫中任职的南怀仁神父的推荐信出发了。这些信是南怀仁将其介绍给各地的省长及官员的。正是得益于这些推荐信，为主教在湖广的活动免去了很多麻烦。[④]

　　伊大仁作为湖广第一位方济各会士开创了方济各会在湖广的传教工作。尽管在 1838 年前，方济各会在湖广工作的传教士相较于其他修会来说，人数较少，活动范围亦有限，但是他们在早期天主教进入湖广史上仍功不可没。《圣教杂志》中记载：

　　　　湘省福音，始由过路之传教士传入粤鄂路上，新近入内地之教士，赖中国长官之力，在来河边，有一湘省最老之会口，为此等教士所手创者，惟俗传该会口最老之家庭，系在四川归正，大概初来湘省传教者，除方济各会会士，无其他教士，至少教友中，未闻有他会会士，曾来湘境。[⑤]

---

①　转引自方豪《中国天主教史人物传》，第 485 页。

②　方豪：《中国天主教史人物传》，第 485 页。

③　R. P. Daniele Van Damme, O. F. M. , *Necrologium Fratrum Minorum in Sinis*, Hong Kong, 1978, p. 189.

④　Mgr. Noël Gubbels, *Trois siècles d'apostolat—— histoire du catholicisme au Hu-kwang depuis les origines 1587 jusqu'à 1870*, p. 41.

⑤　《圣教杂志》1934 年第 23 卷第 10 期，第 404 页。

伊大仁在湖广的巡视中成绩斐然，第一次巡视他就为 6000 多名教徒举行了坚振礼。[1] 但是他在湖广的工作时间很短。中西文材料也没有记载他在湖广定居。他经常待的地方是南京。后来他成为北京主教，将主教府设在山东临清，远离了湖广的传教事务。伊大仁选择在山东设立主教府是有深层原因的。因为方济各会在北京既无会院、教堂，也无传教士。北京一直是耶稣会经营多年的地区。西文材料中提到伊大仁"不能友好地与耶稣会士一起共同生活在北京。而另一方相反的意见则认为他过于倾向与跟耶稣会士妥协。如兰奈主教（Laneau）就指责伊大仁过分地偏向耶稣会士"[2]。通过分析伊大仁在陆方济主教事件中的作为和南怀仁的推荐信，笔者认为伊大仁在中国传教事务上虽然出于整体传教利益的考虑不打算与耶稣会等其他修会产生过激的矛盾，倾向于和平共处，但是北京教区长期以来一直是耶稣会的传教中心，其势力并不是初来的伊大仁所能掌握的，制约着其在北京的权力。而山东一直是方济各会的大本营，得到本修会成员的支持无疑是保证其主教权力的一个重要砝码。所以权衡之下，伊大仁主教最终选择了山东作为自己的长居之地，而远离了耶稣会的传教中心。

三 其他方济各会士

伊大仁离开湖广后，他将其他方济各会士派至湖广，管理传教事务，所以在禁教期我们仍然能看到为数不多的方济各会士陆续在这里工作。伊大仁主教去世后，其遗体于 1920 年 12 月 2 日转往济南洪家楼教堂保存。[3] 1688 年伊大仁将另一位方济各会士——叶宗贤[4]派到湖广来。

叶宗贤于 1648 年 3 月 25 日生于意大利，18 岁时即加入威尼斯的小兄弟会。[5] 1684 年他来到中国，先是在广州学习了三年的中文和中国文学。

---

[1] Mgr. Noël Gubbels, *Trois siècles d'apostolat—— histoire du catholicisme au Hu-kwang depuis les origines 1587 jusqu'à 1870*, p. 42.

[2] Ibid., p. 43.

[3] R. P. Daniele Van Damme, O. F. M., *Necrologium Fratrum Minorum in Sinis*, Hong Kong, 1978, p. 189.

[4] Basilio Brillo of Gemona, 又有写作 Revmus P. fr. Basileus Brollo, 叶宗贤, 或译叶崇贤, 于 1740 年 7 月 16 日去世, 在中国传教 20 多年。

[5] R. P. Daniele Van Damme, O. F. M., *Necrologium Fratrum Minorum in Sinis*, p. 108.

他的中文造诣颇高，编写了一本中文—拉丁文字典，还有一些教理书。① 1688 年他开始传教于湖广。当他到达湖广教区时，曾一次性为 600 多名教徒举行了洗礼。② 此后他一直在此工作到 1696 年。1696 年湖广正式成立代牧区，其首任代牧是方济各会士余宜阁。余宜阁是与伊大仁主教及叶宗贤神父一起于 1684 年来到中国的。③ 他直到 1708 年卸任湖广代牧为止，也没有到过湖广，其代牧一职形同虚设。

　　伊大仁、叶宗贤和余宜阁是最早与湖广有关系的三位方济各会士。此后，在他们的带领下，越来越多的方济各会士来到湖广传教。如石铎（P. Fr. Petrus Pinuela）到过汉口传教。④ 还有 1719 年进入中国的 Francois Marie Garetto de Ferreri（弗雷里）和 Jean Baptiste Maoletti de Serravalle（萨拉瓦尔）。Ferreri（弗雷里）是意大利 Ferreri d'Asti（阿斯蒂·费雷里）伯爵的长子，1721 年后他从陕西来到湖广。而萨拉瓦尔早先也在陕西传教，此后他前往甘肃地区，建立了不少的传教点和教堂。后来他被穆天尺任命为湖广署理主教，直至雍正禁教令下达他一直在湖广地区工作。雍正二年十月二十六日，耶稣会士冯秉正在信中提到被驱逐出境的神父中有萨拉瓦尔主教："方济各会士、湖广省教务主管。尊敬的萨拉瓦尔神父告诉我们，他 9 月份就要动身去澳门。"⑤ 此后，方济各会的传教活动随着禁教而暂时告一段落。直到 1838 年湖广从陕晋代牧兼管之下分离出去后，才重新掀起新一轮方济各会士进入湖广的高潮。

第四节　法国耶稣会开辟传教点

　　在湖广传教的耶稣会士主要分属于法国传教团与葡萄牙传教团两个不

　　① Mgr. Noël Gubbels, *Trois siècles d'apostolat── histoire du catholicisme au Hu-kwang depuis les origines 1587 jusqu'à 1870*, p. 43；［意］沙法利：《在中国传教区的意大利方济会士》，韩承良译，《纪念孟高维诺总主教来华七百周年国际学术会议集》，第 140 页。

　　② Mgr. Noël Gubbels, *Trois siècles d'apostolat── histoire du catholicisme au Hu-kwang depuis les origines 1587 jusqu'à 1870*, p. 43.

　　③ R. P. Daniele Van Damme, O. F. M. , *Necrologium Fratrum Minorum in Sinis*, p. 192.

　　④ Ibid. , p. 118.

　　⑤ ［法］杜赫德编：《耶稣会士中国书简集：中国回忆录》第 2 卷，郑德弟、吕一民、沈坚译，第 341 页。

同的团体。法国耶稣会传教团①虽然晚于葡萄牙耶稣会士进入湖广，但是很快他们就在湖广建立起自己的传教点，大有赶超之势。

一　法国耶稣会来华

1688 年，首批法国传教团的耶稣会士到达北京，在此之前葡萄牙耶稣会士已在中国大部分省份建立了住所。而法国传教团直至 1693 年才在北京建立起第一座他们自己的住所即北堂。当时，法国作为欧洲新崛起的强国，极力挑战葡、西老牌世界强国的海外殖民地位，向世界许多国家及地区派出科学考察人员进行天文观测与地理考察，唯独对派人到中国、印度感到棘手。天主教耶稣会自利玛窦来华，其传教士直接为中国政府服务，同官方有密切联系，这一切均引起法国对中国的注意。加之路易十四的告解神父是著名耶稣会士拉雪兹神父，在其影响下路易十四决定选派精通艺术和科学知识的耶稣会士来华。在其指示下，洪若翰等耶稣会士被接纳为法国皇家科学院的成员，并授予"国王数学家"的委任书，他们身兼数职，从而开始了以科学传教为媒介的中法交往。当时法人称赞他们："诸耶稣会士皆为一时之选。六人皆聪慧贤明；有所言皆良言，足以启发他人智识。"② 康熙二十四年三月，科学传教团从布雷斯特乘船出发。但是在进入中国时，却颇多波折。为了维护其在东方的保教权，葡萄牙政府对他们多方刁难，最后传教团一行从宁波登陆。他们同清政府的联系也是通过比利时传教士南怀仁神父进行的。所以相比葡萄牙耶稣会，法国耶稣会传教团与其他修会的关系要更融洽一些，例如，伊大仁主教就对来华的法国耶稣会士表现出极大的热情："主教偏向于法国耶稣会士，并取消了由葡萄牙耶稣会视察员徐日升神父针对他们的开除教籍的命令。"③ 当禁教令公布时，萨拉瓦尔神父对耶稣会士的安全也极其关心。④

①　这里所说的法国耶稣会士指属于法国耶稣会的传教士，并不是指国籍，从属于法国传教团的也有其他国籍的人，如比利时等。而同样本书的葡萄牙耶稣会士也并非指国籍。法国传教团从 1688 年路易十四派遣国王数学家进入北京才开始到中国传教。

②　［法］费赖之：《在华耶稣会士列传及书目》，冯承钧译，第 426 页。

③　*Lettres édifiantes et curieuses*, *écrites des missions étrangers*, *mémoires des indes et de la chine*, Lyon, J. Vernarel, Libraire ; et Cabin et Ce, Libraires, rue St-Domique, tome 9, 1819.

④　Mgr. Noël Gubbels, *Trois siècles d'apostolat—— histoire du catholicisme au Hu-kwang depuis les origines 1587 jusqu'à 1870*, p. 67.

二　法国耶稣会士进入湖广

法国传教团的耶稣会士要晚于葡萄牙耶稣会士、意大利方济各会士来到湖广。1701 年第一位法国传教团的耶稣会士才来到湖广。此后，法国传教团的耶稣会士开始大量涌入湖广，1720 年时他们已在这里建立了八处住所：汉阳、黄州、安陆、襄阳、岳州、荆州、宜陵和汉口。[①]

而葡萄牙耶稣会士虽然较早进入湖广，但是到 1720 年，他们仅有六处住所：武昌、德安、衡州、长沙、永州、湘潭。所以对于湖北天主教来说，法国耶稣会的到达是一个极大的推动。1739 年南怀仁神父就指出：湖北约有 8000 名基督徒，其中一半是法国耶稣会士的传教成果。[②]

这是因为虽然自明末以来，葡萄牙耶稣会士就在此经营，然而相对于广袤的湖广地区而言，其势力范围仍然有限。湖广尚有大片未开发的地区。且湖广又地处中部，与江南、四川、河南、广东等各省往来交通便利，所以被法国传教士选作其主要传教地，派遣了大量传教士来此。正如洪若翰神父在信中就直言："我们把目光投向了江西、湖广与浙江等省份。因为在这些地方我们能够取得最大的成果，使更多的人归依耶稣基督。"[③]

西方学者就曾指出当时法国传教士为了抵制葡萄牙人对他们的控制，便把自己的传教重点集中在北京周围地区，除此以外就是江西和湖广两省。[④] 正是在这种情况下，法国耶稣会士开始在湖广建立起新传教点。

三　黄州传教点的开辟

最早来湖广开辟传教点的法国耶稣会士当属赫苍璧、孟正气和卜文气。他们创建了法国耶稣会在黄州、安陆、岳州、宜陵和襄阳的传教点。

---

① Mgr. Noël Gubbels, *Trois siècles d'apostolat——histoire du catholicisme au Hu-kwang depuis les origines 1587 jusqu'à 1870*, p. 68.

② Dehergne Joseph, "La Chine centrale vers 1700", *Archivum Historicum Societatis Iesu*, Vol. 36, 1967, pp. 32 – 71.

③ ［法］杜赫德编：《耶稣会士中国书简集：中国回忆录》第 1 卷，郑德弟、吕一民、沈坚译，第 311 页。

④ Georges Mensaert, O. F. M., "Les franciscians au serviece de la Propagande dans la province de Pékin, 1705 – 1785", *Archivum Franciscanum Historium*, Vol. 51, 1958, p. 163.

孟正气神父是湖广黄州传教点的创始人。1702 年他在江西九江、饶州购买住所后，被傅圣泽神父派至湖广地区买房建堂。孟正气从九江沿江而上，首先到达的城市就是黄州府。之所以选择在黄州建堂，第一是因为这里离其原来的传教地较近，"东南至江西德化县界三百五十里"①，沿江东下很快就可以进入江西境内。第二是因为"葡萄牙耶稣会士早就在武昌建立了住所和教堂。由于湖广总督命令传教士必须满足于这所教堂"②，也迫使法国耶稣会士不得已放弃在省城建堂，而转向其他城市。第三是因为传教士认为武昌与黄州相距不远，方便传教士照顾教徒："黄州府在省治东北广五百里袤三百三十里，西至汉阳府黄陂县界一百五十里，南至武昌府武昌县十里"③；武昌"外则长江绕郭，与黄州对岸"④。第四是因为黄州府"几乎是惟一的穆迪我神父的虔诚未涉及的地区"⑤，有较大的发展空间。正是出于以上几方面的考虑，孟正气开始在黄州建立新传教点。

孟正气在当地拥有一处简陋的房产："没有门，没有窗户，没有家具。"⑥ 但是如此简陋住所的得来也并非一帆风顺。两位传教士很快就面临佛教徒的为难。此事在赫苍壁的信中记载极其详细："在南京度过了专门学习汉语的五个月后，我接到了我们的会长、尊敬的张诚神父的命令，要我立即前往湖广省的黄州，以便照管一幢人们已买了有三个月的房子。"⑦ 然而神父还未到达就听闻黄州发生了教难：一位被押解至九江的基督徒告诉神父："黄州的一位官员坐着轿子来到一位姓朱的基督徒家里，他除去了这户人家所有的圣像，并就他们的宗教信仰审问这家的人，

---

① （清）英启修，邓琛纂：《黄州府志》（一），清光绪十年刊本，《中国方志丛书》第 346 号，成文出版社 1976 年版，第 82 页。

② Mgr. Noël Gubbels, *Trois siècles d'apostolat—— histoire du catholicisme au Hu-kwang depuis les origines 1587 jusqu'à 1870*, p. 71.

③ （清）英启修，邓琛纂：《黄州府志》（一），清光绪十年刊本，《中国方志丛书》第 346 号，第 82 页。

④ （清）钟铜山修，柯逢时纂：《武昌县志》，清光绪十一年刊本，《中国方志丛书》第 348 号，成文出版社 1976 年版，第 1 页。

⑤ ［法］杜赫德编：《耶稣会士中国书简集：中国回忆录》第 1 卷，郑德弟、吕一民、沈坚译，第 328 页。

⑥ Mgr. Noël Gubbels, *Trois siècles d'apostolat—— histoire du catholicisme au Hu-kwang depuis les origines 1587 jusqu'à 1870*, p. 68.

⑦ ［法］杜赫德编：《耶稣会士中国书简集：中国回忆录》第 1 卷，郑德弟、吕一民、沈坚译，第 323 页。

对于那些回答说已信仰了基督教的人，他就让人折磨他们。至于这位基督徒本人，黄州的官员把他在严密看守的情况下押往九江的官员处。"①

这场风波是因为当地佛教徒看到传教士买房建堂后，担心"一旦人们成了基督徒，就不再有人供奉寺庙了"②，于是"两府僧人唆使人民反对，官吏亦阻挠禁止"③。谢和耐教授在其著作中曾提及："传教士在他们传播福音的事业中所遇到的困难往往都被归咎于佛教僧侣们的嫉妒心情。"④

当时黄冈知县为刘泽溥，⑤湖北黄冈吴德芝在《天主教书事》中记其反对天主教："西洋国天主教，前未之有也。明季，其国人利玛窦、汤若望、南怀仁先后来中国，人多信之。康熙中，黄冈令刘公泽溥深恶之，议毁其庙，逐其人，胥吏有从其教者，惩以重典。"⑥

赫苍壁神父原想等待风波自然平静。然而形势却不乐观，很快神父就收到知府的通知，以黄州素无天主教堂，也没有必要再建立新堂迫使神父离开。他们求助于巡抚，但是这位官员对天主教知之不多，不愿意掺和到这件事情中，将此事上报礼部。⑦

黄州事件的最后解决还是依赖于宫中法国耶稣会士的周旋。当时在宫中任职的张诚神父正好与湖广总督在北京的儿子熟识。于是神父得到了他写给其父的推荐信。正如后来学者说："尽管1692年的谕令宽容基督教，但各省福音工作者们的处境几乎完全取决于北京耶稣会士的处境。耶稣会士受到皇帝优待，被某些官员接受当作朋友，甚至承担官职，就在宫廷中具有一种恩及四方的影响，庇护分散在中国四方的福音工作者们。"⑧正

---

① ［法］杜赫德编：《耶稣会士中国书简集：中国回忆录》第1卷，郑德弟、吕一民、沈坚译，第323页。

② 同上书，第205页。

③ ［法］费赖之：《在华耶稣会士列传及书目》，冯承钧译，第506页。

④ ［法］谢和耐：《中国和基督教》，耿昇译，第108页。

⑤ （清）英启修，邓琛纂：《黄州府志》（二），清光绪十年刊本，《中国方志丛书》第346号，第493页。

⑥ 转引自（清）梁章钜《浪迹丛谈》，中国第一历史档案馆、澳门基金会、暨南大学古籍所编《明清时期澳门问题档案文献汇编》第6册，第668—669页。

⑦ ［法］杜赫德编：《耶稣会士中国书简集：中国回忆录》第1卷，郑德弟、吕一民、沈坚译，第325页。

⑧ Adrien Launay, *Histoire missions de Chine: mission du Se-Tchoan*, Vol. 1, Paris, 1920, p. 66.

是得益于宫中耶稣会士的影响力，法国耶稣会士在湖广的传教活动才顺利发展起来。事实上张诚神父在各地的传教中都起过重要作用。费书中说："康和之主教之得驻山东临清，方济各会士之得传教山东东昌，布兰克主教之得居云南，罗萨里埃主教与四传教师之得入四川、江西，奥斯定会士五年来教案得以平息，皆得诚之力也。"①

此后在张诚神父与樊西元神父"灵活又有技巧"②的帮助下，巡抚改变态度，给黄州官员发出如下通知：

> 1692 年，我曾荣幸地作为其成员的礼部发过了一项有利于欧洲人的告示。告示宣称，欧洲人的教义表明其绝非是一种没有根据和迷信的教派。他们也不是骚扰国家之人，反而是在为国家效劳。现在，孟正气神父与其他神父已经在你们城里购买了一幢房子，以便在此安身，你们却要把他们赶走。难道他们在你们城里或该城管辖的地方引起了混乱或带来了麻烦吗？命你们迅速就此作出答复。我在此附上了一份礼部告示的抄件，该告示是记录在本衙门的档案里的。③

最后，黄州官员也不再追究。吴德芝在《天主教书事》中就说传教士用金钱打通关系使传教合法化："不旬日而上官下檄，反责以多事，盖钱可通神也。"④

就这样赫苍壁在黄州定居下来。在与官员斡旋期间，他还在武昌举行了一次家庭圣事活动。⑤ 1719 年和 1740 年，他两次当选为法国传教团的总会长，对传教发展起着不可忽视的作用。古贝尔称："正是他奠定了法国传教团在湖广传教的坚实基础。"⑥

---

① ［法］费赖之：《在华耶稣会士列传及书目》，冯承钧译，第 449—450 页。

② Mgr. Noël Gubbels, *Trois siècles d'apostolat—— histoire du catholicisme au Hu-kwang depuis les origines 1587 jusqu'à 1870*, p. 69.

③ ［法］杜赫德编：《耶稣会士中国书简集：中国回忆录》第 1 卷，郑德弟、吕一民、沈坚译，第 326 页。

④ 转引自（清）梁章钜《浪迹丛谈》，中国第一历史档案馆、澳门基金会、暨南大学古籍所编《明清时期澳门问题档案文献汇编》第 6 册，第 668—669 页。

⑤ Mgr. Noël Gubbels, *Trois siècles d'apostolat—— histoire du catholicisme au Hu-kwang depuis les origines 1587 jusqu'à 1870*, p. 69.

⑥ Ibid. , p. 70.

　　黄州传教点的开辟不过是湖广众多新传教点发展的一个缩影。同样的情况在早期湖广的开教中比比皆是。1707 年至 1727 年传教于汉阳的是法国耶稣会士顾铎泽，尽管当时情势不容乐观，但是顾神父还是以谨慎得以在汉阳立足，有传教士赞扬他说："湖广为传教最难之一省，彼竟能始终处以慎重，故在此长远期间，从无教案发生，此最堪注意者也。"①

　　虽然此前我们已经提及葡萄牙耶稣会士早在武昌建立了教堂。由于湖广总督认为传教于湖广的传教士保留此一处教堂即可，因此，实际上他是禁止法国传教团在湖广境内另建新堂的。但是法国耶稣会传教士并没有就此放弃。相反，他们竭力在湖广建堂开辟新传教点。1702 年赫苍壁神父在安陆建了一个小住所。1703 年后，他又在湖广岳州、宜陵、襄阳等地建起传教点来。法国天主教的势力开始慢慢扩张到湖广的各大城市。

四　传教地点的选择

　　禁教之前，法国耶稣会士在挑选传教地点上也是颇费心思。法国传教士在湖广建立新堂时，尽量不与葡萄牙耶稣会士发生冲突。罗马教廷有规定：新开辟的教区归开创修会所有，只有当原创修会放弃会口长达六年以上后，其他修会成员才可以进入传教。② 虽然由于人手不够，当时法国耶稣会士也愿意接受葡萄牙耶稣会士的邀请来到他们的传教区协助。如"我们的葡萄牙神父因自己的传教士过少，在管理其在中国各省建立的教堂时人手不够，就请求我们把马若瑟神父与卜纳爵神父派给他们"③。但是通常而言，法国耶稣会士与葡萄牙耶稣会士之间的关系是很微妙的。事实上，来华的各个修会之间虽然在传教中尽力保持合作，例如利安当传教于山东时就经常与耶稣会士合作，"耶稣会和方济各会在济南的良好的合作关系使得利安当想要进一步延伸这种合作，来降低从安海运送津贴来济南的费用"④，因此，他"与耶稣会分享自己的圣油，因为后者的船只由

---

　　① ［法］费赖之：《在华耶稣会士列传及书目》，冯承钧译，第 584 页。

　　② Mgr. Noël Gubbels, *Trois siècles d'apostolat—— histoire du catholicisme au Hu-kwang depuis les origines 1587 jusqu'à 1870*, p. 142.

　　③ ［法］杜赫德编：《耶稣会士中国书简集：中国回忆录》第 1 卷，郑德弟、吕一民、沈坚译，第 311 页。

　　④ 《中国方济各会志》第 2 卷，第 438—439、448—449 页，转引自［美］孟德卫《灵与肉：山东的天主教，1650—1785》，潘琳译，第 18 页。

于教皇与葡萄牙人的冲突而耽搁了。出于同样的合作精神，利安当建议方济各会教区将津贴、圣油以及信件送给住在福建罗家镇（福安地区）的黎玉范神父或是另一个多明我会传教士。然后由黎玉范将津贴送给福州的何大化神父……再由何大化把津贴转交给杭州的耶稣会副教区长瞿洗满神父"①。但是在涉及传教范围时，各修会却都不含糊。利安当神父就曾说过他之所以在遥远的中国内地传教就是因为"当时住在泉州的耶稣会士聂伯多神父要求他另找地方传教，因为耶稣会在福建已经建立了教区"②。而在湖广的同属耶稣会的法国传教士与葡萄牙传教士他们之间的关系也类似。

　　禁教前官府没有明示天主教违法，虽然在一些城市的开教中，官员的阻拦使传教士饱尝艰辛。但是总体而言，这一时期传教环境仍是相当宽松的。传教士选择的传教点基本上都是较大的城市。基于交通与影响力的考虑，传教士首选"那些位处交通中心，拥有较多人口的大城市或是比较重要的城市建立传教区，以便为了更好地向中国内部挺进"③。所以法国耶稣会士在湖广的传教范围沿长江东起黄州，西到宜昌，南到汉口和汉阳，北到襄阳和郧阳。他们在湖南除了永州没有其他传教点，而且永州在其传教中较少提及。④ 因此，我们可以看出法国耶稣会的传教重点在湖北。这一方面是因为明清时期，湖广的政治、经济重心在北部；另一方面是因为当时湖南属于少数民族聚居区，崇山峻岭，交通不便限制了传教士的活动。从地图上还可以看到 1720 年前法国耶稣会士除郧阳府与施南府外，在汉阳、黄州、安陆、襄阳、岳州、荆州、宜陵和汉口都建立起传教点来。⑤ 这些城市均位于交通要道，有一定的级别，属于城市或城镇，其辐射能力也强，如"黄州管辖着九座其他的城市，此外还管辖着大量的小镇与人口众多的村庄"⑥。

---

① ［美］孟德卫:《灵与肉：山东的天主教，1650—1785》，潘琳译，第 18 页。

② 同上书，第 18—19 页。

③ Mgr. Noël Gubbels, *Trois siècles d'apostolat—— histoire du catholicisme au Hu-kwang depuis les origines 1587 jusqu'à 1870*, p. 56.

④ Ibid. , p. 172.

⑤ Ibid. , p. 68.

⑥ ［法］杜赫德编:《耶稣会士中国书简集：中国回忆录》第 1 卷，郑德弟、吕一民、沈坚译，第 328 页。

　　早期传教士多选择这种中心城市，因为交通便利的城市或城镇，不仅方便其与官员、文人来往，同时对传教人员、物资的调配也较为迅速。但是很快禁教令的颁布使湖广耶稣会士开始退缩至原来并不看重的山区地带，在禁教的夹缝中求生存。

第五节　早期遣使会在湖广的活动

　　在湖广天主教传播史上，还有另一个修会也占有重要地位。这就是由圣文生（S. Vincent）1625 年创于法国的遣使会。遣使会成立之初就将自己的使命定为在乡村偏远地区传教和培养青年神职人员。[①] 与耶稣会的学术传教方式不同，遣使会士大都从事实际的传教工作，喜欢在下层平民中活动。以至于道光年间曾被教友诉为："来吾敝国华文不习，言语不达，世事全然不晓，外不能充当天文之职，内不能料理圣教之事。"[②] 耶稣会解散后传信部于 1783 年下令遣使会接管耶稣会在中国的传教工作。但是遣使会却并非仅从 1783 年之后才开始在中国活动。早在 17 世纪初，就有穆天尺来湖广活动。康志杰教授曾引《遣使会在华传教史》中的材料称："当时在湖北传教的多为法国籍耶稣会士，由于法国耶稣会士赞成中国礼仪，穆天尺对属于耶稣会地盘的湖北教会不感兴趣。传教理念和策略上的分歧，使穆天尺不愿意亲近这些耶稣会士。"[③] 但是从西文材料中我们发现，穆天尺虽然在礼仪问题上与耶稣会士有摩擦，但是对湖广地区的教务，他仍然是十分热心的。他的名字和他的德行在湖北弹子山的老基督徒中仍是记忆深刻的。他们描述道："穆神父个子矮小，嘴上全是胡子，虽然很瘦，但是却很健壮，为人温和又有德行。"[④]

一　穆天尺神父入华

　　穆天尺（Jean Mullener），1673 年 10 月 4 日生于德国布莱梅。在罗马

---

　　① ［法］樊国阴：《遣使会在华传教史》，吴宗文译，台北华明书局 1977 年版，序言第 1 页。

　　② 《江若瑟等致葡萄牙国王书（1826）》，《葡萄牙图书馆档案馆藏中文文献：1726—1855》第 78—92 页，转引自汤开建主编《澳门档案文献》，未刊稿。

　　③ ［法］樊国阴：《遣使会在华传教史》，吴宗文译，第 94 页。

　　④ Mgr. Noël Gubbels, *Trois siècles d'apostolat——histoire du catholicisme au Hu-kwang depuis les origines 1587 jusqu'à 1870*, p. 148.

传信部修道院完成学业，当时并未晋铎，仅是一名六品修士。1697 年他与毕天祥等 30 多名神父一起前往中国。[①] 1699 年穆天尺在途中经毕天祥指引加入遣使会，晋铎成神父。[②] 来华后，他与毕天祥在澳门学习了两年的中文，为进入内地做准备。当时正值罗马教廷与中国在中国礼仪上争得不可开交，毕天祥认为澳门、广州、北京几地清政府控制严格，不适合展开传教工作，恰逢四川代牧梁弘仁[③]在广州寻找入川传教的人选，遂决定同白日昇等人一起入川。[④]

西文材料中有记：

> 巴黎外方传教会成员梁弘仁是第一任四川宗座代牧，他于 1699 年 11 月 30 日在广州祝圣为罗萨利主教后，准备前去开垦这块不毛之地，重新竖起信仰的旗帜，但是中国传教团的教务迫使他不得不返回欧洲。他于是将巴黎外方传教会的白日昇神父派往四川代职，两位遣使会传教士穆天尺和毕天祥则被任命为副手。[⑤]

就这样，穆天尺神父借此机缘前往四川传教。

二　在常德与沙市的活动

1696 年 8 月 9 日，教廷传信部设立 9 省代牧区。[⑥] 四川代牧一职，教廷起先属意毕天祥。然而毕天祥婉拒举荐穆天尺。因为穆天尺年轻力壮，

---

① Mgr. Noël Gubbels, *Trois siècles d'apostolat—— histoire du catholicisme au Hu-kwang depuis les origines 1587 jusqu'à 1870*, p. 78.

② 韦羽：《清中前期巴黎外方传教会在四川传教活动研究》，博士学位论文，暨南大学，2009 年，第 28 页。

③ 1696 年 8 月 9 日，教廷传信部（Propaganda Fide）正式于中国福建、江西、浙江、湖广、四川、贵州、云南、陕西及山西 9 省设立代牧区。当时命令梁弘仁（Arthur Lionne）任四川代牧区之首位代牧。但直到 1700 年他才同意接受，由颜珰在福州为其祝圣。但是梁弘仁未赴任，而在广州招引了毕天祥等神父，委白日昇神父及毕天祥神父为署理。参见 Claudia Von Collani, *Artus de Lionne, M. E. P., et La Chine, in actes du VIIe colloque international de sinologie de chantilly*, Ricci Institute, Taipei, 1995, p. 53；赵庆源《中国天主教教区划分及其首长接替年表》，第 17 页。

④ ［法］樊国阴：《遣使会在华传教史》，吴宗文译，第 81 页。

⑤ Léonide Guiot, *La mission du Su-tchuen au XVIII siècle*, Paris, 1892, pp. 42 – 43.

⑥ 罗光：《中国天主教历代分区沿革史》，《天主教在华传教史集》，第 303 页。

并且为人温和，既具有德行又富有传教经验。① 罗马教廷接受了毕天祥的意见，于1715年9月15日任命穆天尺为四川宗座代牧。② 关于穆天尺在四川的传教活动，已有学者作了详细的介绍，在此处就不再重复。

但是穆天尺并非成为四川代牧后才对湖广感兴趣。他与湖广结缘要早于这个时间。康熙颁布领票制之后，穆天尺公开反对中国礼仪，据考证他未领票。③ 所以很快穆天尺神父在四川成都被捕，被遣送至广州，后又于1708年被驱逐至澳门。可谓是传教之路颇为不顺。但是穆天尺并没有放弃重回四川的想法。1711年，他小心翼翼地由广东沿路北上，想经由湖广前往四川，正是在这次旅行中，他在常德创建了新传教点：1711年7月29日，一行人终于到达了湖广常德府，当时他对这里一无所知，仅认为是"一个湖广大的城市"而在此停留休憩。在休息时，穆天尺神父借机考察了常德地区的情况，"这里没有教堂，教徒也很少"④。

《圣教杂志》对此段历史的记载是这样的：

> 按先代传教士遗著云，遣使会士四川代牧，湖广代权穆天恩主教，在山东领受祝圣礼后，愿在湘北常德府某会口举行其首次主教礼，然该地一如他处，二世纪之教难，及缺乏教士，事实上尽绝公教之迹，本教区成立时，几无一教友。⑤

其实，早在1700年时曾有传教士来到当地。据西文材料称，当时葡萄牙耶稣会士樊西元曾被邀请到常德巡视传教。⑥ 由于材料稀少，所以我

---

① ［法］樊国阴：《遣使会在华传教史》，吴宗文译，第94页。

② Adrien Launay, *Histoire missions de Chine：mission du Se-Tchoan*, Vol. 1, Paris, p. 97.

③ 古久乐书中有这样一段话：穆天尺神父写道：在中国传教一定要有票，像 Lorima 主教和萨拉瓦尔（Serravalle）神父那样。萨拉瓦尔神父离开其传教地是因为生病了，他在我的传教区常德府的教堂中休息调整，身体恢复过来了。而我在借用他的票后可能会在穿越山区教区时更加容易。方济各会神父 Ferreri 在我的传教区里帮助我颇多。他将来可以与萨拉瓦尔神父一起留在湖广的常德（Mgr. Noël Gubbels, *Trois siècles d'apostolat—— histoire du Catholicisme au Hu-kwang depuis du les origines 1587 jusqu'à 1870*, pp. 84 – 85）。

④ Mgr. Noël Gubbels, *Trois siècles d'apostolat—— histoire du catholicisme au Hu-kwang depuis les origines 1587 jusqu'à 1870*, p. 81.

⑤ 杞忧：《全国各教区简史》，《圣教杂志》1935年第23卷第10期，第405页。

⑥ Dehergne Joseph, "La Chine centrale vers 1700", *Archivum Historicum Societatis Iesu*, Vol. 36, 1967, pp. 32 – 71.

们无法得知樊西元巡视常德是因为该地已有天主教徒，还是想另开辟传教点。1703 年，王石汗经过时认为常德没有教堂。[①] 1705 年，耶稣会士卜文气经由贵州前往武昌的途中到过常德，曾想在这里建立一所教堂。但是最后未成功而返回了武昌。穆天尺想建堂于常德，是因为他在当地找到了一位天主教徒，并且在他的帮助下完成了常德新堂的建造，他说："我在此处找到一位天主教徒，并且以他的名义购买了一所房子……他（指这位天主教徒）对礼节相当无知。"[②]

这名教徒是传教士经过常德时受洗的，还是由其他地区移民而来，我们不得而知。考虑到常德地区是两广进入北京及四川内地的必经之路，传教士取道常德时授洗当地居民也是有可能的。另外，这一时期湖广一些基督徒虽然不断在省内迁徙，却世代保持了天主教信仰传统，也可能就这样将天主教微弱的星火遗留在常德。在赵圣修神父的信中就曾记道："在巡视传教区的过程中，我曾遇到一名青年女子，她是整个村庄中唯一的基督徒，而且又不会读书，也没有任何人向她传授教会规定的戒斋禁欲日。她自我强行规定永不食肉，以便永不忽略遵守该教教规。"[③] 即使在一个陌生环境里，她也一直没有放弃宗教的修持。而常德的这位教徒，也有可能是这样的，由于多年没有受到传教士教育，因此对天主教礼节知之不多。在常德购买住所之后，穆天尺很快在当地发展了十多个教徒。

同时，穆天尺还向毕天祥和广州总会长请示在常德建立修道院。罗马传信部一直想在中国建立修院培养本地神职人员。罗马教廷曾属意毕天祥来完成此任务。[④] 但是毕天祥在礼仪之争中触怒官府，"神父为了执行铎罗枢机主教的指示，而不是中国礼部的旨令，在中国受了 18 年牢狱之灾"，因此活动有限，这项任务不得不落在穆天尺身上。礼仪之争使他们清楚地认识到在官府控制严格的京城与广州建立修院是不适宜的，毕天祥

---

① Dehergne Joseph, "La Chine centrale vers 1700", *Archivum Historicum Societatis Iesu*, Vol. 36, 1967, pp. 32 – 71.

② Mgr. Noël Gubbels, *Trois siècles d'apostolat—— histoire du catholicisme au Hu-kwang depuis les origines 1587 jusqu'à 1870*, p. 81.

③ ［法］杜赫德编：《耶稣会士中国书简集：中国回忆录》第 4 卷，郑德弟、吕一民、沈坚译，大象出版社 2005 年版，第 284 页。

④ Mgr. Noël Gubbels, *Trois siècles d'apostolat—— histoire du catholicisme au Hu-kwang depuis les origines 1587 jusqu'à 1870*, p. 79.

直言："我不能在广州或北京设立修院，当等候适当时期，在欧洲人足迹尚未到过的地方，才能成立修院。"① 于是他们转而想在中国内地建立修道院。1704 年，罗马曾给他们寄去一笔钱用作购买房屋充当修道院之用。但是 1711 年前，修道院仍没有建立。这次旅行使穆天尺认为常德是一个极佳地点。首先，常德位于湖南省西北部，史称"黔川咽喉，云贵门户"，是湘西北重要的交通枢纽，是连接四川、陕西和两广的纽带，"是一个大的商业中心，很容易地与中国其他省份相联系"②。而且与四川相比，在常德更容易收到广州寄来的年金，因为"从这里走陆路到广东也只需要 25 天"③。穆天尺在四川传教时曾饱受经费缺少之困扰。西方教士在内地所需要年金及其他一些宗教物品，通常由中国教徒从澳门带回，这些教徒往往以经商名义来往于内地及澳门之间。但是，由于交通等多方面原因，内地传教士所需物资经常会很久才能到达他们手中。而且这些经费也不够支出。1675 年六十两银子能够满足一个耶稣会士一年的合理经济支出。但是随着各方面花费的增加，年金也逐渐难以满足传教士们的日常需要。殷铎泽神父就曾提出要提高这种年度补贴，增加到一百两银子。④但是当时是很难保证每年都有这样的一笔钱按时到达每个传教士的手中。南怀仁神父就曾指出六十两银子（因为罗马方面一直还是按六十两寄给补贴）只能满足实际花费的三分之一甚至是四分之一。⑤ 毕天祥神父就常因为传教经费不足而痛苦。⑥ 1719 年穆天尺还曾因为经费问题而回常德向多明我会神父借钱。⑦ 禁教时期湖广之所以天主教得以传承不断，其中一个重要的原因就在于"赖欧洲之接济古赡，得养给讲说教义之人数人"⑧。

　　可见，保证年金的顺利到达对传教及修院的建立与发展是极其重要

---

　　① ［法］樊国阴：《遣使会在华传教史》，吴宗文译，第 81 页。

　　② Mgr. Noël Gubbels, *Trois siècles d'apostolat——histoire du catholicisme au Hu-kwang depuis les origines 1587 jusqu'à 1870*，p. 81.

　　③ Ibid. .

　　④ ［比］高华士：《清初耶稣会士鲁日满常熟账本及灵修笔记研究》，赵殿红译，大象出版社 2007 年版，第 498 页。

　　⑤ 同上书，第 499 页。

　　⑥ ［法］樊国阴：《遣使会在华传教史》，吴宗文译，第 82 页。

　　⑦ Mgr. Noël Gubbels, *Trois siècles d'apostolat——histoire du catholicisme au Hu-kwang depuis les origines 1587 jusqu'à 1870*，p. 84.

　　⑧ ［法］费赖之：《在华耶稣会士列传及书目》，冯承钧译，第 772 页。

的。而且修院比传教更费钱。

　　同时，穆天尺还认为常德在语言上也有优势，“这里人们主要讲官话，没有像其他一些城市那样的方言，方言对我们传教来说也是一个很大的障碍”①。常德方言属于北方方言的次方言——西南官话。这与历史上大规模的移民密切相关。据史料记载：秦汉以来，不断有北方居民南迁。西晋末年的永嘉之乱，引起北方人口第一次大南迁，大量人口沿汉水流域南下，渡江到达洞庭流域。这次大迁徙一直延续到南北朝，客观上促进了常德话与北方话的交流、融合、同化。

　　正是看到常德有众多优势，穆天尺马上“以一个教徒的名义买下了房子，因为这样才好躲避过官府的眼睛”②。之前他在购买地产时遭到了重庆和成都官员的迫害，因此在常德买房时，穆天尺神父格外谨慎小心，这也是因为他“是一个逃亡者，也没有多少钱来与当地的官府和帝国的大人们保持良好的关系”③。穆天尺一直在常德等到 1712 年，由于没有收到指示，最后他不得不遗憾地回到四川。常德虽然没有建立起修道院，但是在穆天尺的管理下，天主教却得到发展。后来叶功贤神父担任湖广署理主教时就定居在常德。④

　　穆天尺在湖广除了常德外还有另一处活动中心，这就是沙市。当时他避难于广州，遇到一位沙市的基督徒。⑤ 沙市由于位于长江边上，8 公里远的地方就是荆州，因此很容易受荆州天主教影响而有不少教徒。⑥ 穆天尺在沙市买了一所简陋的茅草房子用作小教堂。⑦ 他借机在沙市传教二十多天，还一度到荆州地区巡视。

三　其他遣使会士

　　穆天尺离开湖广后，其工作由其培养的中国神职人员，即苏洪学和徐

①　Mgr. Noël Gubbels, *Trois siècles d'apostolat—— histoire du catholicisme au Hu-kwang depuis les origines 1587 jusqu'à 1870*, p. 81.

②　Ibid. .

③　Ibid. .

④　康志杰：《上主的葡萄园——鄂西北磨盘山天主教社区研究（1636—2005）》，第 106 页。

⑤　Mgr. Noël Gubbels, *Trois siècles d'apostolat—— histoire du catholicisme au Hu-kwang depuis les origines 1587 jusqu'à 1870*, p. 55.

⑥　Ibid. , p. 54.

⑦　Ibid. , p. 221.

德望接替。苏洪学是穆天尺神父的第一位学生，马国贤曾对他大加赞赏："他不停地巡视，收获这些果实，有一些神父即使在其一生中所做的圣事也没有他在两三年之间做的多。"1736 年，他帮助陆迪仁神父在沙市、常德等地传教。

徐德望于 1694 年生于四川乐山县，1721 年晋铎成神父。[①] 1739 年至1748 年他作为陆迪仁神父的助手开始传教湖广，其主要居住在沙市。李安德在 1762 年的日记中提到过他：还有一名出生于福建的杨神父（Thomas Yen），在暹罗完成学业后传教于四川。由于正值四川禁教，他被叛徒出卖，不得不在 1762 年躲藏在沙市。但是他并没有在此地停留很长时间，很快前往四川，只有徐德望神父单独一人在湖广。[②]

虽然在早期湖广天主教的活动中，遣使会士的工作并不是最主要的，他们无论在人数还是影响范围上都不如耶稣会。但是进入禁教时期，尤其是在耶稣会解散后，遣使会肩负起维持湖广天主教的重任。

四　穆天尺对中国礼仪的态度

穆天尺进入遣使会是受毕天祥的引导，他长期与之相处，自然在中国礼仪之争中也是站在反对立场上的。而湖广教区人数最多的为耶稣会士。他们对中国礼仪的态度是模糊的。这种情况曾引起穆天尺的极度不满，在巡视教区时，他屡次与之发生争执。

1719 年，穆天尺由于经费问题再次来到常德。当时一个教徒将毕天祥寄给穆天尺的三百银圆偷去了，而且打算去官府告发。为了躲避灾难，筹集资金，穆天尺不得不再次来到常德，打算从常德启程去广州。在启程前，他与方济各会士 Ferreri（弗雷里）巡视了整个湖广教区。就在这次巡视中，他与耶稣会士就中国礼仪发生了争执。

当时在湖广传教的耶稣会士聂若望，虽然宣称自己同意穆天尺神父对中国礼仪的禁止，1715 年也正式宣誓效忠罗马教宗，遵守教宗命令。但在实际执行时却没有严厉要求教徒们遵守规定。穆天尺神父巡视到其传教点时，发现在教徒活动中仍存在大量违禁行为，这引起穆天尺的极度不

---

　　① ［法］荣振华等：《16—20 世纪入华天主教传教士列传》，耿昇译，第 550 页。

　　② Mgr. Noël Gubbels, *Trois siècles d'apostolat——histoire du catholicisme au Hu-kwang depuis les origines 1587 jusqu'à 1870*, p. 147.

满。他禁止教徒行中国礼仪："我让他们打坏了或是烧毁了所有的牌位。"①

穆天尺神父对中国礼仪极其痛恨。在荆州时，他曾因教堂看守者房里有灵位牌而拒绝入内。尽管当时灵位牌上的字迹已经很模糊了，但是穆天尺神父得知这与中国礼仪有关后，他马上离开这座教堂，并且坚持基督徒将灵位牌当面扔进火堆才作罢。1740 年他给罗马教廷寄去一份印刷品，中间包含了一首中文赞美歌，是一位基督徒所作，其中有违禁内容。他也马上下令将印刷的木板销毁掉。

穆天尺的强硬态度自然招致耶稣会士的不满。聂若翰公开向他明示自己不可能遵守教宗的禁令。由于穆天尺强硬的作风，耶稣会士们于是采取了暗地不合作的态度进行消极反抗。如聂若望与樊西元就曾在基督徒面前暗示与穆天尺神父在中国礼仪上有分歧，这种做法使基督徒对穆天尺神父的权威性产生怀疑。穆天尺在工作中感觉到耶稣会的不合作，他在信中说道："我不知道湖广这种不和的风气到底要吹向何处。去年，我发现所有的一切都是有纷争的。"② 事实上，穆天尺神父对待礼仪的强硬态度也来自于他对本地神职人员的偏见。虽然他也是马国贤神父的朋友，并且支持其培养中国神职人员的活动，而且其自身也在四川建立有修道院，但是出于西方人的文化优越感，他对中国神职人员被授予传教资格等权利方面仍然持有不同意见。③ 他曾经表示中国神职人员不应该得到任何权威。加之在礼仪方面的态度，他经常与本地神职人员发生摩擦，柯意霖博士就曾记载纳玻里中国书院的中国籍神父谷若翰经常受到穆天尺神父及其后继人陆迪我神父的刁难。④ 陆迪我神父甚至关闭了穆天尺神父在四川所建立的培养中国神职人员的修道院，可谓是在偏见与轻视中国神职人员上比穆天尺走得更远，以至于被认为是一个"麻烦制造者"⑤。

---

① Mgr. Noël Gubbels, *Trois siècles d'apostolat—— histoire du catholicisme au Hu-kwang depuis les origines 1587 jusqu'à 1870*, p. 84.

② Ibid. , p. 85.

③ Gennaro Nardi, *Cinesi a Napoli, un uomo e un'opera*, Napoli, 1976, p. 401.

④ Gianni Criveller, *The chinese priests of the College for the Chinese in Naples and the promotion of the Indigenous Clergy* (*XVIII -XIX centuries*)，未刊稿。

⑤ 同上。

1725 年，穆天尺颁布了《传教士行为守则》，[①] 重申反对中国礼仪及强调宗座代牧的权力。尽管穆天尺神父对中国礼仪采取强硬态度，但是湖广传教点众多，而他长年定居四川，对湖广的实际控制有限。加上他经常与耶稣会士发生争执，其传教情绪波动较大，甚至向大主教建议允许他辞去湖广职位而由萨拉瓦尔神父来代替。穆天尺建议萨拉瓦尔来代行其在湖广的职责也是出于多方考虑。萨拉瓦尔神父身体不好，巡视教区是一件艰苦的差事。穆天尺想让萨拉瓦尔留在常德帮助其照料教堂，借机调理身体。而他自己则想要冒用萨拉瓦尔神父的印票来保证其在巡视教区的旅途中不被官府过多地干涉。他在一封信中明言：

> 在陕西的时候我没法巡视这些基督教区，因为那里没有很方便的路到湖广常德，我整天提心吊胆，因为我没有帝国所颁布的印票。提到这个问题，我认为我可以使用萨拉瓦尔神父的印票，他由于生病而无法传教，他可以停留在我常德的小教堂里，而我则可以使用他的印票，便于巡视那些在山区的教徒。弗雷里神父一直陪我巡视湖广传教，他可以与萨拉瓦尔神父一起留下照料常德的教堂。[②]

穆天尺神父的提议得到同意，因为不久之后萨拉瓦尔神父成为湖广的副本堂神父，弗雷里神父从旁协助。

---

① 其内容包括：绝对服从罗马决议及关于礼仪的禁令，如规定主教和传教士都必须严格执行特利腾大公会议的决议；恪守教廷关于中国礼仪的禁令和禁止赴教徒的婚宴或洗礼宴会。对传教士的日常行为也做了规定，比如在没有正当理由的情况下，禁止穿丝绸法衣，禁止骑马骑驴，禁止玩牌、赌博和酗酒等。在教务方面则规定未经主教和辅理主教的允许，不得任何传教员传教，也不得私自建造住房和教堂等。参见 Adrien Launay, *Histoire missions de Chine：mission du Se-Tchoan*, Vol. 1, Paris, p. 106。

② Mgr. Noël Gubbels, *Trois siècles d'apostolat——histoire du catholicisme au Hu-kwang depuis les origines 1587 jusqu'à 1870*, p. 85.

第三章

禁教时期湖广天主教的传教

第一节　清康雍禁教政策的形成与延续

一　康熙末年的禁教

早期在政府宽松的环境下，湖广天主教得到一定发展，但是很快形势逆转，清政府开始转变对天主教的优容政策，很大原因是因为礼仪之争。围绕中国礼仪和西文 Deus 译名展开的"礼仪之争"，是明清时期中西方文化冲突的集中体现。从明末耶稣会士内部争论开始，逐渐又有各修会，如方济各会、多明我会、奥斯定会、巴黎外方传教会加入争论。到了康熙晚期，逐渐演变成中国皇帝同罗马教廷之间的争论。①

康熙对罗马教廷"立于大门之前，论人屋内之事"② 极为不满，中国上层社会对天主教的好感也逐渐消失，康熙于 1707 年 4 月 19 日向西洋教士颁布谕旨"自今以后，若不遵利玛窦的规矩，断不准在中国住，必逐回去"③，并对在华传教士颁行领票制，凡遵守利玛窦规矩者，方可领票，继续传教，无领票者一律驱逐出境。④ 当时在湖广传教领有官府印票的几位传教士分别是：耶稣会士樊西元，居于武昌；耶稣会士玛若瑟，居于汉阳；耶稣会士聂若汉，居于黄州；耶稣会士郝苍璧，居于黄州；耶稣会士

---

① 有关"礼仪之争"详阅李天纲《中国礼仪之争：历史、文献和意义》，上海古籍出版社 1998 年版。本书主要摘其要旨，述说不当则在笔者，与原作者完全无关。

② ［英］马戛尔尼：《康熙与罗马使节关系文书》，刘复译，第 10 页。

③ 中国第一历史档案馆编：《清中前期西洋天主教在华活动档案史料》第 1 册，中华书局 2003 年版，第 12 页。

④ （清）黄伯禄：《正教奉褒》，《中国天主教史籍汇编》，辅仁大学出版社 2003 年版，第 558 页。

聂若望，居于长沙。① 虽然这几位传教士均按规定领取了官府印票，但是日益严峻的形势使他们在湖广的活动受到极大影响。

礼仪之争导致康熙帝下令禁教，虽然康熙朝清廷所驱逐的只是未领票的传教士。但是从这时开始陆续有地方官吏在其辖区禁教以讨皇帝欢心，据耶稣会士孟正气信记载：1714 年 7 月，河南南阳府对本城的基督徒掀起了"一次小小的迫害"②，发难的是本城知府。方济各会士巴琏仁谈到1709 年山东中部的泰安和蒙阴县也出现了反基督教的迫害：都是当地的知县官员，利用皇帝的法令发动的。③ 湖广也有类似情况发生：在荆州，官员们没收了教堂，将教徒们戴上铁链投进监狱。同样的事情也发生在德安。在湖广的另一个城市，教徒们被带到官员面前，让他们扔掉十字架、念珠和圣牌。在宜陵，官员逮捕了教堂的守护人，并且下令搜捕传教士，并威胁他如果十日内不自首就将卖掉教堂。④

传教士对此叹息道：

> 即使官吏们未接到宫廷中的任何命令，人们也会看到该有多少人自告奋勇地从事对基督徒最准确无误的搜捕啊！有多么少的中国人才敢于选择一种被列于邪教行列的宗教，该宗教已成了政府攻击的目标！⑤

1722 年，初抵中国不久的耶稣会士宋君荣就称：

---

① 《总管内务府为核查发给西洋传教士印票事致兵部咨文》，中国第一历史档案馆、澳门基金会、暨南大学古籍所编《明清时期澳门问题档案文献汇编》第 1 册，第 75—77 页。《总管内务府为知照领颁印票与否西洋人名单事致礼部咨文折》附件《总管内务府开列了票与否西洋人名单》康熙四十七年四月初十日，中国第一历史档案馆、澳门基金会、暨南大学古籍所编《明清时期澳门问题档案文献汇编》第 1 册，第 80—82 页。

② ［法］杜赫德编：《耶稣会士中国书简集：中国回忆录》第 2 卷，郑德弟、吕一民、沈坚译，第 179—183 页。

③ ［美］孟德卫：《灵与肉：山东的天主教，1650—1785》，潘琳译，第 88 页。

④ Mgr. Noël Gubbels, *Trois siècles d'Apostolat—— histoire du catholicisme au Hu-kwang depuis les origines 1587 jusqu'à 1870*, p. 87.

⑤ ［法］杜赫德编：《耶稣会士中国书简集：中国回忆录》第 4 卷，郑德弟、吕一民、沈坚译，第 90 页。

我到达中国仅几个月，踏上这片土地时，见到不久前曾给人以如此美好希望的一个传教会处境这般艰难，使我感触良多。教堂被毁，基督徒被驱散，宗教本身也即将被禁止……①

同时，罗马教廷规定中国的天主教徒不能敬孔祀祖，这"无异于要教徒自绝于家庭和社会，对于文人学士来说，更是关闭了仕进的大门"②，令一些原对天主教有好感的士绅文人纷纷避之不及。

二　雍正的全面禁教

"礼仪之争"改变了康熙及其继位者对待天主教的态度。"康熙的接班人，乃子雍正和乃孙乾隆帝，对西教的政策，一个比一个严厉，直至将传教士变成宫廷弄臣而宣称西学均属异端邪说。假如说 17 世纪是基督教三度远征中国的战果最辉煌的岁月，那么 18 世纪给它留下的却是相反的记录。"③

1722 年 12 月 20 日康熙去世，"将帝国交给了他的第四子，基督教的仇人手中"④。"雍正皇帝，威仪出众，勤于政治，而于传教一事，则禁止甚严。"⑤ 其继位几个月后，传教士就被告知以后不必入宫，"其目的就是要把一直允许出入的欧洲人驱除出宫廷"⑥。当时有传教士说：

刚刚登上皇帝宝座的雍正对基督教根本没有好感。相反，他对基督教在其父皇统治时期取得的种种进展深感不安。如果能够无损于其父皇的威名的话，他真想把基督教连根铲除。⑦

---

① ［法］杜赫德编：《耶稣会士中国书简集：中国回忆录》第 2 卷，郑德弟、吕一民、沈坚译，第 281 页。

② 徐如雷：《简述鸦片战争前天主教来华各修会的矛盾》，《宗教》1989 年第 2 期，第 67 页。

③ 朱维铮主编：《基督教与近代文化》，上海人民出版社 1994 年版，第 8 页。

④ Mgr. Noël Gubbels, *Trois siècles d'apostolat—— histoire du catholicisme au Hu-kwang depuis du les origines 1587 jusqu'à 1870*, p. 115.

⑤ ［法］樊国梁：《燕京开教略》，《中国天主教史籍汇编》，第 384 页。

⑥ ［意］马国贤：《清廷十三年——马国贤在华回忆录》，李天纲译，上海古籍出版社 2004 年版，第 109 页。

⑦ ［法］杜赫德编：《耶稣会士中国书简集：中国回忆录》第 5 卷，郑德弟、吕一民、沈坚译，第 70 页。

1724 年，康熙第十二子允祹也对传教士表示：

> 自从你们发生争执（指"礼仪之争"）以来，你们目睹了你们事情的发展进程，这使我先父皇（指康熙）花了多少心血啊！要是我们的人去欧洲要改变你们先贤制定的律法和习俗，你们会怎么说呢？今上——我的兄长坚决要求有效地结束这种状况。①

关于雍正为何对天主教如此厌恶，学术界一直以来众说纷纭，举其大端，除了文化层面的因素外，还有"礼仪之争"所带来的恶劣影响以及对外患警惕的心理。② 正如西方学者承认的："中国朝野对于天主教的善良也承认，但是他们反对传教士公开传教，尤其不许传教士在各省滞留，这完全都是基于政治上的理由，因为他们恐惧传教士以宗教为掩护所进行的政治阴谋。"③

此外，雍正"并不像他杰出的父亲那样对耶稣会士感兴趣，他甚至更加清醒地意识到天主教至少作为一种宗教对既定秩序的潜在的颠覆性的危害"④。

他曾训斥传教士：

> 你们从不祭祀已故的父母和先祖，你们从不去为他们上坟，这是一种很大的不孝；你们对你们父母，并不比对位于你们脚下的瓦砾更加尊重。⑤

---

① ［法］杜赫德编：《耶稣会士中国书简集：中国回忆录》第 2 卷，郑德弟、吕一民、沈坚译，第 326 页。

② 关于雍正禁教的原因，一直以来学术界并无统一定论，学者如张力、刘鉴唐认为主要与教皇使团来华觐见雍正皇帝和耶稣会士牵涉到皇位之争有关（参见张力、刘鉴唐《中国教案史》，四川社会科学出版社 1987 年版，第 156—161 页）；陈卫平则认为雍乾禁绝天主教的重要意图，是要在整个社会确认儒学为最高价值的思想文化（参见陈卫平《第一页与胚胎——明清之际的中西文化比较》，上海人民出版社 1992 年版）；方豪也曾全面总结明清之际禁教原因，可资参考（参见方豪《中西交通史》，岳麓书社 1987 年版，第 1025—1041 页）。此外，还有一些学者也对雍正禁教原因作了——分析，在此就不——列举说明。

③ ［法］白晋：《清康乾两帝与天主教传教史》，冯作民译，第 209—210 页。

④ Boxer Charles，"Jesuits at the Court of Peking"，*History Today*，Vol. 41，May 1991.

⑤ ［法］杜赫德编：《耶稣会士中国书简集：中国回忆录》第 4 卷，郑德弟、吕一民、沈坚译，第 101 页。

西方学者也承认：

> 对很多非基督徒来说，基督徒拒绝崇拜祖先意味着对家族团结及子女孝顺规范的不尊重。①

雍正元年二月初十日，礼科掌印给事中法敏向雍正上满文密折一封，条陈三事，其中第一款就是天主教事。② 然而时值雍正初登帝位，万事繁忙，并不适宜马上禁绝天主教，特别是雍正自己说："朕即位以来，诸政悉遵圣祖皇帝宪章旧典，与天下兴利除弊。"③ 表明自己对祖先典制的继承，因此这一道奏折当时没有引起雍正的注意。点燃全国禁教火花的是"去年七月（指雍正元年），在福建省福宁州福安县出现的"④。当年年底，即雍正元年十二月十七日，礼部题请禁教的奏本就获雍正帝的批准，西方传教士除部分精通历数及有技能者得以留京服务外，其余都被遣送到澳门候船返国："所有起盖之天主堂，皆令改为公所。凡误入其教者，严行禁除，令其改易。如有仍前聚众诵经等项，从重治罪。"⑤ 此举标志着清政府正式下令在全国范围内禁止传习天主教。当时传教士记载：

> 去年（1724），基督教各教派的传教士都被逐出京城……不管是用永无休止的送礼还是通过别的途径，都已无法阻止许多省份的传教士被驱逐至广州。各省的总督们都这样做……这些地方的基督教堂被转为别的用途，也有的改作异教的庙堂。被驱逐的人有：山东省全体传教士，即方济各会士 5 人，耶稣会士 1 人；山西省中国耶稣会士 1

---

① Robert Entenman, "The problem of Chinese Rites in Eighteenth Century Sichuan", in Stephen Uhalley Jr. and Xiaoxin Wu, *China and Christianity*: *Burdened Past*, *Hopeful Future*, N. Y., 2001, p. 129.

② 原文见《礼科掌印给事中法敏奏陈天主教蛊惑人心理当严禁等款折》，中国第一历史档案馆译编《雍正朝满文朱批奏折全译》，黄山书社 1998 年版，第 30—31 页。

③ 中国第一历史档案馆编：《雍正朝汉文谕旨汇编》（一），广西师范大学出版社 1999 年版，第 26 页。

④ ［法］杜赫德编：《耶稣会士中国书简集：中国回忆录》第 2 卷，郑德弟、吕一民、沈坚译，第 314 页。

⑤ 中国第一历史档案馆编：《清中前期西洋天主教在华活动档案史料》第 1 册，第 57 页。

人；河南省耶稣会士 2 人；陕西省梅树生主教以及方济各会士 1 人、耶稣会士 1 人；湖广耶稣会士 4 人；江西省耶稣会士 4 人、方济各会士 3 人；广西省耶稣会士 1 人；江南耶稣会士 3 人；福建省多明我会士 2 人。①

禁教很快波及湖广。湖广一共有 8 名欧洲传教士，两名方济各会士：常德的萨拉瓦尔主教和弗雷里神父；6 名耶稣会士：赫苍壁（安陆）、纽若翰（荆州）、顾铎泽（汉阳）、樊西元（武昌）、聂若望（湖南）和卜纳爵。他们被押送至广州。"我们法国传教区的会长赫苍壁神父告诉我们，湖广省官员迫使他和在安陆的聂若望神父放弃教堂前往该省首府，在那里与樊西元神父及顾铎泽神父会合后一并送往至广州。"② 两广总督孔毓珣亦称："现今湖广送到西洋人方西满（即樊西元）等四名。"③ 法国耶稣会士冯秉正称：

> 全国性的天主教已经完全被禁止，所有传教士（除北京以外）都被驱逐，教堂或被拆毁，或派作渎神的用场；敕令已经颁布，基督徒必须放弃信仰，其他人不得信基督教，违者将被惩处。被逐出各省的传教士几乎全部动身迁往广州，山西、陕西、山东、河南、江西、湖广及江南等省的西教士大都在 9—10 月间动身前往广州，其湖广代牧主教、方济各会士萨拉瓦尔神父 9 月份去了澳门。④

方济各会巴琏仁神父在写给马尼拉方济各会主教的信中描述了禁教对山东地区教务的打击："亲爱的神父，如今传教事业受到的毁灭性打击是能够想象到的最严重的情况，传教者被抛弃，教堂被摧毁，基督徒见不到一名神父，而是落到了豺狼们的手中。每一天，皇帝和权贵加诸于我们的

---

① ［捷克］严嘉乐：《中国来信》，丛林、李梅译，大象出版社 2002 年版，第 43 页。
② ［法］杜赫德编：《耶稣会士中国书简集：中国回忆录》第 2 卷，郑德弟、吕一民、沈坚译，第 341 页。
③ 吴旻、韩琦编校：《欧洲所藏雍正乾隆朝天主教文献汇编》，第 34 页。
④ ［法］杜赫德编：《耶稣会士中国书简集：中国回忆录》第 2 卷，郑德弟、吕一民、沈坚译，第 314 页。

苦难、迫害和仇恨都在增长。"①

雍正禁教"是令教会在清朝前期再也没能恢复元气的重重一击"②，大部分欧洲传教士被驱逐，教徒也屡遭骚扰：

> 自 1724 年 1 月 18 日颁布禁教 6 个月后，这段时间在某些官员看来是太长了。全国共有 5 名主教，51 名传教士马上被驱逐。教理书、宗教象征、圣画等均被焚烧，教士们的房子和住所被没收。300 多间教堂被改作寺庙、书院或是粮仓。30 万名基督徒，一夜之间就如同失去了牧羊人的羊群一样，受到不公正的对待，被当众侮辱等。这种恐惧是如此之大，以至于有一些基督徒将他们的大念珠、圣物以及其他一些宗教相关的东西扔到路上去，在他们原来挂十字架的地方也贴上了门神，或是灶神的标志。这就是在恐惧的影响下，当时中国可怜的传教情况。③

禁教使一些教徒在官府的重压下放弃了信仰。鄢华阳学者曾写道："1724 年雍正皇帝发动禁教，欧洲传教士被迫驱逐出中国或被迫躲藏起来，中国的天主教团体被迫转入地下，教会由于背教和逼迫而变得衰弱不堪。在整个 18 世纪，中国基督教徒的人数减少了三分之一。"④

但是，还有一些虔诚的教徒继续保持信仰，正如西方学者赞扬的那样：

> 当百年古树在一场突如其来的风暴中被粗暴地摇动时，那些落在地面上的叶子和树枝很快被烂在泥土中去了。正如同禁教的风暴一样，那些与天主教仅靠一个圣名维系关系的人，虽然他们中很多人自认为是真诚的，但是他们太不坚强了，放弃了圣教。但是风暴同时也

---

① ［美］孟德卫：《灵与肉：山东的天主教，1650—1785》，潘琳译，第 89 页。

② ［美］魏若望：《耶稣会士傅圣泽神甫传：索隐派思想在中国及欧洲》，吴莉苇译，大象出版社 2006 年版，第 263 页。

③ Mgr. Noël Gubbels, *Trois siècles d'apostolat—— histoire du catholicisme au Hu-kwang depuis les origines 1587 jusqu'à 1870*, p. 116.

④ ［美］鄢华阳：《18 世纪四川的基督徒贞女——从生命教育的角度谈中国基督教史研究》，顾卫民译，《中国天主教历史译文集》，第 25 页。

会使树根向下扎得更深，禁教也使上帝的信仰在虔诚教徒中更加坚定。虽然这场禁教似乎是一场不幸的痛苦，但是对于信仰灵魂的增长却是有效的。①

教难在刚开始时震动了天主教的发展，但是从长久来看，它对纯洁信仰、保持教徒的坚定性也有一定作用。

雍正禁教风波之后，各级官员也放松了对天主教的镇压。传教士指出"在最初的由于禁教的突然和暴力引起的混乱过后，传教士很快就重新振作起来"②。总会长们，尤其是耶稣会总会长总是激励传教士们："勇敢些、自信些。"③ 在风波突起的时候，他们出于谨慎，嘱咐传教士先收起圣教外在的一些标志，例如入教名单、十字架等物，但是也吩咐他们尽可能躲藏在其传教区，耐心地在逃亡中等待时机。他们不仅没有抛弃在中国的传教，还不断派遣新的传教士来到中国，并且鼓励那些被驱逐出去的传教士再次秘密地返回其传教地。1729 年雍正下旨密查各地的天主教时，北京的巴多明神父马上就写信给湖广地区的传教士让他们做好应对的准备：

> 1729 年一个朝廷大臣上奏皇上……在各省还有欧洲人藏在他们的信徒家中，有好些教堂还没有改为公用场所……皇上又下了新的密旨……我们所能做的，就是尽早地通知各省传教士，好好隐藏起来，或者藏到他们的船上去……④

1747 年的湖广沙市黄明凤案中，黄明凤神父就是自雍正禁教令后，一直潜伏在湖广地区传教，乾隆年间才因住所失火而被发现："迨至雍正初年拆毁天主堂，押解西洋人赴澳，伊始潜迹流落在江宁、汉口、武昌、

---

① Mgr. Noël Gubbels, *Trois siècles d'Apostolat—— histoire du catholicisme au Hu-kwang depuis les origines 1587 jusqu'à 1870*, p. 116.

② Ibid., p. 119.

③ Ibid..

④ ［法］杜赫德编：《耶稣会士中国书简集：中国回忆录》第 3 卷，郑德弟、吕一民、沈坚译，大象出版社 2001 年版，第 152 页。

荆州等处行教，历有年所。"① 可见禁教并没有使天主教在华活动中断，传教士们仍然小心翼翼地躲藏在各地暗中活动。

第二节　禁教时期法国耶稣会在湖广的活动

康熙、雍正禁教对湖广天主教是一个沉重打击，迫使传教士在传教方法和传教地点的选择上做出一定的改变来适应当时的形势。首先，我们来看这一时期法国耶稣会士是如何在政府管理的夹缝中艰难生存的。

一　西北部传教点的建立

法国耶稣会自进入湖广后，陆续不断派来大量传教士，其人数很快就超过葡萄牙耶稣会，成为当时湖广人数最多的修会。其传教范围也不断扩张。起初，湖广西北、西南等地"叠嶂崇山，绝少平旷，兼以地土确薄"②，因此鲜有人烟。自清以来，不断有流民打破禁令进入垦荒，当地人口日益繁盛起来。乾隆三十八年，湖广总督陈辉祖奏："湖北郧阳、施南二府所属，民垦荒地向未呈报，升科请令民间自行首报并将从前督臣永常所议封禁官荒之处均令停止。"③ 此处在乾隆时才开始改土归流，纳入清政府的有效管理："前多为土司据其时民情犷悍，风气浇漓……乾隆初俱改土归流，声教所暨文明以启。"④

该地"羊肠九曲，鲜周道之驰驱虎嶂千层，昔人谓秦筑重关一百二西邻于陕，故设关为多"⑤。因此，早期不为传教士所青睐。但是，很快湖北西北部和西南部在禁教时期成为湖北传教中心。之所以出现这种情况，是与当时的客观环境分不开的。通过研究该地区最有特色的山区传教

---

① 吴旻、韩琦编校：《欧洲所藏雍正乾隆朝天主教文献汇编》，上海人民出版社 2008 年版，第 170 页。

② 故宫博物院编：《故宫珍本丛刊·湖北府州县志·郧西县志》第 144 册，海南出版社 2001 年版，第 278 页。

③ 《清高宗实录》卷 927，中华书局 1986 年影印本，第 465 页。

④ （清）松林修，何远鉴纂：《施南府志》（一），清同治十年刊本，《中国方志丛书》第 328 号，成文出版社 1976 年版，第 26 页。

⑤ 故宫博物院编：《故宫珍本丛刊·湖北府州县志·郧西县志》第 144 册，第 254 页。

点——磨盘山基督教社区我们可以对整个湖广山区传教事业有一个大致了解。

磨盘山基督教社区位于襄阳府西北部地区，与郧阳等府的山区相连。地理上属于边界杂处之地："（谷城）城北六七十里，有崇山峻岭，俗名磨盘山，中有隙地约二三十里，四周皆重峦叠嶂，曲折环绕，内外隔绝，无路可通，然攀跻而入，则见平原辽阔，草木畅茂，如晋之桃园，恍若别有天地。"① 西北部山区如谷城这样的地区不止一处，如竹山县志也记载道："竹邑虽高岩峻岭皆成禾稼。"②

雍正时期这一山区传教点开始初具雏形。早期法国耶稣会士进入湖广时首选在各州府城市建立传教点。1702 年时法国耶稣会已在襄阳府城建立了传教点，但是 1724 年雍正的一纸禁令将赫苍壁、聂若望、樊西元、顾铎泽、孟正气等神父押送至广州，③ 不仅使基督徒失去了神父的领导，同时还面临官府的欺压和凌辱。有一些不愿意背弃信仰的教徒就在神父的建议下逃跑到人烟稀少的山区：

> 这些山区可能在一个世纪期间荒无人烟，长满了森林并遍布野兽。只是近十五年来，它们才被部分垦殖，由一批在那里购置了地盘的基督徒居住，以在那里更自由地修持基督教。④

这片荒芜的山区很快就被受迫害的基督徒占据了。他们"在两日内行走到老河口西部，在谷城山中建立了著名的茶园沟天主教教区，它被称之为'圣心的殖民地'"⑤。很快这里成为一个单纯由基督徒组成的居住地。他们生活在宗教氛围里，简单而又纯朴。顾铎泽神父曾对此有过记载：

---

① 萧若瑟：《天主教传行中国考》，《中国天主教史籍丛编》，第 217 页。

② （清）常丹葵修，邓光仁纂：《竹山县志》（一）清乾隆五十年刊本，《中国方志丛书》第 322 号，成文出版社 1975 年版，第 181 页。

③ ［法］杜赫德编：《耶稣会士中国书简集：中国回忆录》第 2 卷，郑德弟、吕一民、沈坚译，第 341 页。

④ ［法］杜赫德编：《耶稣会士中国书简集：中国回忆录》第 4 卷，郑德弟、吕一民、沈坚译，第 264 页。

⑤ Mgr. Noël Gubbels, *Trois siècles d'Apostolat—— histoire du catholicisme au Hu-kwang depuis les origines 1587 jusqu'à 1870*, p. 133.

那里的人们吃小米、咸鱼和园子里种的蔬菜。这山区里居民不多，所以没有集市，如果要吃大米，新鲜的鱼、肉，要到三法里以外的地方去买，还要渡河。他们饲养家禽，种豆类，盛产棉花。我看那里的基督徒受到良好的训导，我在那里待了好几天，来参加圣事的众多的基督徒很感到欣慰。①

这个世外桃源的存在很快就引起法国驻中国传教区会长巴多明的注意。他原就想在中国中部为受迫害的天主教徒建立一个庇护所，同时也是为了给四处逃散的传教士一个休养地。于是，他从北京派遣了一个天主教徒来到湖广进一步稳定和扩大这里的教务。在他的支持下，这里很快成为众多基督徒的避难乐土：

　　我由此想到成立一个小机构，收容从地方上撤出来的基督徒，让传教士也来秘密地执行他们的职责。我让一个基督徒秀才来负责这项任务。刚刚过去了三个月，他就给我带来了一份以他的名义订的一份合同，上边有当地官员的印鉴。他买了两座山的山谷，和上述那个基督徒领袖买下的山谷相接。这些山谷名叫木盘山，因为这些山边上都长满了灌木林，山顶看来就像一只盘子。到那里去必须穿过湍急的河流，既不能架桥，也不能用小船。穿过这些急流，还要攀登很陡峭的从山脚到山顶荆棘丛生的山。到了那里就可以看到一片很宽广的地方，长满了美丽的树木，土地非常肥沃，四五年之内不用施肥。我继续派老的讲授教理者到那里去巡阅，分配土地，建立规章，并培养了几位首领来监督执行。②

巴多明神父认为这一时期与其让基督徒在官府的严密控制下放弃信仰，不如将他们移民到偏远山区保存火种。就这样，磨盘山基督教社区建

---

① 〔法〕杜赫德编：《耶稣会士中国书简集：中国回忆录》第2卷，郑德弟、吕一民、沈坚译，第306—307页。

② 〔法〕杜赫德编：《耶稣会士中国书简集：中国回忆录》第3卷，郑德弟、吕一民、沈坚译，大象出版社2001年版，第151—152页。

立了。

磨盘山基督教社区的建立是以下多方面原因促成的：首先，地理上，它离襄阳不远，教徒从陆路而来不需要花费很长时间。这里地势险要，人烟荒芜，"适当谷城房县保康三县界部，行旅既难"①。传教士亦记载："我从那地方到属于谷城的大漠沙。大漠沙地处山区，很难到达，我要渡过河去，那河段很危险，水流湍急，河里还有许多礁石、大卵石，渡过河以后，我走了两法里崎岖狭窄的山间羊肠小道。"②

纽若翰神父也曾对这里的险峻深有体会："我的几位新信徒用他们绑扎的一种担架抬着我。这里的道路普遍都很狭窄，常面临着掉进令人恐怖的深渊的危险。还有几次，这些山脉如此陡峭，如此险峻，以至于使人双脚在上且双手朝下。"③ 这样险峻的地形，可以在禁教时逃避官府的追捕："此山教务颇为发达，山势险峻，几无路可通，神甫教民赖以防护。"④ 李文秀神父也常提到在教案发生时，传教士很快就逃难到房县、襄阳等地附近的森林和山区中。⑤ 纽若翰神父也说："余避居一地，终日伏处草棚中，命可以信任之教友探访消息来报。草棚附近有森林，吏役搜捕时，可以藏伏于其中。"⑥ 在此传教的河弥德在教案时差点被捕，也是全赖此处地理位置险峻才得以幸免："官率隶役，几抵其门。然官仅见山岩险峻，以为须逾山始达教士所，畏劳遂返。"⑦ 其次，这个基督教社区"教民皆集中，无教外人员杂于其间"⑧，组成单一，不容易被人告发，也便于管理，颇得传教士的青睐，很快得到他们经济、人员上的支持。最后，基督徒首领在与官府的周旋上也较有经验，使购地建堂的行为得到官府默认。后来，这里成为中国最繁荣昌盛的教区之一，被誉为仅次于北京，"木盘山（即

---

① 成和德：《湖北襄郧属教史记略》，上海土山湾印书馆1924年版，第177页。

② ［法］杜赫德编：《耶稣会士中国书简集：中国回忆录》第3卷，郑德弟、吕一民、沈坚译，第306—307页。

③ ［法］杜赫德编：《耶稣会士中国书简集：中国回忆录》第4卷，郑德弟、吕一民、沈坚译，第276页。

④ ［法］费赖之：《在华耶稣会士列传及书目》，冯承钧译，第750页。

⑤ Mgr. Noël Gubbels, *Trois siècles d'apostolat—— histoire du catholicisme au Hu-kwang depuis les origines 1587 jusqu'à 1870*, p. 280.

⑥ ［法］费赖之：《在华耶稣会士列传及书目》，冯承钧译，第750页。

⑦ 同上书，第931页。

⑧ 同上书，第927页。

今日磨盘山）会堂乃中华全国公教堂重要地区之一，仅稍亚于北京耳，然较他处亦殊安稳也"①。

二　传教工作的发展

1. 胥孟德的开创

　　首位到达茶园沟的法国耶稣会神父是胥孟德。在传教湖广前，他曾担任法国传教会经理员。② 他于 1730 年与顾铎泽一起离开广州前往湖广。但是顾铎泽因病停留在湖南衡阳，而胥孟德则一人继续北上。胥孟德是第一位进入到"中国的塞文山脉"——磨盘山和茶园沟山地村庄的欧洲神父。他在茶园沟创建了一个全部由基督徒组成的村落，谷城"乃杂在丛山中，地面纵横，约二十里，外教人家，颇不数见，教友约计二千，分会十五所，零星杂友，不类乡村。司铎赴会口时，居会长家，附近教友，连袂前往聚集，并献资斧焉"③。因为这种社区成员的"单一性在建立一个完全天主教的家庭和社会的精神中是非常有利的"④。这里相对封闭的自然环境，淳朴的民风，清苦的生活，使磨盘山教会发展很快，数十年间有信徒三千余人。⑤ 天主教文献中赞道："谷城教友素多，如晋之桃园，恍若别有天地。乾隆初年，教友来此避难者，陆续不绝，二三十年后，竟有二三千名之多，分居十四村落，比屋而居，无一教外者。主日瞻礼及每日晚，诵经之声，遥相应和。"⑥ 正是这种盛况吸引了新近来华的传教士。据记载，1731 年入华的法国神父若望巴泰耶（Bataille Jean-Baptiste）在广州徘徊几年后于 1735 年到达湖广，此后一直在河南及湖广教区巡视，最后于 1743 年于湖北谷城山区中去世。⑦

　　胥孟德不仅建立了单一的天主教社区，还开创了一些为后继神父所遵循的方法：划分此山地为八区，每区设一讲说教义人。⑧ 传道员由资格

　　① 成和德：《湖北襄郧属教史记略》，第 3 页。

　　② ［法］费赖之：《在华耶稣会士列传及书目》，冯承钧译，第 644 页。

　　③ 成和德：《湖北襄郧属教史记略》，第 41 页。

　　④ Mgr. Noël Gubbels, *Trois siècles d'apostolat—— histoire du catholicisme au Hu-kwang depuis les origines 1587 jusqu'à 1870*, p. 133.

　　⑤ 张泽：《清代清禁期的天主教》，光启出版社 1992 年版，第 54 页。

　　⑥ 萧若瑟：《天主教传行中国考》，《中国天主教史籍丛编》，第 217 页。

　　⑦ ［法］荣振华等：《16—20 世纪入华天主教传教士列传》，耿昇译，第 71 页。

　　⑧ ［法］费赖之：《在华耶稣会士列传及书目》，冯承钧译，第 645 页。

老、受人尊敬的教徒担任。他们协助神父对教徒进行日常管理。这种方法在保持磨盘山教务上起了重要作用。胥孟德建立茶园沟天主教社区后，于1736年离开湖广，其后续工作由同一修会的纽若翰神父接替。

2. 纽若翰的扩展

接任胥孟德的是纽若翰，他扩大了胥孟德神父的成果。首先在人数上，纽若翰在短短六年时间内将教徒数量由原来的 600 名增加至 6000 名。教徒大部分是流民，还有部分是基督徒慕名而来。非基督徒的流民到达磨盘山后很快被同化。康志杰教授认为这一时期排斥非基督徒进入社区领地，并非政治意义的"信仰歧视"，而是在全国禁教情形下，基督徒移民的一种不得已的自我保护策略。① 笔者认为，作为失去土地、流离失所的流民，位处社会底层，对天主教文化不如文人士绅那样有着深刻的理解与鲜明的立场，流落到当地后，在单一的宗教环境中，他们接受天主教信仰是理所当然的事情。河弥德也认为，"尤其是在农村，传教活动取得成功的可能性还要大"②。西方学者称在雍正皇帝 1724 年下诏驱逐传教士以后，地下教会在中国一些地区蓬勃发展起来的原因就在于，"对精神信仰的渴望激发了人类的灵感，他们要寻找一种方式来补偿中国所没有的真正的信仰自由"③。而处于社会下层的流民、贫民则更容易接受信仰。这是因为他们离开故土、家庭和庙宇祠堂，甚至是亲密的家庭，移民到其他地区。定居者和当地人都要依靠为他们提供相互支持、保护和友情的组织，以使其生活更加安全可靠。美国学者鄢华阳在谈到四川移民的宗教信仰问题时也认为："宗教的归属感，尤其是宗教性的组织团体，经常能够为他们提供一种有关结成团体的、相依为命的、相互支持的和精神团结的意识。它提供了一种结社团体，他们对世界的解释也要比正统的儒家思想更加合理。有组织的民间宗教赋予其支持幸福与来世的得救，尽管非法的白莲教教门是 18 世纪四川最重要的民间宗教，而罗马天主教会也具有这样的功能。"④

---

① 康志杰：《上主的葡萄园——鄂西北磨盘山天主教社区研究（1636—2005）》，第 21 页。
② ［法］杜赫德编：《耶稣会士中国书简集：中国回忆录》第 5 卷，郑德弟、吕一民、沈坚译，第 64 页。
③ ［美］孟德卫：《灵与肉：山东的天主教，1650—1785》，潘琳译，第 175 页。
④ ［美］鄢华阳：《清代早期四川中国天主教会的建立》，顾卫民译，《中国天主教历史译文集》，第 6 页。

由于人数增加，社区由原来的八个增加到十四个。传教势力也扩展开来。这一地区的传教辐射能力已经南至荆门，北至河南境内。传教士也抽空去巡视以巩固传教成果。很快我们就看到，鄂西北传教地区以磨盘山为中心，向四周扩展开来，"乃中华全国公教堂重要地区之一，仅稍亚于北京耳"①。

这一时期，教徒的激增并不意味着洗礼的泛滥。相反，由于处于禁教时期，神父比以往更加注重教徒的质量。因为如果信仰不坚定，在官府的压力下，就会给发展中的天主教带来毁灭性的打击。"这些新教徒要向传教士证明他们的诚恳是严肃的，他们的皈依是坚定的，这样才会被传教士接受并给予洗礼。"② 1759 年，河弥德提到教徒经常是训练两三年之后才准受洗，有一些甚至还要等四五年。③ 可见，这一时期想要成为一名受洗的教徒也并不是那么容易，通常需要经过长时间的考验。

神职人员也尽力在社区内部营造宗教气氛。纽若翰神父就非常注意使用宗教仪式来激励教徒：

> 每个家庭都有耶稣和玛丽亚的画像，被安置在他们的壁炉上，每天晚上，在一天如此繁重的工作回来后，他们在圣像前点燃一支蜡烛并且焚香。传教士在这个时间巡视教区，到处都听见祈祷和赞美歌的声音。星期五为基督受难纪念食斋，星期六是圣母食斋。④

纽神父还仿北京之例设立了圣礼会。这个宗教团体组织主要分成以下几个部门，每个部门都有着自己的职责：

（1）第一个部门的教徒负有以下使命：负责在参加弥撒和领圣体时在教堂保持教徒对宗教礼拜的庄严，对圣体的尊敬和对宗

---

① 成和德：《湖北襄郧属教史记略》，第 2 页。

② Mgr. Noël Gubbels, *Trois siècles d'apostolat—— histoire du catholicisme au Hu-kwang depuis les origines 1587 jusqu'à 1870*, p. 138.

③ *Lettres édifiantes et curieuses, écrites des missions étrangères, mémoires des Indes et la chine*, tome13, p. 87.

④ Chaney, *Colonie du Sacré-Cocur*, p. 12, dans Mgr. Noël Gubbels, *Trois siècles d'apostolat—— histoire du catholicisme au Hu-kwang depuis les origines 1587 jusqu'à 1870*, p. 129.

教仪式的认可和遵守。他们同样也要照管小礼堂的整洁和装饰。在弥撒之前，他们要几次提醒人们将要履行的教义的伟大。在弥撒圣祭期间，他们要求人们态度严肃和冥想时要保持尊重；在弥撒中高举圣体时，为了崇拜基督耶稣的伤口和三位一体的圣婴，他们示范性地朝向祭台俯伏拜倒在地；他们在领圣体和谢主恩的祷告中念诵准备好的经典。而且一般在准备、指挥、唱赞美歌或是背诵祷告时也要念诵。

（2）第二个部门负责教徒文化学识，儿童和成年人都要去学校。

（3）第三个部门由一些年长的教徒组成，主要负责激励那些不太虔诚的基督徒，预防出现不当的行为；阻止与非教徒的婚姻，绝不容许有一丁点迷信的习俗或与基督教精神相背离的行为。总之，他们起到了一个监察员的作用。

（4）第四个部门的组成人员来自最有文化的人们。他们有着使当地非信徒改信天主教的使命；为了给非信徒阐明这种信仰的光芒和劝告他们皈依这个宗教，他们与非信徒们来往，赢得他们的好感，自愿给他们帮助，把他们引到这些具有宗教性的谈话中。

（5）第五个部门则要完成最有成效的工作：他们投入到照顾病人的服务中去，并且帮助那些濒临死亡的人。在每个区都有专人负责提醒他们，告诉他们修会中有人病重。某个会友就立即赶赴病人家中，鼓励病人并安排为他准备临终圣事。他们邀请当地的传教士，伴随他们到乡村小屋。虽然他们常常很穷，但是总是细心为病人准备，以使病人体面地接受圣餐面饼。他们在感恩的蜡烛和临死之人表达其信仰所写的格言中竖起耶稣和玛丽亚的画像。在临时的祭台前，这些会员念诵临终祷告，直到病人咽下最后一口气，他们都不会放弃。葬礼同样也是一个重要的场合，当病人死亡时，要非常虔诚地为他举行圣事，因为他们可以利用这个机会向死者的父母和朋友们宣告永恒的真理和看见天堂的幸运，是留给天主教信徒的。这样一个教徒的死亡也能带来许多当地居民的皈依。①

---

① Mgr. Noël Gubbels, *Trois siècles d'apostolat——histoire du catholicisme au Hu-kwang depuis les origines 1587 jusqu'à 1870*, p. 129.

河弥德神父传中亦有描写："圣体会与天神会在此所为善举未可言喻。训练儿童颇为细心，每月必来会试验。善终会对于临危者所为之善举亦不弱于前。病者病重时，会员往看护数夜，迄于病愈或病故而后已。设死者贫寒，则助其葬费。教外之人因多所感化。"① 借由天主教礼仪等来扩大其影响是传教士们一贯使用的手法。在邻近的日本亦有这方面的记录："由于教会为信徒举行的葬礼收到了良好效果，它不久便形成一套制度与固定的操作模式……为了给人留下深刻的印象，传教士们总是设法使死者的出殡成为信徒们的公开游行。"② 正是在多种因素的影响下，磨盘山基督教社区发展迅速，很快就成为"当时最盛之教区，除北京外教民之众为他区所不及"③。

当时磨盘山基督教社区已有六千余人，只有纽若翰一名欧洲神父。为了更好地管理和宣教于基督徒，纽若翰神父所建立的组织发挥了巨大作用。从上面的材料我们可以看出，尽管是在禁教时期，但是纽神父并未因为外界环境的恶劣而放松了对教徒的领导。这是一个严密的社团组织，欧洲传教士是这个组织的核心。在平时的日常管理中，他主要放权给各位传道员。在他的管理下，这里分成五个部门，每个部门都有自己的负责人，各司其职、分工明确又相互支持，再由他们共同管理其他基督徒，形成一个严密的网状社会组织。他最大程度地利用了以本地人引导本地人的传教方法。在这一特殊时期，在欧洲神父极度困乏的年代，最大限度地保持了传教工作的延续性和纯洁性："他生活在原始的教堂的热忱中，他感到极大的安慰，因为他走了好几个地方都没有遇到过一个偶像崇拜者；基督徒仅仅关注向上帝祷告和耕种他们的土地。"④ 当时，在湖广地区工作的外籍传教士也曾报道说："基督教现已于该地区广为人知了，其四周的所有地区都对这一事件反响强烈。人们公开声称，成为基督徒具有许多优越性。"⑤

---

① ［法］费赖之：《在华耶稣会士列传及书目》，冯承钧译，第931页。

② 戚印平：《远东耶稣会史研究》，第144页。

③ ［法］费赖之：《在华耶稣会士列传及书目》，冯承钧译，第927页。

④ Mgr. Noël Gubbels, *Trois siècles d'apostolat——histoire du catholicisme au Hu-kwang depuis les origines 1587 jusqu'à 1870*, p. 29.

⑤ ［法］杜赫德编：《耶稣会士中国书简集：中国回忆录》第4卷，郑德弟、吕一民、沈坚译，第286页。

　　此后，磨盘山基督教社区成为秘密进入内地的法国传教士的乐土。来此传教者络绎不绝，主要有赵圣修①、石若翰、巴若翰等，在神父的努力下，基督徒也日益增多。时称巴若翰所管教区地面最广，而危难最多。每一区内，费一年光阴尚未能遍历。② 河弥德也说："我还没有走遍我们附近地方基督徒的住处，因为基督徒数量众多。如果这些基督徒都要忏悔的话，我们得在近四个月的时间里每天不停地工作。"③ 谷城磨盘山基督教区的繁盛一直持续到近代。1843 年 8 月李文秀神父重返该地区时，记载这里是他最重要的地区之一，他在几名神父的帮助下给 1400 名基督徒举行了洗礼。④

三　其他传教点的建立

　　磨盘山基督教社区是湖广众多山区传教点的一个缩影。由于禁教令和穷困的压迫，很多原来居住在城市的基督徒不断迁移到人烟稀少的地区，甚至"被迫背井离乡去了别的省份"⑤。这不仅是一次人口上的迁移，同时也将信仰带进了原来未信教的地区，开创了众多教友村。这些地区位置偏僻，地形险要，易守难攻，时人记载：当地山区"诸山如屏、如笏、如笔、如牙，莫可名状，上有九洞，洞各有泉垂如素练，乡人资其灌溉"⑥。因此成为与世隔绝自给自足的小村落。教友都是平民百姓：例如工匠、农民和渔夫。为了便利传教工作，并减低背教的危险，神父试图把他们组成与外教人隔离的独立村庄。⑦ 当时，在湖广工作的传教士就曾直言："在只有基督徒的地方，不让任何一个非基督徒定居，如果碰到有非

---

　　① 1737 年到达中国，在纽若翰神父的指导下开始了在教会的司铎职务，他很快就传教于这个省的中部。

　　② ［法］费赖之：《在华耶稣会士列传及书目》，冯承钧译，第 755 页。

　　③ ［法］杜赫德编：《耶稣会士中国书简集：中国回忆录》第 5 卷，郑德弟、吕一民、沈坚译，第 63—64 页。

　　④ Mgr. Noël Gubbels, *Trois siècles d'apostolat—— histoire du catholicisme au Hu-kwang depuis les origines 1587 jusqu'à 1870*, p. 281.

　　⑤ ［法］杜赫德编：《耶稣会士中国书简集：中国回忆录》第 5 卷，郑德弟、吕一民、沈坚译，第 108 页。

　　⑥ 故宫博物院编：《故宫珍本丛刊·湖北府州县志·郧西县志》，海南出版社 2001 年版，第 255—256 页。

　　⑦ ［法］穆启蒙编：《中国天主教史》，侯景文译，第 101 页。

基督徒，他希望能在上帝的恩宠下让他们皈依信仰。"① 传教士又劝谕进教者勿与外教人通婚。② 这样就使这些教友村形成一个个单独的基督教社区。

例如，早在穆迪我时期，离沙市十五公里远的曹家场和杨家场就曾有赵姓、雷姓、文姓等多家基督教家庭。但是后来由于土地贫瘠，移民到其他地区而使该地基督教没落下去。③ 但是这一时期诸如此类的教友村在湖广还大量存在，主要有以下几个中心：

> 房山关（Fung-shan-kang），大约在 1725 年由常姓（Tchang）天主教家庭所建，他们来自荆门（King-men）县。
>
> 弹子山（Tan-tze-shan），大约在 1725 年由龚姓（Kung）家庭所建，他们来自公安（Kung-an）。
>
> 小峰垭（Siao-fung-ya），大约在 1725 年由常姓（Tchang）家庭所建，他们由潜江（Chih-kiang）的百里洲（Pe-li-chow）移民而来。
>
> 小垱（Siao-tang），大约在 1730 年由黄姓（Houang）家庭所建，他们来自江陵（Kiang-lin）的梅花桥（Mei-hwa-k'iao）。
>
> 细沙河（Si-sha-ho），大约在 1740 年，由蔡姓（Ts'ai）、孔姓（Kong）和唐姓（T'ang）家庭所建，他们来自公安（Kung-an）。
>
> Siao-me-tien，大约 1770 年，由来自鸦鹊岭（Ya-chio-lin）的李姓（Li）家庭所建。④

禁教时期，这些基督徒出于共同的生活需要，形成一个个单独的与外界相对隔绝的社会团体，对外是统一的利益体，对内则依靠血缘、信仰为纽带。正是这些分散的基督教村落，使天主教在湖广得以留存。因为移民

---

① ［法］杜赫德编：《耶稣会士中国书简集：中国回忆录》第 3 卷，郑德弟、吕一民、沈坚译，第 153 页。

② ［荷］金普斯、麦克罗斯基：《方济会来华史（1294—1955）》，李志忠译，第 11 页。

③ Mgr. Noël Gubbels, *Trois siècles d'apostolat—— histoire du catholicisme au Hu-kwang depuis les origines 1587 jusqu'à 1870*, pp. 55 –56.

④ "D'après les archives de ces chrétientés, Le cadre du récrit ne permet pas de raconter l'histoire de chacune d'elles en détail", dans Mgr. Noël Gubbels, *Trois siècles d'apostolat—— histoire du catholicisme au Hu-kwang depuis les origines 1587 jusqu'à 1870*, p. 276.

的涌入，并不受地方政府的控制。事实上，外来移民和当地居民更加倾向于依靠能够提供相互支持、保护和组织的团体和会社，而使自己的生活变得更加安全。这种机构包括家庭社团、血亲关系、会馆，或者起源于提供非正式服务的互助社团。① 嘉庆二十二年，在湖广襄阳逮捕的天主教徒，就是生活于这种社区的一个典型例子："刘作斌、王槐、邓恒开同父邓添榜籍隶均州，唐选同子唐文富、侄唐文才并胡文奇、曹礼、胡玉盛、张庭、田正刚、胡正帼、焦怀新籍隶谷城县，管文榜、吴以正、李祥富、廖世明、王可亮、沈兆万籍隶房县，彼此住居交界毗连均有戚谊。"② "宗教组织也能够为民众提供互相帮助、依靠、精神团结以及团体意识。罗马天主教会，正像本地的宗教教门，在这方面显得十分重要。天主教会，像其他民间宗教一样，提供了一种团体的意识，成为当社会关系解体时的一种代用品，这正满足了其成员宗教感情的需要。"③ 同时，这种社区对日后湖广出现众多本地神职人员或是修士也具有重要作用。例如，在遣使会于北京所建立的修院中，我们就经常能发现出身湖北郧阳等基督教家庭的学生。④ 1845 年，李文秀主教重新巡视襄阳、郧阳等地，他"非常惊奇地，并且深深感到欣慰地看到当地的信仰是保持得如此之好，当地的老基督徒，虽然贫穷但是却充满了虔诚"⑤。

　　这一时期，法国耶稣会相较于葡萄牙耶稣会，其主要传教点开始退缩至湖北西北、西南部的边远地区。虽然他们并没有放弃在汉口等地的传教点，但是由于传教士减少和禁教的限制，其活动范围远远不如禁教前。而葡萄牙耶稣会士则继续坚守在平原地带。其主要传教区域以水乡地区为重，在渔民中发展了大量教徒。

---

① ［美］鄢华阳：《18 世纪四川的中国籍天主教神职人员》，顾卫民译，《中国天主教历史译文集》，第 13 页。

② 中国第一历史档案馆编：《清中前期西洋天主教在华活动档案史料》第 3 册，第 1111 页。

③ ［美］鄢华阳：《18 世纪四川的中国籍天主教神职人员》，顾卫民译，《中国天主教历史译文集》，第 13 页。

④ 参见［法］荣振华等《16—20 世纪入华天主教传教士列传》，耿昇译，第 563、564、567 页各位中国神父的生平。

⑤ Mgr. Noël Gubbels, *Trois siècles d'apostolat—— histoire du catholicisme au Hu-kwang depuis les origines 1587 jusqu'à 1870*, p. 278.

第三节　禁教时期葡萄牙耶稣会
在湖广的活动

葡萄牙耶稣会的活动中心在湖北，主要集中在武昌、德安等地。他们还在湖南开辟了不少传教点，如长沙、衡州、永州、湘潭等。禁教前葡萄牙耶稣会是湖广人数最多的传教修会，但其地位很快就受到法国耶稣会的挑战。1724 年后，只有 6 名葡萄牙传教士来此，而在禁教前有 40 名葡萄牙耶稣会士。① 禁教时期，法国耶稣会士利用湖北西北、西南部山区的偏僻性进行传教。而葡萄牙耶稣会士则以"水"为核心，利用湖广境内河流湖泊纵横交织，港渠库塘星罗棋布的地理条件，在"千湖之省"的湖北平原水乡发展教徒，他们举行宗教仪式时常以夜色为掩护，在江河港汊中的船舶中进行。

一　德沛对天主教的优容

葡萄牙耶稣会士的传教活动得到了湖广总督德沛的暗中保护。因为他们的主要传教地在武昌附近。德沛为苏努之从弟，苏尔金之堂叔，洗名若瑟，西文称之为若瑟亲王。早年入教，由于其性好隐居，不为当时人所知，② 因此在苏努一门因信教获罪时得以逃脱干系，未被牵连。

陈垣先生曾记："清宗室中与苏努诸子同时，而奉天主教者有德沛。德沛为清显祖塔克世之五世孙，亦与雍正为从昆弟行。乾隆元年七月，任古北口提督，二年二月授甘肃巡抚，九月擢湖广总督，三年十二月摄襄阳镇总兵。"③ 当时教难兴起，"各省仇教地方官，皆以京报为凭，禁教如故。且有变本加厉，较前更甚者。此事在山东、山西、陕西为尤甚"④，而唯独湖广一省稍显平静，正是因德沛"不容属下地方官仇教"⑤。德沛

---

① Mgr. Noël Gubbels, *Trois siècles d'apostolat —— histoire du catholicisme au Hu-kwang depuis les origines 1587 jusqu'à 1870*, p. 153.

② 《圣教史略》，河北献县 1932 年版，第 188 页。

③ 陈垣：《陈垣学术论文集》，中华书局 1980 年版，第 165 页。

④ 萧若瑟：《天主教传行中国考》，《中国天主教史籍丛编》，第 207 页。

⑤ 同上。

行事谨慎小心，他极力与欧洲神父保持距离，只与中国籍神父如遣使会士徐德望和耶稣会士毛类斯[1]有接触。因为他深知一名欧洲神父的暴露往往会引起一场涉及整个国家的教难。[2] 他对天主教在武昌、汉口等地的传教活动起了很大保护作用。这些皇亲贵族，有一定的经济实力、政治特权与学术修养，生活无忧，入教大多是出于对教义的理解，对精神需求的满足，信仰比较坚定。禁教时期，皇帝禁止旗民入教，作为满族贵族的他们，传教当然多局限于家族内部，不敢公开，但也会尽可能在时机允许的情况下，利用手中的权力保护辖区内的天主教会。

二　南怀仁神父来到湖广

禁教时最有功绩的葡萄牙耶稣会士南怀仁（Godefroid de Laimbeckhoven），来自奥地利维也纳，1737 年到达澳门。[3] 其入华之初，原被拟派至北京治历，却被会长认为数学家易求，传教工作更重要，而改派至湖广传教。

南怀仁神父到达中国正值雍正、乾隆两朝交替之时。乾隆帝对在宫中为其服务的传教士还颇为优待，但是对外省传教却是严令禁止。为了混入内地，从澳门上岸后他改换商人服饰，与两名接引教徒打扮成农民。他们经两广进入江西鄱阳湖，然后沿长江而上，三日就到了汉口。可见湖广水路交通在传教士进入内地时起了重要作用。从汉口上岸后他由杨姓教友接引至家中。

南怀仁的到来对汉口基督徒来说是一个莫大的喜讯。因为禁教时期外国神职人员的流动较为困难，因此欧洲神父的到来对长期缺乏神父的教徒来说是一场盛事。基督徒们的热情令神父感动不已："这些基督徒的虔诚让我感动得不知道要说什么才好，尤其是我看到他们每天都聚焦在一起举

---

① 毛类斯（Manuel de Morais），1711 年 11 月 11 日生于澳门，1731 年 8 月 14 日进澳门修院，1734 年晋铎，1735 年进入湖广、江南等地传教，于 1742 年去世。参见［法］荣振华《在华耶稣会士列传及书目补编》，耿昇译，第 447 页。

② Mgr. Noël Gubbels, *Trois siècles d'apostolat—— histoire du catholicisme au Hu-kwang depuis les origines 1587 jusqu'à 1870*, p. 153.

③ ［法］费赖之：《在华耶稣会士列传及书目》，冯承钧译，第 790 页。

行晚祷和早祷，认真地听弥撒，显示出所有热忱的基督徒所具有的特点。"① 神父的到来很快在当地传开。很多基督徒前来祈祷、参加圣事。

南怀仁是葡萄牙耶稣会士。汉口基督教传教点是法国耶稣会创建的。由于从澳门进入内地时比较仓促，南怀仁并没有收到指示前往武昌。这就为以后两地基督徒的争夺埋下了伏笔。在神父到达汉口不久后，就有武昌教徒延请神父。他们向神父表明已经在武昌准备了一所住所，希望神父前往，照料武昌地区的基督徒。他们指出汉口传教点是法国耶稣会所建立的，而武昌才是葡萄牙耶稣会所拥有的地区，因此神父应该前往武昌，而不应该停留在汉口。

但是这项提议很快就遭到了以杨姓教友为主的汉口基督徒的反对。杨姓教友指出：虽然武昌的基督徒比汉口的更有理由请神父去，但是神父是属于同一个修会的，都是兄弟，他们被上帝派到哪里就应该在哪里传教。②

双方就神父的归属地相争不下，南怀仁左右为难，他说："没有直接去到你们那里（武昌）完全是我的错，但是汉口的基督徒是如此热情，如果现在突然离去，对主人来说也太过于粗暴了。"③ 最后他提议交给纪类思裁决。在纪类思神父的调解下，南怀仁前往武昌。由此我们可以看出，这一时期湖广表面上各个修会处于一片和谐共处的景象，但是神父还是尽量按各自原来划分的管辖区域传教。

南怀仁到达武昌后很快就开始传教于水乡，在两个月的时间里他巡视了大部分传教点。他遇到了不少困难。武昌地处中国内部，当时又正值盛夏，天气高温，为了安全与方便，神父出行时常使用船只，因为"盖因舟中不易为人觉察，而又得利用此舟往来沿江河之传教区域也"④。但是这些船简陋窄小，神父在最初受尽折磨，身体遭到极大的损害。晁俊秀神父曾记载南怀仁的经历：

　　　　乃其境遇则实堪悲悯，身为主教，年达七十，衰老残废，所管主

---

①　Mgr. Noël Gubbels, *Trois siècles d'apostolat—— histoire du catholicisme au Hu-kwang depuis les origines 1587 jusqu'à 1870*, p. 154.

②　Ibid. , p. 155.

③　Ibid. .

④　［法］费赖之：《在华耶稣会士列传及书目》，冯承钧译，第585页。

教大逾意大利全国，不断往来于其间，服履如同乡民，戴草帽，服粗布短衣，履破鞋，辄藏伏于小渔舟中，受酷热之侵，诸虫咬嚼，时有被捕之虞，切愿登舟在一茅棚中休息两三日，然又恐累及居停。二十年所受虐待，笔难尽述，但其热诚始终如故。不畏疲劳，七十岁时与三十岁时无异。①

南怀仁写道：

> 余欲分担诸神父之劳苦，救济被难之教民，不久抵江南、湖广两省境界，然关津皆见堵塞。不得已漂流各地，不断潜伏以避搜者耳目，如是凡三年。②

另一位同在湖广传教的神父也言明水乡传教颇为困难：

> 我的状况甚至比您想象得还要好，尤其是当您希望将我的处境，与我们那些分散在非常辽阔的湖广省的传教士之处境相比较时，则更为如此。他们在小船中度日，除了住处的这种不便之外，他们还不断地面临着翻船和非信徒们凌辱的危险。③

顾铎泽神父记载了其在船上的痛苦：

> 举行圣事，全在夜中，天明即止，盖以酷热，铎泽因是精神疲惫。加这来舟之妇孺甚众，诸人发中秽气熏人，铎泽辄用手帕浸醋触鼻以解之，否则晕倒者已数次。④

1840 年鸦片战争爆发后，耶稣会士重返中国传教，当时总会长罗当神父就反复叮咛在江南地区传教的西方神父要注意身体健康，他说："江

---

① ［法］费赖之：《在华耶稣会士列传及书目》，冯承钧译，第 799—800 页。
② 同上书，第 795 页。
③ ［法］杜赫德编：《耶稣会士中国书简集：中国回忆录》第 4 卷，郑德弟、吕一民、沈坚译，第 272 页。
④ ［法］费赖之：《在华耶稣会士列传及书目》，冯承钧译，第 585 页。

南遍地水稻，四周又尽是河滨，素有洋人墓地之称。"① 可见水乡传教环境的恶劣。

但是辛劳并非没有收获，南怀仁在湖广传教中很快得到安慰：

> 上帝已经用一种无法用言语表达的快乐补偿了我所遭受的痛苦。尤其是当我想到这些冒着危险的基督徒，他们是多么热爱宗教，当他们听道、领受圣事时所表现出来极大的虔诚。在两个月里，我们一共听了 400 次告解，160 次洗礼。这个数字简直显示不出是在禁教时期。②

但是湖广天主教的发展呈现不均衡状况。其南部即今天的湖南地区仅有少量基督徒，南怀仁说："少到只需要一名神父就可以绰绰有余地管理了。"③

方志中曾记：

> 汉唐诸世于是有佛教、有回教。明时喇嘛黄教、红教即佛教余裔。迩更有天主教、耶稣教。邵阳民风浑噩，妇孺群知孔教宜宗。回教诸人，耕田服贾，错处与齐民不殊，喇嘛称号稍异，僧流实同，举属相安，天主、耶稣教，从前习者绝少，城内外近始建有教堂二处，总其人数宗孔教者，所在皆是，回教不过数百分之一，僧流不过千分之一，天主、耶稣不过万分一二。④

邵阳户口可考者，嘉庆二十一年布政司册载县户十一万四千七百四十八，口六十四万六千五百七十五。⑤ 可知信众不过一两百人，又指出邵阳天主教传入始于光绪年间："邵阳从前无天主、耶稣二教，自光绪壬寅岁

---

①　［法］史式徽：《江南传教史》，天主教上海教区史料译写组译，第61页。

②　Mgr. Noël Gubbels, *Trois siècles d'apostolat——histoire du catholicisme au Hu-kwang depuis les origines 1587 jusqu'à 1870*, p. 156.

③　Ibid. , p. 158.

④　（清）上官廉等修，姚炳奎纂：《邵阳县乡土志》卷二《人类·宗教》，清光绪三十三年刊本，《中国方志丛书》第114号，成文出版社1970年版，第366页。

⑤　同上书，第357页。

始有假冒入天主堂人，近岁城内外始各建福音堂一。"① 可见湖南天主教
传播的滞后。其实在早期，湖南还是有相当数量教徒的，有材料记载：聂
若望在湘潭管理当地 6 所教堂，近 2200 名基督徒，仅在 1703 年一年，他
就为 290 名新教徒施洗。② 但是进入禁教时期后，湖南由于长期得不到来
自湖北地区传教士的巡视，因此教徒情况不容乐观也是在情理之中的
事情。

湖北则大约有 8000 余名基督徒。其中一半是法国传教会努力的成果，
归纽若翰、君丑尼等耶稣会士照料。这部分教徒主要居住在湖广西北部及
西南部的山区，尤其以磨盘山基督教社区人数最为显著。而其他的教徒分
散于 42 个传教点，这就是南怀仁所照料的地区。基督徒分散得如此厉害，
以至于南怀仁每年巡视一次至少要走"两百五十多里路，这样的旅行，
有时是步行，有时是骑马，但是更多的时候是坐船"③。这一时期，天主
教在湖广的传播还呈现出一种范围广、相对数量少的特点。每个传教点人
数相对较少，主要以家庭为单位零星地散布。这也制约了传教士的活动。
究其原因，在于湖广接触天主教较早，在各个地区都曾有传教巡视，因此
留下不少基督徒。但是迫于禁教压力，这些零星的火种并没有如传教士所
设想的那样形成燎燃的状态，反而在打压下形成一个个孤立无助的甚至是
与其他教徒相隔离的单独信教团体，犹如大海汪洋中的一座座孤岛。

由于国家明令禁止天主教，因此南怀仁行事十分谨慎小心。通常情况
下，神父巡视传教点时，先乘船到达该地区，等到天黑才会下船活动。这
时他会由接引人员引到一所教徒已经聚集的房子。在为教徒举行圣事前，
神父通常先询问传道员该地区的基本情况。例如这些教徒是不是经常聚集
在一起作祷告，其中有哪一些初学教理者已经可以受洗了。聚集在一起做
祷告是天主教徒日常生活之一，当时一位在湖广传教的欧洲神父就曾描
述道：

　　　　一大清早，他们（指当地的基督徒）便共同作特定祈祷，之后

---

① （清）上官廉等修，姚炳奎纂：《邵阳县乡土志》卷二《人类·宗教》，清光绪三十三年
刊本，《中国方志丛书》第 114 号，成文出版社 1970 年版，第 376 页。

② Mgr. Noël Gubbels, *Trois siècles d'apostolat——histoire du catholicisme au Hu-kwang depuis les origines 1587 jusqu'à 1870*, p. 37.

③ Ibid. , p. 158.

紧接着便是一场施教，以让他们准备做圣祭……这就是每天所必须遵循的日程。节日和星期日期间，弥撒之后的祈祷更要长得多，它根据节日的圣人纪念日而变化不定。①

初步了解传教点的情况后，南怀仁神父向教徒讲解教义，11 点时开始听告解，一直要持续到早上 3 点。随后这些初学教理者接受洗礼。大约 4 点时，神父举行弥撒，然后他再回到船上去。如果是比较重要的传教点，神父会多待几天。在各地禁教、神职人员严重不足的情况下，由教徒充当助手是必不可缺的。归化异教徒，维持教徒团体，很大程度上得益于这些助手——传道员的协助。同时，也有部分已经晋铎成神父的中国神职人员借着自己当地人的体态特征，不辞辛劳地穿梭于湖广教区。例如，北京籍的彭德望司铎就曾在 1755 年传教于湖南湘潭等地区。② 中国籍神职人员的工作得到了当时传教士的高度赞赏。河弥德曾写道："天主的神国是赖传道员去推广的，环境已不准许传教士亲身去给外教人讲道。普通我们所付洗的，只是传道员们所预先教育栽培好，然后介绍给我们的。"③ 正是在传道员的帮助下，神父才能完成管理湖广如此广大地区传教事务的工作。

这一时期，法国耶稣会士也照料着部分水乡地区的传教点。赵圣修、嘉类思就曾在附近传教。这里有众多江河流过，大部分城市和村镇均位于江河之畔，所以传教士在陆地上只需走很少的路。当他到达传教点，便派一名传道员先行通报当地负责人，此人再通知其他信徒。然后传教士傍晚时分在负责人所安排的住所照料教徒，举行洗礼、听忏悔和讨论多种事务、回答无数的问题，天亮时便返回船上。④ 在另一位神父的信中曾对这里的情况有所描述：

---

① ［法］杜赫德编：《耶稣会士中国书简集：中国回忆录》第 4 卷，郑德弟、吕一民、沈坚译，第 277 页。

② ［法］荣振华等：《16—20 世纪入华天主教传教士列传》，耿昇译，第 67 页。

③ *Lettres édifiantes et curieuses，écrites des missions étrangères，mémoires des Indes et la chine*，tome13，p. 87.

④ ［法］杜赫德编：《耶稣会士中国书简集：中国回忆录》第 4 卷，郑德弟、吕一民、沈坚译，第 268 页。

　　在一条注入大江的相当大的河流的河口处，有一个大镇叫汉口。我已经向您讲过它了，那里有一大批受归化的信徒。这是一个相当大的港口，每天都有成千上万只船在那里停泊，其中有许多船舶属于基督徒。两年前进入该省的嘉类思神父负责该镇及其船上的基督徒。他不时地于傍晚前往该地区最重要的基督徒之一的府上，他在那里肯定会忙于其使徒的职责。对于船上的问题，他只能于夜间前往，以在那里听忏悔，为望教者（慕道友）们施教或举行洗礼，作圣祭等。一旦当天快亮时，他就必须重新上其船，他几乎始终都在船上居住，尤其是在白天更为如此。①

钱德明神父亦有记载：

　　两年以来类思生活最为勤苦，而忧惧亦甚，奔走流离，逃窜河滨之间，既不得安身处所，亦未能在教民中觅一向导。② 在反洋教的这些时间，我们被迫隐蔽起来，为此而在蓬船上度过白天，一般都是只能在夜深人静时才能行使我们的职务。③

　　水乡地区相比法国耶稣会所在的山区要离清政府的控制中心近，因此传教士的活动较为隐蔽，以夜晚巡视传教为主，平时则交给中国神职人员管理。同时，由于大部分的基督徒是渔民，因此传教地点也相对灵活，行动方便，不容易被官府大规模抓捕。在考察湖广天主教传播情况时，在湖泊地区传教不失为湖广天主教的一个特点。

　　此外，南怀仁还注意利用神迹来达到传播天主教的目的。有些非信徒生病或遇到灾害时，求告无门后，便向天主教徒求助。天主教徒拿着圣水，举着圣像，在心理暗示或机缘巧合之下，病痛或灾害随即停止，或至

---

① ［法］杜赫德编：《耶稣会士中国书简集：中国回忆录》第 4 卷，郑德弟、吕一民、沈坚译，第 267 页。
② ［法］费赖之：《在华耶稣会士列传及书目》，冯承钧译，第 812 页。
③ ［法］杜赫德编：《耶稣会士中国书简集：中国回忆录》第 4 卷，郑德弟、吕一民、沈坚译，第 280 页。

少减轻了。于是，这些非信徒自觉来接受教诲，接受洗礼。[①] 当时，一位基督徒向神父抱怨一场严重的干旱极大地影响了播种。于是神父抓住这个机会，向他们解释说这是因为他们对信仰并不坚定，上帝在惩罚他们。随后，神父让基督徒聚集在一起祈祷，并且禁食一天，还举行了弥撒。也就是在这一天，下了一场大雨。[②] 此事在费书中记载详细：

> 1746 年六月二十五日晨，空中满布浓云，色若铜铁，日光全隐，空中作硫磺气，气热如火，呼吸困难。教民适聚教堂中作夜间祈祷，忽云破雷鸣，大雨暴降。甫半小时，地尽没于水。暴风雨仅延一小时，已而星月齐观。遂各返舍休息。然此次风暴盖为别一极大风暴之先驱。至夜半忽见从来未睹之大风雨，人咸以为死无疑矣：盖当时水火交迫也。雷劈墙壁，碎岩石，狂风席卷屋顶，雨水之大，诚与洪水无异。教民怖甚，抛弃一切避入教堂中。怀仁乃祈主佑，作痛悔哀鸣，而对众人作圣事之赦宥……于是怀仁祈祷圣若望——臬玻穆救助，并发愿每年于此圣者瞻礼日举行瞻礼，且于同日敬领圣体。祷毕，天忽开朗，水亦渐退。避难堂中诸人皆免于难……翌日闻溺死者与雷劈者以千计……附近田亩毁于雹、大块山石崩坠、人畜压毙者无数。惟此教堂独存。[③]

圣迹不仅坚定了教徒的信仰，激励了那些不太热心的教徒，而且吸引了一些外教人士："教外数人因感化入教。"[④] 当时，平民百姓是天主教徒的主体，受其教育程度的影响，很难避免天主教观念和民间传统信仰之间出现某种程度的融合现象。在传教和归化的过程中，"始终都是一些被认为是神奇的事件鼓励民众们要求举行受洗"[⑤]。于是，平民百姓信教过程明显带上了神秘甚至迷信的色彩。这样的例子比比皆是。

---

① ［法］杜赫德编：《耶稣会士中国书简集：中国回忆录》第 5 卷，郑德弟、吕一民、沈坚译，第 113 页。

② Mgr. Noël Gubbels, *Trois siècles d'apostolat—— histoire du catholicisme au Hu-kwang depuis les origines 1587 jusqu'à 1870*, p. 159.

③ ［法］费赖之：《在华耶稣会士列传及书目》，冯承钧译，第 794 页。

④ 同上。

⑤ ［法］谢和耐：《中国与基督教：中西文化的首次撞击》，耿昇译，第 81—82 页。

　　除了神迹外，南怀仁神父还特别注意用圣事礼仪来加强他们对宗教的体会。他详细地记载了举行圣事的情况：

　　　　早上在举行完弥撒后，我向他们解释了生命的奥秘，我用眼泪去清洗十二个贫穷基督徒的脚，他们非常吃惊，备受感动。第二天，我准备了一个圣墓，用很多白色的大蜡烛包围着。周五崇拜十字架的日子，有无数的眼泪和叹息，以至于我很害怕这种痛苦的感情流露会被不信教的邻居们发现，而出卖我们。当崇拜结束时，我把十字架举起来，在所有在场基督徒的陪同下，我把它放到祭坛那，几个小时里，我们一直围绕在祭坛周围。周六，我祝圣了这一年要用于洗礼的水，并且为几个教徒施行了洗礼。①

　　这些极具宗教性和神圣性的礼仪活动不仅在教徒中产生了极大影响，使他们对天主教的崇拜与敬仰之情更加深厚，同时吸引了大量的非教徒，圣事结束后竟然有 161 名外教人员入教。这些基督徒“用禁食来折磨自己的身体，戴着受苦的刑具，使用长期默想等一系列灵修手段，这些在欧洲常常是宗教人士所采用的方法，在这里这些贫穷的农民却用这样的方法来磨炼自己对天主教的忠诚”②。基督徒虔诚的修行深深地感动了南怀仁神父。正是这些基督徒的虔诚才使天主教在湖广不致中断。在南怀仁神父巡视湖广时，他发现了几名老基督徒“以前从来不被人所知，直到现在才被发现”③。在时人眼中，人们认为只要一次禁教或是传教士放弃了这些基督徒，天主教的信仰就会没落，基督教徒的生活也会被改变。这样的情况我们在中世纪方济各会基督徒的历史上经常发现。当时，来华的方济各会士借助元朝统治者的力量曾一度在中华大地上发展迅猛，然而在1368 年王朝更替后，时局的转化就完全熄灭了基督教留存的希望。但是南怀仁神父发现这一地区尽管长期没有神父巡视与照料，这几名基督徒却靠着祖父辈们的口耳相传，默默地维持着基督教最基本的礼仪规矩，可谓

---

　　① Mgr. Noël Gubbels, *Trois siècles d'apostolat—— histoire du catholicisme au Hu-kwang depuis les origines 1587 jusqu'à 1870*, p. 158.

　　② Ibid. , p. 167.

　　③ Ibid. , p. 169.

是对神父莫大的安慰。在以后的历史中，这些基督徒不只一次地向传教士
们证明：在禁教时期，在与世隔绝的情况下，他们仍然知道如何保持他们
的信仰。在嘉庆二十四年湖北谷城县教案时，拿获了大批天主教徒，他们
均系随祖父辈相沿传习天主教。① 虽然他们在刘克莱神父到达之前常年没
有神父前往巡视告解，但是仍然坚持信仰。

南怀仁神父在禁教时期辛勤地管理着葡萄牙耶稣会士所开辟的传教地
区，西方学者曾这样称赞他："南怀仁主教，1738 年到澳门，不久便开始
了他那四十九年继续不断的各处奔走传教的生涯，走遍了湖北、湖南及河
南三省。"② 但是，随着南怀仁神父的离去，湖广葡萄牙耶稣会士的活动
开始进入低潮。

三　传教形势的恶化与最后几名会士

1747 年发生的福安教难，很快也波及湖广，天主教传教形势更加严
峻。加上德沛调任，葡萄牙耶稣会士在湖广的传教开始坠入低谷。

1749 年湖广新总督上任伊始就颁布了一项很严厉的反教法令。南怀
仁在 1750 年 12 月 21 日写给衡州的信中就仔细地描述了这项命令：在三
个月内，教徒必须到官府自首，将十字架、经书、画像所有与天主教相关
的东西全部上交。③ 但是这场禁令并没有迫害到欧洲神父。只有茶园沟的
基督徒被官府抓去受了刑。

但是，这仍然改变不了葡萄牙耶稣会地位日益衰落的局面。聂若望神
父 1751 年在湖广去世。1752 年南怀仁神父被任命为南京主教，任命书直
到 1756 年才到达他手中，因此他一直在湖广工作到 1757 年。但是此后，
他离开湖广前往南京就任。随后，自 1762 年开始，耶稣会在葡萄牙开始
受到迫害，更使这个修会再也无力照料湖广教区的事业。④ 在接下来的 20
多年里，湖广仅有三名葡萄牙耶稣会士。这三位传教士就是穆方济
（Moser）、穆玛诺（Emmanuel de Motta）与韦斯玎（Aug. de Avellar）。此

---

① 中国第一历史档案馆编：《清中前期西洋天主教在华活动档案史料》第 3 册，第 1162
页。

② ［法］穆启蒙编著：《中国天主教史》，侯景文译，第 105 页。

③ Mgr. Noël Gubbels, *Trois siècles d'apostolat—— histoire du catholicisme au Hu-kwang depuis les
origines 1587 jusqu'à 1870*, p. 171.

④ Ibid., p. 169.

后，葡萄牙耶稣会士所开创的教区逐渐荒芜。而法国传教士也只是零星数人到达此地。据记载，刘保禄（Baron Leon-Pascal）曾于1771年到达湖广，并在日后著名的柏泉山耶稣会小祈祷室里发愿，但是他在数年之后（1778年）还是离开湖广到江西去了。①

随着耶稣会的解散，整个耶稣会在远东的传教事务受到严重打击。另一个修会将要接替耶稣会，登上中国传教舞台，并且在湖广继续光大其前驱者所开创的传教事业，这就是我们马上提到的法国遣使会。

第四节　传教的维持——法国 遣使会的接替

一　耶稣会解散与法国遣使会来华

乾隆三十六年（1771），新教皇甘葛内里，在法、西、葡等国家的压力下签署了解散耶稣会的诏令，于是"法、西、葡各国的耶稣会士全部被驱散，不得已甚至亡命到天主教之敌的新教国普鲁士以及属于希腊正教的俄罗斯"②。一年后，这一消息传到北京。事实上，耶稣会在欧洲受到打压时，其在华传教就已受到严重影响。耶稣会士在资金上就经常陷入困境。南怀仁神父写道："余现处一种苦境。所管教民处教难或恐怖之中，待余援救，而余极端穷乏，至于求乞，无他法以谋生也。"③ 1771年，南怀仁再次因为传教经费而致书耶稣会会长："五年以来，既无收入，葡萄牙国王于其保教诸国之内，既决对不容有一耶稣会士，而余之惟一援助者果阿大主教今亦弃置不顾。"④ 可见时局艰难，而这种情况在耶稣会解散后则更是严重。

耶稣会解散后，当时在北京除去耶稣会士外，仅有三名意大利籍和一名德国籍传教士，他们都无法胜任耶稣会士在宫廷中的学术工作。因为耶稣会的教育方针是培养"精英"，"目的是要适应世俗学说的发展，用知

---

① ［法］荣振华等：《16—20世纪入华天主教传教士列传》，耿昇译，第69页。
② 《清乾隆时代的中国天主教》（续三），冯作民译，载《恒毅》11卷1期，1961年8月，第17页。
③ ［法］费赖之：《在华耶稣会士列传及书目》，冯承钧译，第796页。
④ 同上。

识武装自己，进入上流社会交际圈"①。他们注意"高深学术的修养，升为司铎以前，尚须再做四年专门学术研究。界而办教育"②。耶稣会教育出来的传教士，普遍学识素养较高，不能简单地就被其他修会所替代。

所以，耶稣会的解散对湖广传教是一个极大的打击。葡萄牙耶稣会和法国耶稣会是湖广传教事业的支柱。耶稣会的解散断绝了新的传教士派到湖广，也波及已在湖广的工作者。据史料记载，在受难风波中，士兵到处搜捕耶稣会士，嘉类思、纽若翰与纪类思等一共 24 名耶稣会士被捕。③尽管嘉类思、纽若翰等法国传教士上书以"法国传教会盖由路易十四世创设，对于中国日本两教区完全独立，自成一会，自有会友，自有会督，房舍收入自成一系，而受法兰西国王之保护"④ 为由请求开释，却不被理睬，与其他葡籍耶稣会士一起被押送离境。传教士日记中有记："10 月 5日，我们遇到了嘉类思神父，在夜晚时我们被捆绑着由士兵们押送上了船。这艘大船将要把我们押送至果阿。"⑤

此后，嘉类思费尽千辛万苦又回到广东，但是时局所困，他无法返回湖广教区："我的心一直留在我曾经工作的传教区。"⑥ 后来，他逃难到巴黎外方传教会，接受了法国传教团中国账房的职位。

另据记载，当时在湖广传教的耶稣会士韦斯玎、魏玛诺、石若翰（J-Bapt. de La Roche）、河弥德（Mat. de Lamathe）、腊伯都（Pierre Ladmiral）等均接到耶稣会解散的通知，他们都在文件上署名表示服从，此后相应脱离修会，然后继续以世俗传教士的身份留在传教区进行工作。⑦

为了延续法国在华传教事业，当时法国官方想将法国耶稣会的在华事务托付给另一修会。因为自 1700 年以来，法国人已成功地使法国在华耶稣会传教区成为独立于耶稣会中国副省区的一个传教区，从而在传教体制

---

① 李天纲：《中国礼仪之争：历史、文献和意义》，第 18 页。

② 倪化东编著：《天主教修会概况》，香港真理学会 1950 年版，第 59 页。

③ Mgr. Noël Gubbels, *Trois siècles d'apostolat——histoire du catholicisme au Hu-kwang depuis les origines 1587 jusqu'à 1870*, p. 177.

④ ［法］费赖之：《在华耶稣会士列传及书目》，冯承钧译，第 752 页。

⑤ Mgr. Noël Gubbels, *Trois siècles d'apostolat——histoire du catholicisme au Hu-kwang depuis les origines 1587 jusqu'à 1870*, p. 178.

⑥ Ibid. , p. 179.

⑦ Joseph Krahl, S. J. , *China Missions in Crisis, Bishop Laimbeckhoven and His Times* (1738 - 1787), P. 222.

上完全摆脱了葡萄牙的控制。为了确保此前辛苦取得的法国在华传教事业不因耶稣会解散而失去，当时法国耶稣会士试图促使政府介入以避免本国在华传教会落入"外国人"之手。① 法国海军部曾上书法王，认为在法国做学术研究的两个修会，即本笃会与祈祷会都不能代替耶稣会，因为本笃会不从事直接的传教工作；而祈祷会以前在杨森邪说时代与耶稣会在学说上曾有过纠纷，所以与耶稣会不能和平相处；故此法国只有遣使会可以接替北京耶稣会的工作。② 早在乾隆三十九年（1774）即得知耶稣会解散时，当时在中国的钱神父就以院长的名义请法王路易十六派遣巴黎远东传教会士来代替自己。但是被其会长谦辞，认为修会内部没有合适的人来代替耶稣会士做学术研究工作。最终，选定由遣使会接任耶稣会在华工作。1783 年教宗下令传信部发文颁令：规定由遣使会士接受在华耶稣会的一切事业，有同样的权力及特恩。财产方面，则由法国国王处理。③

就这样，1785 年接替耶稣会的第一批法国遣使会士到达北京。他们是会长罗广祥（Raux）、吉德明（Ghislain）和巴茂真（Paris）。中文材料记载这三位遣使会士来华的原因也是希望以技艺服务于宫廷："兹据广东布政使陈用敷详拟南海县，转拟通事林禧等禀称，有西洋弗兰国人罗广祥，年三十一岁；吉德明，年三十二岁，谙晓天文；巴茂真，年四十四岁，晓做钟表；因该国接到在京西洋人德建供寄信，著令伊等进京效力。"④ 后来罗广祥神父有鉴于当时国内教士缺乏，写信至欧洲请求派遣新的传教士进入内地。于是在乾隆五十三年即 1788 年，爱尔兰人韩纳庆（Hanna）和法国人阿本（M. Raymond Aubin）⑤ 于澳门登陆，打算进入中国内地传教。⑥

————————

① 张先清：《传教士、民族主义、经济利益——1774—1784 年北京天主教团体的权力交替》，吴义雄编《地方社会文化与近代中西文化交流》，上海人民出版社 2010 年版，第 27 页。

② ［法］荣振华等：《16—20 世纪入华天主教传教士列传》，耿昇译，第 533 页。

③ ［法］樊国阴：《遣使会在华传教史》，吴宗文译，第 117 页。

④ 中国第一历史档案馆编：《清中前期西洋天主教在华活动档案史料》第 1 册，第 334 页。

⑤ Mgr. Noël Gubbels, *Trois siècles d'apostolat—— histoire du catholicisme au Hu-kwang depuis les origines 1587 jusqu'à 1870*, p. 216. ［法］荣振华等：《16—20 世纪入华天主教传教士列传》，耿昇译，第 553 页中将其译为陈司铎。

⑥ 康志杰：《上主的葡萄园——鄂西北磨盘山天主教社区研究（1636—2005）》，第 55 页。

二　阿本神父与潘奈神父

阿本神父 1759 年生于法国佩里格，1781 年进入遣使会修道院学习，曾在巴黎学习天文学。① 尽管阿本神父 1788 年就到达澳门，但是，由于当时内地形势紧张，他一直在澳门徘徊三年之久才得以进入湖广。当时湖广最后一名耶稣会士河弥德于 1787 年死于湖北磨盘山。此后在阿本神父进入前，湖广教区没有欧洲神父，传教事务主要由中国籍神父郭类思和其他一些来自意大利中国书院的中国神父艰难地维持着。关于意大利中国书院的中国神父，在后文我们还要详细讨论，此不赘述。郭类思神父主要管理湖北北部地区的教徒，而意大利中国书院的神父则管理着湖北中部及湖南的传教点。

自耶稣会解散后，湖北法国耶稣会所管理的传教点大约有 10000 名基督徒，其中近 2000 人聚集在著名的茶园沟附近。禁教时期这里成为遣使会士的居住地，这是因为，在传教士看来，此处"惟皆处深山中，如上津之田家沟，西之黑炭沟，房县之高桥沟，枣阳之北山，谷城之黄山垭、粟子坪、磨子崖、茶园沟等处是也"②，官府难以控制，"是最安全的地方"③。由于得天独厚的地理环境，茶园沟地区"如同欧洲的好教堂一样，一直持续不断有传教士来此工作"④。

但是，由于传教士的不足和几次教案也使茶园沟教徒的宗教活动中断了较长时间。当时中文材料记载："诸教友以久无神牧为之领袖，已缺行圣事，大如田亩之乏人灌溉而渐荒芜矣。"⑤ 阿本神父是一个"具有高尚的品德，极度虔诚而又正统严肃的人"⑥。在传教之初，他就为天主教徒的行为制定了规范。由于之前在湖广工作的耶稣会士对中国礼仪并不禁止，而荆楚、湖湘地区人民自古以来就"信巫鬼，重淫祀"，在婚丧嫁

---

① ［法］荣振华等：《16——20 世纪入华天主教传教士列传》，耿昇译，第 553 页。

② 成和德：《湖北襄郧属教史记略》，第 9 页。

③ Mgr. Noël Gubbels, *Trois siècles d'apostolat—— histoire du catholicisme au Hu-kwang depuis les origines 1587 jusqu'à 1870*, p. 216.

④ Ibid., p. 217.

⑤ 成和德：《湖北襄郧属教史记略》，第 5 页。

⑥ Mgr. Noël Gubbels, *Trois siècles d'apostolat—— histoire du catholicisme au Hu-kwang depuis les origines 1587 jusqu'à 1870*, p. 217.

娶、劳动生产、医疗等方面深受民间信仰的影响。初来的阿本神父严厉地谴责了中国礼仪的迷信性，坚持所有的天主教徒必须遵守教宗的命令，[①]坚持维护天主教礼仪，"幸二铎热心圣德，竭力整顿，得以渐革积习"[②]。他还被认为是当地土豆的引入者。安若望神父在 1861 年的一份报告中提到：

> 现在中国已经有土豆了，但是仅局限于几个地区。尽管我曾到达中国大部分省份，但是我也只在湖北、河南和陕西三省相接的山脉地区见到过土豆。看来这种植物才引入中国不久，如今土豆成为当地一种重要的粮食了。但是到底是谁将这种植物引入这些地区？除了认为是阿本神父带进来的外，我想不出是其他人了。阿本神父曾经在这些地区传教旅行足够长时间。至今这些基督徒还向我回忆是这位陈神父（即阿本神父的中文名字）将土豆带到该地区的。[③]

尽管阿本神父作为土豆引入中国者还有待考证，但是从中我们可以看出阿本神父不仅在宗教上竭力为教徒奔波，他还关心他们的生活，尽最大的努力为教徒们服务，所有的这一切都是为了"将他们吸引到耶稣基督的身边来"[④]。

阿本神父在湖广的辛勤劳动得到山西代牧的赞许，但是谁能想到这竟然成为阿本神父丧命的导火线？此事中文记载颇简：

> 阿本司铎奉山西主教命往商要事，而毙于中途。盖是时湖广教务亦由山西主教统辖，而主教苦于鞭长莫及，已奏罗马准另设主教一缺于湖广管理教务，并已得驻京遣使会会长罗旄阁公（罗广祥）同意，拟即保举阿本司铎胜其任，因于呈请罗马，前拟阿本司铎垂询一切，

---

① Mgr. Noël Gubbels, *Trois siècles d'apostolat——histoire du catholicisme au Hu-kwang depuis les origines 1587 jusqu'à 1870*, p. 217.

② 成和德：《湖北襄郧属教史记略》，第 5 页。

③ Gentili, O. P., *Memoire mission III*, p. 351, dans Mgr. Noël Gubbels, *Trois siècles d'apostolat——histoire du catholicisme au Hu-kwang depuis les origines 1587 jusqu'à 1870*, p. 217.

④ Mgr. Noël Gubbels, *Trois siècles d'apostolat——histoire du catholicisme au Hu-kwang depuis les origines 1587 jusqu'à 1870*, p. 218.

而求其同意耳。不意阿本司铎行至西安省城，寄宿教友家，被教外觊破鸣官，次日首途中出城，即为差役所拘，收入监狱。然此出自省中下级官僚之私意，旋为长官所闻，颇不为然，乃奏之京师，请求办理，则谕解部，未几，患疟疾卒，舆论宣传，谓被官毒。①

西文材料中对其被捕情形记载较详细。阿本神父于 1795 年 3 月 27 日在西安某村子被捕。与之被捕的同时还有刘姓（Lieou-ho）和阮姓教友（Andre Yuen）。他们两人是平日为神父寄送往来信件之人。神父在监狱中身患痢疾，教徒们想方设法请了一名医生去为他治病，但是为时已晚。其临死前有一名基督徒入监见了神父最后一面，神父在死前对上帝充满着虔诚："我所希望的只有一件事，那就是看见上帝，这是我唯一所想的。"②神父于 1795 年 7 月 4 日死于监狱。李文秀主教关于陕西殉教者的材料指出阿本神父在监狱里被官员下了毒，神父死后三天，他的身体仍然很柔软，其口中也有一股味道。③ 基督徒将神父埋葬在西安府城墙外。阿本神父曾就传教事务与山西代牧有信件往来，这些信件是我们了解教区情况的重要材料，可惜这批珍贵的材料在董文学神父 1839 年被捕时也受牵连被烧掉了。

阿本神父去世后五天，另一位遣使会士潘奈④也在湖广茶园沟去世了。潘奈神父 1767 年生于法国图尔。1791 年到达中国时他尚未晋铎。同年，他在澳门升为神父之后才被派到湖广。但是四年之后，即 1795 年年仅 28 岁的他，就因病去世，可谓是湖广天主教的一大憾事。他的坟墓也在茶园沟，靠近董文学的坟墓。

阿本神父与潘奈神父在湖广天主教传承上起着承前启后的作用。两位神父虽然在湖广传教的时间都比较短暂，但是对自耶稣会取消，传教士久无继者，教区荒荒的湖广来说，二人的到来对当地教徒们信

---

① 成和德：《湖北襄郧属教史记略》，第5—6页。

② Mgr. Noël Gubbels, *Trois siècles d'apostolat—— histoire du catholicisme au Hu-kwang depuis les origines 1587 jusqu'à 1870*, p. 219.

③ Gentili, O. P., *Memoire mission* Ⅲ, p. 351, dans Mgr. Noël Gubbels, *Trois siècles d'apostolat—— histoire du catholicisme au Hu-kwang depuis les origines 1587 jusqu'à 1870*, p. 217.

④ ［法］荣振华等：《16——20 世纪入华天主教传教士列传》，耿昇译，第 556 页，译为李司铎。

仰的延续起着重要的作用，也为日后刘克莱等神父的工作打下了
基础。

三　刘克莱神父

1. 神父生平及获准来华

此后，陆续不断有其他遣使会士被派到中国来，其中较为著名的有传
教于湖广的刘克莱神父。他在中国工作了 27 年，其中 25 年担任法国传教
会在湖广的会长。

刘克莱（S. Franciscus Regis Clet），1748 年 8 月 19 日生于法国格勒一
个宗教家庭。其父母都是热心教友，有一位叔父是神父，一位姨母是圣衣
会修女，侄儿加斯巴是奥斯定会士。① 1769 年，他毕业于里昂皇家专校后
进入遣使会在里昂的初书院。1773 年晋升铎品。此后，他先是在安纳西
教授神学长达 14 年，后又于 1788 年起任巴黎遣使会总院内初书院院长 4
年。在此期间，他常请求来中国传教，却因健康太差、年纪大而被
劝阻。②

1791 年，刘克莱已经晋铎 18 年了，这一年他终于实现了自己长期以
来的愿望：到中国传教。当是时，三位遣使会神父奉命前来中国，在起程
的前一周，其中一位突然因故不能动身，于是刘克莱神父灵机一动，忙恳
求长上以自己接替。其长上终于答允所求。临行前刘克莱给家人寄去一纸
书信，内言："起身在即，今世或不能相见，嗣后必永聚于天乡。"③ 没想
到这句话最后竟然真的应验了。最后刘克莱神父为湖广教区奉献了自己的
生命。

刘克莱神父得到其长上的同意后，马上与南弥德、潘奈修士一起动身
前往中国。到达中国后，南弥德修士晋铎后被派往北京，潘奈修士晋铎后
被派至湖广，而刘克莱神父最初的传教地则是江西。很快刘克莱神父就在
江西取得一定的成绩，当年就为一百多名教徒施洗。

1793 年，湖广极度缺乏传教士，罗广祥神父认为湖广教区"比江西

---

① 天主教台湾地区主教团宣圣委员会编：《中华殉道圣人传》，台北天主教教务协进会出版
社 2000 年版，第 107—108 页。

② 同上。

③ 成和德：《湖北襄郧属教史记略》，第 8 页。

更需要传教士"①，因为"是时湖北教友较他省独多"②。在18世纪晚期，有一名富有声望的官绅洪亮吉曾写道："四川和湖北的民众，已经被邪教，特别是白莲教、天主教和八卦教引入了歧途。"③且湖广地区由于长年以来一直由法国耶稣会士妥善经营，教区情况颇好，地理位置相对安全，于是罗广祥神父决定加派刘克莱神父到湖广传教。

在阿本与潘奈神父去世后，刘克莱神父独自一人支撑着法国传教会在湖广、江西以及河南南部的传教。当时他所管理的教徒大约有一万多名。

2. 传教湖北

刘克莱神父到达中国时年纪已长，又没有专门学习中文就投入传教工作中去了，所以对他而言传教尤其困难：

> 我初到谷城是在天主堂里坐瞻讲经，我的中国话说不全，本地人又不懂西洋话，每坐瞻讲经时只得学着中国话讲西洋经内的一些道理与众人听，若自己念经是西洋人的本话。④

正是有感于不懂中文无法传教，刘克莱神父积极利用传教之余学习中文，以期为教务工作服务，但毕竟其年事已高，学习效果不佳，这令其十分沮丧，甚至想放弃，他在家信中曾说："弟至华太晚，学话甚难，由初思之，来此殊无甚裨益，不如归去。"⑤虽然刘克莱神父对自己难以适应中国文化表现出一种无奈和灰心，但是他也幽默地安慰自己："继思此间司铎，寥若晨星，不得不勉为其难，法谚不云乎：耕地无牛地便荒，不如套驴也收粮。"⑥当时中国人对欧洲神父有一种天然的敬畏感，虽然很多传教士初来乍到中文都讲得不太好，但是丝毫不影响教徒们的热情。耶稣会士李明曾说过：

---

① ［法］樊国阴：《遣使会在华传教史》，吴宗文译，第125页。

② 成和德：《湖北襄郧属教史记略》，第9页。

③ ［美］鄢华阳：《18世纪四川的中国籍天主教神职人员》，顾卫民译，《中国天主教历史译文集》，第12页。

④ 中国第一历史档案馆编：《清中前期西洋天主教在华活动档案史料》第3册，第1144页。

⑤ Joseph Van den Brandt Frère, *Lettre du Bienheureux François-Régis Clet*, Pékin, 1944, pp. 30–31.

⑥ Ibid. .

在开始的时候，我讲话很差，但是他们并不吃惊，而且尽管开始他们对我所讲的内容有很多听不明白，他们也没有表现出对听我讲道是一种厌倦。而且我还要指出，他们更喜欢听我讲道，而不是听那些训练了很长时间的中国传道员们宣教，有的时候我会使用这样的人来帮助我传教。①

刘克莱神父很快得到当地教徒们的热爱，教徒甚至称他为"老刘"②或"老刘神父"③。

但是刘克莱神父毕竟年纪太大，身体状态不如其他来华的青年传教士。在适应湖广的传教环境中他受难颇多。特别是在第一年，由于不适应气候，他得了好几次重病，折磨得他痛苦不堪。身体上的不适与他工作劳累也大有关系，据湖北大学康志杰教授实地考察分析，刘克莱神父主要传教于湖北西北部山区，如近陕西边界的郧西上津堡，谷城房县两县分界之山岭十字山等，均是交通不便，偏远难至的穷乡僻壤，"诸山如屏、如笏、如笔、如牙，莫可名状"④，巡视起来极度困难。刘克莱神父在家书中写道：

> 弟自入华以来，屡屡患病，且有一次濒危。弟体格以前肥胖，今则只剩骨皮而已，是以跋山行路不甚困乏。有时也乘马，但不太习惯，反觉得徒步更为便捷。⑤

西方学者亦称：

---

① Mgr. Noël Gubbels, *Trois siècles d'apostolat*—— *histoire du catholicisme au Hu-kwang depuis les origines 1587 jusqu'à 1870*, p. 93.

② Jean Charbonnier, *les 120 Martyrs de chine*, Eglise d'asie, 2000, p. 60

③ J. De Moidrey, *Confesseurs de la foi en chine 1784 – 1863*, Imprimerie de Tou-sè-uè, presse Zi-ka-wei, pp. 100 – 101, Shanghai, 1935, 转引自康志杰《上主的葡萄园——鄂西北磨盘山天主教社区研究（1636—2005）》，第59页。

④ 故宫博物院编：《故宫珍本丛刊·湖北府州县志·郧西县志》第144册，第255—256页。

⑤ Joseph Van den Brandt Frère, *Lettre du Bienheureux François-Régis Clet*, Pékin, 1944, p. 48.

对于那些风尘仆仆地不断在路上颠簸，去巡访各会口或给病危者施行终傅的传教士，交通工具却是个重要问题。这一问题也随着地区的不同而各不一样。①

刘克莱神父在湖广传教中从来不使用轿子。一方面，是因为经济原因；另一方面，相比耶稣会士，遣使会士更愿意接近下层民众。马国贤神父就曾痛批耶稣会士坐着轿子与京城的达官显贵们来往密切而忽视了传教。但是刘克莱神父日夜操劳，身体受到极大的摧残，以至于吉德明建议他暂时离开茶园沟，休养身体：

事实上我认为，刘克莱神父在基督徒众多的山区中心茶园沟教区是很难恢复健康的，因为在那里他根本无法休息。常常一天下来，他回到居所的时候已经劳累得不行了。但是晚上我们看到还常常有教徒邀请他去两三里的地方看望病人。考虑到他虚弱的身体，我在一封信中说传教会会长要求他节制一下自己的虔诚。②

而且当地生活极其艰苦，刘克莱神父谈道：

我们睡觉的方式，对欧洲人来说简直是太艰苦了。一块木板上面放着一些草，然后上面再盖着一席草席，接着是一床薄的被子用来盖在身上，看吧，这就是我们的床。我得告诉你们我花了快一个月的时间才适应下来。③

巴东县志记载当地人建房"皆结茅编竹为之"④。同属西部山区的竹

---

① ［法］史式徽：《江南传教史》，天主教上海教区史料译写组译，第6页。

② Mgr. Noël Gubbels, *Trois siècles d'apostolat——histoire du catholicisme au Hu-kwang depuis les origines 1587 jusqu'à 1870*，p. 223.

③ Ibid. , p. 222.

④ 故宫博物院编：《故宫珍本丛刊·湖北府州县志·巴东县志》第134册，海南出版社2001年版，第338页。

山亦是如此："山民多结草为盖，编竹为墙。"① 这种简陋的住宿条件对欧洲人而言极为痛苦，尤其是在寒冬时节，他说：

> 冬天对我们来说是最难熬的，房屋四面透风，衣服是打着补丁的破布片，一年之中有三四个月是靠吃乡间野生植物为主，无油无盐。②

尽管条件艰苦，但是神父却二十多年如一日，借着这个"稻草城堡"③ 辛勤地在这片土地上工作着。刘克莱神父所管理的教区广大，教友众多。他曾说：

> 本属有羊七千，散于本省之十七县，牧者仅有五人，因相距太远，看护所及为效颇纱。是以果狼腹比比也，哀哉。④

他不仅要管理湖广教徒，另外在河南他还有 500 名基督徒，分散于三个不同地区，江西有约 300 名教徒。仅凭神父一己之力，实难以维持。于是刘克莱神父大力依靠中国神父，他说：

> 我把沈神父派至江西，张神父到江南，何神父在谷城和汉阳、安陆、荆州。宋神父，则陪同我巡视这些茶园沟附近的地区。我还得去河南巡视，在那里，我的出现也是必要的。⑤

刘克莱神父将这些中国神父派至各地作为驻堂神父，而他自己则每年巡视这些地区，指导工作，检查教友情况，形成了一个以欧洲传教士为干，驻堂中国神父或传道员为枝的管理模式，有效地解决了传教人手不足

---

① （清）常丹葵修，邓光仁纂：《竹山县志》（一），清乾隆五十年刊本，《中国方志丛书》第 322 号，成文出版社 1975 年版，第 181 页。

② Joseph Van den Brandt Frère, *Lettre du Bienheureux François-Régis Clet*, Pékin, 1944, p. 41.

③ André Sylvestre, *François-Régis Clet Prêtre de la mission martyr en chine 1748 – 1820*, p. 90.

④ 成和德：《湖北襄郧属教史记略》，第 9 页。

⑤ Mgr. Noël Gubbels, *Trois siècles d'apostolat—— histoire du catholicisme au Hu-kwang depuis les origines 1587 jusqu'à 1870*, p. 235.

的问题。因为在很多事务方面也需要由中国籍神父出面，而不是容易受到驱逐的欧洲神父。如在传教地区的世俗事务就经常是由中国神职人员来办理。每年，刘克莱神父都将这些传道员聚集在他的"稻草城堡"中。这种每年一次的例会，对鼓励中国神职人员是很有必要的。1744 年，时任四川、云南宗座代牧的马青山甚至就已经定下了传道员所应该遵守的规则与职责。[①] 刘神父引用耶稣邀请他的十二个门徒一起在荒无人烟地区休息的例子来说明这种聚会的重要性。聚会对激励传教士的热忱是有重大意义的，但是它也有不利的一面，容易引起官府的猜测，认为传教士是在密谋造反。因为当时白莲教运动在国内风起云涌，很容易就使人联想到传教士与白莲教有联系。

传教过程中，刘克莱神父也很依赖本地神职人员。例如，遣使会在北京修院所培养的张司铎、宋保禄等中国神职人员就在湖广的传教中发挥了重要的作用。[②] 他们不仅"管理教友，规劝酗酒者、赌博者、吵架者、游手好闲者和不求上进者，保持捐款不断，参与弥撒，以及告知神父婚姻中的一切非法的不轨行为。他们也担任教会财产的管事。为传教士提供向导和翻译的服务"[③]。所以刘克莱神父也明白培养本地神职人员的重要性，特别是培养孩子对天主教的热爱。因此，他挑选出品性良好的儿童学习拉丁文，以备长大后进入修道院。[④] 他说：

> 十年来，我一直希望能减轻目前工作的重负，花时间来培养年轻的神职人员。因为日复一日的听告解已使我疲惫至极，有时我什么也听不进，实在是力不从心，勉为其难。[⑤]

刘克莱神父对培养儿童的看法与一百年前的法国耶稣会士李明惊人地相

---

① ［美］鄢华阳：《18 世纪四川的中国籍天主教神职人员》，顾卫民译，《中国天主教历史译文集》，第 20 页。

② 其详细生平参见［法］荣振华等《16—20 世纪入华天主教传教士列传》，耿昇译，第 544 页。

③ ［美］鄢华阳：《18 世纪四川的中国籍天主教神职人员》，顾卫民译，《中国天主教历史译文集》，第 21 页。

④ 天主教台湾地区主教团宣圣委员会编：《中华殉道圣人传》，台北天主教教务协进会出版社 2000 年版，第 109 页。

⑤ Joseph Van den Brandt Frère, *Lettre du Bienheureux François-Régis Clet*, Pékin, 1944, p. 32.

似。当时，李明就提出从小培养儿童的天主教意识是极其重要的：

> 对于儿童的培养也是我再关注不过的事情。我认为对于这个年纪来说，他们比其他年龄段的人更需要教育，尤其是在中国：他们天性软弱而且易受影响，对家长无条件地顺从，照顾小孩的多半是老人，他们在时代面前早已落伍了，而这些孩子们的依靠——学校里的老师也是常常激发他们对天主教产生厌恶的情绪，所有这一切都是引导他们接受我们教义的障碍。在我看来，最有效的方式是在我的住所里配一位基督徒任老师，一位能干又虔诚的人。这些儿童们可以来这里上学，我也有机会向他们进行宗教启发，向他们解释天主教，使他们习惯接受外教人的攻击，也使他们习惯教堂的各种圣事礼仪。乡村孩子们也有一些来到这里学习，因为学费不高或是离得比较近，这样他们就一点点变成基督徒。①

传教士一直热衷于儿童教育，在广州会议之后，当时传教士就决定要培养天主教教员，在建立的小学校教授一些初级的非宗教知识，比如语言，同时还传授一些基本的天主教教义。这种教育是免费的，非教友的子女们和年轻的教友都可以平等地入学，因为非教友的子女们在接受圣教教义并受其激励之后，将有希望影响他们的父母和亲属。② 刘克莱神父在磨盘山基督教社区就建立了这样的学校。1834 年，蒙古代牧经由湖广前往北京时，曾拜访此地，他在其信中大大赞扬了这个贫穷而又热忱的茶园沟基督教社区：

> 这所房子建立在悬崖边上，这是一个有着 2000 名基督徒地区的中心。当地的基督徒带我去参观了一所曾经是圣母教堂的遗址。这所教堂是在刘克莱神父死后几年被毁的。当时这所教堂可谓是这个国度最壮观的一所教堂。以至于引起了一位官员的嫉妒而指责地方官没有

---

① Mgr. Noël Gubbels, *Trois siècles d'apostolat—— histoire du catholicisme au Hu-kwang depuis les origines 1587 jusqu'à 1870*, p. 93.

② ［比］高华士：《清初耶稣会士鲁日满常熟账本及灵修笔记研究》，赵殿红译，第348 页。

尽到自己的责任，放任这些基督徒在这样的山区里有一个如此好的教堂，而迫使当地的官员最后不得不将教堂毁掉。[①]

这所教堂平日用作教育儿童的学校。每到主日或是瞻礼日时，刘克莱神父命两名儿童当众朗读《圣事要答》。刘克莱神父很注意从小教育他们对天主教教义的理解，认为"愚昧乃罪恶之母，为除绝之"，于是他"于各会区派定男女会长，少则各二人，为主任，每月考试儿童道理……俾受考试者，激起竞争心，乃规定儿童自七岁后至十七或十八岁止，均当一律赴考。此规尤要，因屡见十八岁青年于救灵须知的道理尚在模糊，父母若久闻而不引命子女赴试，征实为因怠忽之故者"[②]。可见，刘克莱神父对儿童的教育极其重视，甚至用考试来检验他们对教义的理解与识记，可谓用心良苦。事实上，在磨盘山基督教社区工作的传教士一直都很重视当地儿童的教育工作，考试制度也早在耶稣会传教时期就已经成型："我们（河弥德神父）在那里细心地教育孩子。这些孩子每隔几个月定期前来参加考试。几乎连续不断的迫害，以及某些基督徒的胆怯，使得这种考试在好几年的时间里有点被忽视。我的同事力图使人们重新重视这种考试，并且终于达到了目的。"[③] 刘克莱神父继承了其耶稣会同事的做法，还将这些学生继续送到修道院学习，以便将来能晋升成为神父，为天主教传教事业工作。1804 年，他将三名学生送到北京遣使会神书院去学习。[④] 然而，这种情况却没有持续很长时间，刘克莱神父在湖广的传教过程中一直饱受官府与非教徒的迫害与折磨，后来情况越发严重，终于在 1819 年酿成一场大祸，令神父光荣地结束了自己在湖广的使命。但是神父在磨盘山地区所创的修院传统却在飘摇的风雨中得以保存下来，甚至一直存留至现代。[⑤]

---

① Mgr. Noël Gubbels, *Trois siècles d'apostolat——histoire du catholicisme au Hu-kwang depuis les origines 1587 jusqu'à 1870*, p. 246.

② 成和德：《湖北襄郧属教史记略》，第 30 页。

③ ［法］杜赫德编：《耶稣会士中国书简集：中国回忆录》第 5 卷，郑德弟、吕一民、沈坚译，大象出版社 2005 年版，第 64 页。

④ Mgr. Noël Gubbels, *Trois siècles d'apostolat——histoire du catholicisme au Hu-kwang depuis les origines 1587 jusqu'à 1870*, p. 224.

⑤ 详情请参考康志杰《中国乡村天主教社区与地方社会》，吴义雄编《地方社会文化与近代中西文化交流》，上海人民出版社 2010 年版，第 59 页。

3. 殉教

清中叶，各地反清斗争不断爆发，其组织形式多以宗教面貌出现，对政府统治造成一定程度的威胁。西方学者指出：

> 在中国的统治阶层中，有一种古老的传统，它敌视以无法控制的方式在民间发展起来的宗教运动。中国历史上所有大规模的起义实际上都是这样爆发的。这些暴动全都受宗教教理和一种救世主之希望所鼓动。①

这些暴动令清朝统治者不甚烦恼，禁止、镇压时，也会把天主教纳入其中，将其列为邪教。早在康熙二十六年，朝廷及各省官吏禁止"僧道邪教"时，天主教就曾受到牵连，礼部官员将天主教视为白莲教谋叛。当时康熙认为："将天主教同于白莲教谋叛字样，此言太过，着去。"②

但清中期白莲教作乱，屡屡牵连到天主教，使传教士不得安宁。当时"川之白莲教诸贼合寻复奔楚郧之西北接陕境南临汉江，实为水陆之要隘"③。这使湖广官员提到天主教如惊弓之鸟。而天主教"教友人少而孤，更加不堪其扰，因他们的生活与众不同，风俗习尚也有些特别，往往被视同秘密结社的白莲教，或不时倡乱起义的阁老会"④。

加之嘉庆十年发生了德天赐教案，内地民人私自帮德天赐传递信件，其中甚至夹有地图，更令清政府警觉：

> 西洋人信奉天主教，在该国习俗相沿，原所不禁，即京师设立西洋堂，亦抵因推算天文恭用西法。凡该国情愿来京学艺者，均得在堂栖止。原不准与内地民人往来滋事，乃德天赐胆敢私行传播。讯明习教各犯，不惟愚民妇女被其煽惑，兼有旗人亦复信奉，并用汉字编造西洋经卷至三十一种之多。若不严行惩办，何以辟异说而杜政趋。且该国原系书写西洋字，内地民人无从传习，今查出所造经卷俱系刊刻

---

① [法] 谢和耐：《中国和基督教》，耿昇译，第167页。
② 顾卫民：《清初顺康雍三朝对天主教政策由宽容到严禁的转变》，《文化杂志》2002年第44期。
③ 故宫博物院编：《故宫珍本丛刊·湖北府州县志·郧西县续志》，第408页。
④ [法] 穆启蒙编著：《中国天主教史》，侯景文译，第111页。

汉字，其居心实不可问，此在内地愚民已不应传习，而旗人尤不应出，此关系人心风俗者甚巨。①

接着五月初一，嘉庆帝令官员草案拟就奏呈，内容有十条，② 此十项内容要求严密控制西方传教士的活动，使内地传教形势更加严峻。

白莲教在地方的活动也给天主教徒带来极大影响。据记载，当时地方上一片混乱，有的地方诬告教友协助叛匪，于是兵士便杀害教友，有的地方叛匪误以为教友为敌人，亦大加杀害。于是不明不白的教难，纷纷发生，中外籍神父有的遭囚禁，有的判充军或被杀害，教友亦遭相同的厄运，有的全家被充军，有的被卖为奴。③

厄运就这样降临到刘克莱神父身上。1818 年，茶园沟发生了针对天主教的事件。天主教徒许黄正先被邻居李星辉告报，称其为白莲教教徒，官员"不辨天主教、白莲教，竟以教匪论，判定充发粤境"④。此事经过在刘克莱神父信件中有记：

此次风波之勃兴，实由于一教友之仇人蓄意报复，将房屋私自焚毁，遂鸣官诬陷教友……出令严拿二西教友。特派文武官员各一，率兵役与外教人约有三四百名之多，借此为辞，遍地搜捕，并悬有千金重赏。是时，予偕何公（何依纳爵）等匿入一山洞，已十有一日，适何公暮出，探听消息，闻山下有人声，并大呼曰：（必有人匿在此山洞中，不观洞口之石乎，已润滑而移易其地乎？）吾侪初意，原拟在洞内留一二日，及闻是言，如聆天神警语，即于夜深人静时，起程他往。翌日，闻有武员一人，率兵役二人，果往搜寻。此诚上主仁慈，于冥冥之中振救吾。可谓幸矣。乃依恃主佑，现已在襄买棹，安抵豫境，特此奉闻，以慰萦怀。现拟暂留此间，处理教务，一待风波

① 中国第一历史档案馆编：《清中前期西洋天主教在华活动档案史料》第 2 册，第 839 页。

② 详细内容见中国第一历史档案馆编《清中前期西洋天主教在华活动档案史料》第 2 册，第 852—855 页。

③ 天主教台湾地区主教团宣圣委员会编：《中华殉道圣人传》，第 110 页。

④ 成和德：《湖北襄郧属教史记略》，第 24 页。

平静再回谷城磨盘山。①

成和德神父对此亦有补充，可以使我们更加了解当时的情况：

> 黄正先即居下木盘山。黄贵荣之祖曾与其邻李星辉构讼，理曲败诉，乃设嫁毒谋，乘阴腊除夕，自将屋宇焚毁，急鸣官捏报，称其黄正先乃白莲教匪，实是案正凶，官差捕先，往不辨天主教、白莲教，竟以教匪论，判定充发粤境。②

从上面两则材料我们可以看出，此事完全是由村民之间的私人恩怨而引起的。对于这种教徒与非教徒之间的俗事纷争，刘克莱神父认为自己也肩负有一定责任，认为"在预防发生这种事件上的工作太少了"③。事实上，在早期传教时，鲁日满神父就曾建议传教士要参与到中国教友的社会关系事务中去，提醒神父有时要做一个调解人，而解决矛盾："当他们之间出现一些很小的因意见不合而引起的争吵时，阁下（指柏应理）必须以一个调解人的身份，亲自主动地为他们调和矛盾，甚至可以为此安排一顿晚饭；我从前已经不止一次地这样做过，由于天主的保佑，获得了很大的成功。"④

刘克莱神父逃到河南南阳，但是在 1819 年被一位教友告发。先是被押入南阳，后被送到开封，最后被押回武昌，于 1820 年被处绞死。⑤

关于刘克莱神父被出卖的过程在成书中记载颇详：

> 先是谷邑有教友沈某者，本佻达少年也，多行不义，真福见而怜之，数进忠告，启以自新之路，无如沈某不识美恶，不特不感真福，反以是衔之，尝拟恩将仇报，而又闻有千金厚赏，不良之心勃然大

---

① 成和德：《湖北襄郧属教史记略》，第 15—16 页。

② 同上书，第 24 页。

③ Mgr. Noël Gubbels, *Trois siècles d'apostolat—— histoire du catholicisme au Hu-kwang depuis les origines 1587 jusqu'à 1870*, p. 238.

④ ［比］高华士：《清初耶稣会士鲁日满常熟账本及灵修笔记研究》，赵殿红译，第 347 页。

⑤ 天主教台湾地区主教团宣圣委员会编：《中华殉道圣人传》，第 113 页。

动，迳往府署，先将沈司铎密卖，旋遂自率差役来拘真福。①

又据中文档案中刘克莱神父供词说：

> 嘉庆十八年间我曾到河南南阳县同教的靳文成们家往来，不久就回湖北，二十四年二月因谷城县查拿教匪，我害怕逃走，于十五日央同教人陈量友王四送到靳文成家，靳文成已死，他儿子靳宁因已改悔不肯容留，暂住一夜又到同教周安家躲避，到闰四月十九日转到靳宁家央恩住下，二十二日就被南阳县拿获，起出十字架经本送县的，至同教人有谷城县南漳县郧县郧西县的黄正位们，止记得五十五人，其余都记忆不清。②

刘克莱神父在河南被捕后，由于在其身上找到几封南弥德神父的信，还牵连到在北京就职的南弥德。③ 后来刘神父被押解至武昌，途中经过了"27 所监狱"，他对中国的监狱作了详细记载，以"使那些不人道的基督徒脸红，他们在发生这种不幸的事时并没有表现出多少同情"④。他写道：

> 为了使你们对中国的监狱有一些了解，我觉得有必要简短地介绍中国的监狱。从河南到武昌府，我已经换了 27 处监狱，这里没有单人囚室，也没有粪坑（在前一段信中，神父提到在法国嫌犯被扔进粪坑或是其他类似的地方，一直等到判决书下来）。我所在的监狱里有杀人犯、强盗、小偷等。所有人从早到晚，都可以自由地在一个宽敞的院子里休息，呼吸新鲜空气。中国的监狱有大小之分，但是布局却是大同小异。中间是一个天井，周围是牢房，长宽跟堤坝路宽差不多。天井每天都会打扫，保持安静。在大城市每间牢房可以容纳下25 个人。犯人手脚都带着木枷，为了防止他们破坏墙壁。犯人们一

---

① 成和德：《湖北襄郧属教史记略》，第 16 页。

② 中国第一历史档案馆编：《清中前期西洋天主教在华活动档案史料》第 3 册，第 1137—1138 页。

③ ［法］樊国阴：《遣使会在华传教史》，吴宗文译，第 140 页。

④ Mgr. Noël Gubbels, *Trois siècles d'apostolat—— histoire du catholicisme au Hu-kwang depuis les origines 1587 jusqu'à 1870*, p. 238.

个挨一个睡在离地一脚高的木板上，这是为了防潮而没有直接睡在地板上。临近冬天时，人们会给他们每人发一个草席御寒。而到夏天时则是一把扇子。……我也不能不提及中国人对这些犯人还是有同情心的，在热天的时候，他们会施舍一些茶或是降暑饮料，冬天的时候施舍一些棉衣。在法国，我们也宣传对犯人抱有同情心。①

刘克莱神父用轻松的笔调给我们描绘了一幅中国监狱的图像，似乎监狱生活也并非特别痛苦，但是这不过是神父自己乐观罢了，事实上神父在监狱里遭到了极其恶劣的对待："备受诸刑，已有奄奄一息之相矣。余骨瘦如柴，长须如帚，形容枯槁，衣裳龌龊。"② 早期在利安当神父的信中就对中国的监狱有描写："比起上个监狱，它甚至更加拥挤：即使是站着，二三十个人都好像羊圈里的羊一样挤在一起……天亮以后神父们发现自己坐在一片倒流回来的尿液当中。"③

刘克莱在中国传教二十七年，最后为天主教事业奉献了自己的生命。他对禁教时期湖广天主教的延续有重要意义。正是得益于他多年的辛勤劳动，才使这一地区的天主教事业维持不断，为日后培养出大量的中国籍神职人员打下了一定的教育基础。

四　遣使会在汉口地区的发展

法国遣使会士主要居住在茶园沟基督教社区，但是也并非湖广其他地区就不被他们重视。法国耶稣会士所创立的汉口传教点同样也是他们接管的地区之一。刘克莱和阿本神父的事迹激励了不少欧洲传教士憧憬到中国来传教。1833 年，汉口迎来了穆道远神父。

穆道远（Francois-Alexis Rameaux），有些中文材料中又译为穆导沅，1802 年 5 月 24 日生于法国汝拉省。1824 年 6 月 29 日入遣使会，于 1826年发愿。④ 他曾在鲁瓦书院担任过教授与负责人，具有相当高的文化造诣。1832 年他到达澳门学习中文，直至 1833 年 2 月，才经由江西到达

---

　　① Mgr. Noël Gubbels, *Trois siècles d'apostolat—— histoire du catholicisme au Hu-kwang depuis les origines 1587 jusqu'à 1870*, pp. 238 – 240.

　　② 成和德：《湖北襄郧属教史记略》，第 18 页。

　　③ ［美］孟德卫：《灵与肉：山东的天主教，1650—1785》，潘琳译，第 32 页。

　　④ http：//ricci. rt. usfca. edu/biography/view. aspx? biographyID = 1001.

汉口。

当时汉口等地长年水灾，民不聊生。时方志记载："丰备仓在云华林储积谷备赈，道光十九年总督林则徐建谷被贼掠无存。"① 可见这里经常受到天灾人祸的困扰。穆道远神父对当时的惨状作了贴切的描写：

> 这里连续三年的水灾使当地人民生活极度困苦。我们在欧洲没有看到这样的情景。这些人简直不能称之为人，是那些已经死了的可怕的幽灵。②

看到自己的教徒生活在如此凄惨的境况里，穆道远心痛如绞。但是这些教徒对宗教的虔诚又让神父感到莫大的安慰：

> 在更加严酷的季节，这些可怜的人，衣不蔽体，忍受着饥饿和严寒，却坚持行进两三里的路前来这里，不是为了食物，因为这种凄惨的情况已经折磨得他们根本吃不下任何东西了，而是为了灵魂的拯救。③

教徒坚持信仰对传教士来说是莫大的安慰，在江南的罗主教亦对中国教徒所表现出来的坚贞表示赞美："虽然教友们处在各种各样坏例子的包围之中，又没有欧洲教友那样丰盛的精神援助，可是他们的操守却使我们感到惊奇。"④

穆神父极力拯救教徒的灵魂，却苦于无力在物质上帮助更多的教徒，痛恨自己没有"像其创始者圣文生那样的能力来减轻他心爱的基督徒的痛苦"⑤。他只能在精神上给他们帮助。这些基督徒已经在四五年的时间

---

① （清）王庭桢修，彭崧毓纂：《江夏县志》（一），同治八年，清光绪七年重刊本，《中国方志丛书》第 341 号，成文出版社 1975 年版，第 271 页。

② Mgr. Noël Gubbels, *Trois siècles d'apostolat—— histoire du catholicisme au Hu-kwang depuis les origines 1587 jusqu'à 1870*, p. 243.

③ Ibid. .

④ ［法］史式徽：《江南传教史》，天主教上海教区史料译写组译，第 28 页。

⑤ Mgr. Noël Gubbels, *Trois siècles d'apostolat—— histoire du catholicisme au Hu-kwang depuis les origines 1587 jusqu'à 1870*, p. 244.

里没有见过神父了。所以穆神父的到来对贫穷无望的基督徒来说仍然是很大的安慰。他们所表现出的对现世生活的忍耐和对宗教信仰的坚定也让神父敬佩不已：

> 这些基督徒，他们不仅可以作为我们欧洲基督徒的榜样，我还得说，他们简直可以与我们最虔诚的宗教团体相媲美了。这些教徒，要么是从父辈口中，要么是从一位初学教理者那里接受教义。他们没有更多更好的渠道了解教义，但这一点也没有影响到他们坚定的信仰。我必须承认，很多次我看到他们的痛苦，心里都有如撕裂般疼痛，我被他们的忍耐与顺从深深地感动了。①

但是长期缺乏传教人员的指导，当地情况也不容乐观。神父说道："这些基督徒没有任何援助，也没有人鼓励他们战胜痛苦，他们慢慢地忘记了最神圣的功课，退化到异教徒之中。"② 葛神父也说："教友们保持着信仰，可是宗教教养太少了……他们既无精神上的援助，从小又被迫和腐朽的教外人相往来。"③

因此，在如此艰苦的环境下，有一些教徒无法坚持宗教信仰，当时全国各地的情况也都是如此，如在江南："五六年中，教友们虽能勉强行一次告解，但他们也是冷淡的、无知的、散漫的。"④ 但是，1720 年湖广大约有 3 万名基督徒，1820 年经过了近一个世纪的严酷禁教，这一地区的基督教徒仍然保持在 2 万左右，我们就不应该对之有过多苛求了。

穆道远神父承认神职人员的匮乏是信仰无法维持的重要原因之一。如果这些教徒每年能够得到神父或是传道员精神上的支持，那么他们就能够坚守信仰了。他说：

> 如果每一年，这些教徒们能够见到神父，那么来自神父的鼓励就可以使他们有勇气渡过难关，并使他们继续维持功课。因为这些中国

---

① Mgr. Noël Gubbels, *Trois siècles d'apostolat*—— *histoire du catholicisme au Hu-kwang depuis les origines 1587 jusqu'à 1870*, p. 244.

② Ibid. .

③ ［法］史式徽：《江南传教史》，天主教上海教区史料译写组译，第 28 页。

④ 同上。

人都是听话而又顺从的，他们的信仰既纯洁又简单，他们把传教士的话当作圣言一样对待，但是同样的，他们也是脆弱的，很容易就失去勇气，尤其是当他们认为自己是被抛弃的。[①]

此种情况在早期其他修会的传教中也经常发生。例如，西文中曾记载：

> 1652 年时，利安当来到离济南城 20 里格的那个曾经被耶稣会士发现过的基督教村落，但那儿已经被抛弃 6 年之久，教徒们都已经背弃了信仰。令后来的耶稣会士们吃惊的是，利安当重新使他们归信了。[②]

当时在湖广传教区，人手十分不足，即便是加上中国籍传道员也远远不能满足当地教徒所需。最严重时湖广仅有 5 名中国神父，其中两名都过六十岁，一名因病而只能在住所休息，而其他几名要照料如此广大的教区显然是不可能的。因此自刘克莱神父去世后，有一些教徒们再也没有见过神父。穆道远神父的到达对他们来说是极大的安慰，对他们重新维持信仰有重要意义。

穆道远神父一直在湖北工作到 1838 年。后来由于他被任命为浙江及江西两省的代牧而离开湖广。他在 1845 年 7 月 14 日于澳门去世。[③]

这一时期传教湖广的还有一位法国遣使会士，即安若望（又译作巴都，Jean Henri Baldus）。他生于法国甘打省阿利（Ally），1828 年入会，1834 年到中国，1835 年到达湖广。安若望神父主要在汉口等地工作，其在湖广传教时间不长。他除了管理汉口地区外，还曾巡视过董文学神父的茶园沟传教点。董文学被捕后，他也被迫离开湖广，前往河南传教。安若望 1844 年被任命为河南代牧。1864 年，他改任江西代牧，1869 年 9 月 29 日死于九江。

---

① Mgr. Noël Gubbels, *Trois siècles d'apostolat—— histoire du catholicisme au Hu-kwang depuis les origines 1587 jusqu'à 1870*, p. 244.

② ［美］孟德卫：《灵与肉：山东的天主教，1650—1785》，潘琳译，第 10 页。

③ Gentili, O. P., *Memoire mission* Ⅲ，" passim "，dans Mgr. Noël Gubbels, *Trois siècles d'apostolat—— histoire du catholicisme au Hu-kwang depuis les origines 1587 jusqu'à 1870*, p. 245.

五　最后殉教的董文学神父

1. 生平与来华

1840 年前最后一位来湖广传教的遣使会士是董文学。古贝尔神父曾评价董文学说："他为遣使会在湖广的传教划下了英雄的句点，这个光荣是由阿本神父开创的。"[①] 他也是 1840 年前最后一名在湖广殉教的遣使会士。

董文学 1802 年 1 月 6 日生于法国卡奥尔教区，1818 年进入遣使会，1825 年晋升铎品，曾在修道院担任神学教授。当时法国遣使会因为大革命的爆发而受挫，但是经过修整，这一时期又开始重新恢复发展，1830 年再一次派遣遣使会士入华。这其中就有董文学神父的胞弟董类思（L. Perboyre）。[②] 但是董类思神父[③]未到中国就在爪哇岛附近因船只触礁遇难，在其弟事迹的激励下，董文学萌发了前往中国，代替其弟完成在中国传教夙愿的想法。

1835 年 3 月，他起程前往中国。进入内地前，董文学神父在澳门修院学习中文，拜中国语言学家 Gonsalves（冈萨尔维斯）神父为师，他写道：

> 圣若瑟修院的五名神父是如此博学多识。我拜冈萨尔维斯神父为我的中文老师，他已经编写了一部中葡字典，另外还有一本葡汉字典。他还在准备编写第三本，一本拉丁文与中文的字典。他也是一本葡中语言书的作者。这些都是当时从欧洲来中国的传教士所使用的语言学习书。[④]

在老师的指导下，董文学中文进步颇快，这对日后他在湖广的传教大有裨益。

1835 年 12 月 21 日，董文学与巴黎外方传教会士马神父一起从澳门

---

① Mgr. Noël Gubbels, *Trois siècles d'apostolat——histoire du catholicisme au Hu-kwang depuis les origines 1587 jusqu'à 1870*, p. 247.

② 康志杰：《上主的葡萄园——鄂西北磨盘山天主教社区研究（1636—2005）》，第 82 页。

③ 董文学神父之弟。

④ Alphone Hubrecht, *La mission de Peking et les lazaristes*, p. 266.

出发，前往内地。1836 年他们一行人先是到达福建福宁，在当地停留了三个星期左右，之后他们经过江西，到达武昌。此后，马神父前往巴黎外方传教会的大本营四川教区，而董文学神父则经汉阳、安陆等地前往襄阳，想要在其敬仰的先辈刘克莱所工作的地区传教。他感到万分荣幸能在湖广工作，他写道："我以在圣人刘克莱神父的葡萄园工作而感到至高无上的幸福。"① 刘克莱神父殉教中国的消息在法国激励了一批传教士，但是当时董文学并不知道"这个葡萄园会因为他的汗水与鲜血也更加肥沃"②。

董文学神父在信中详细地记载了他到达湖广时的情况。这批珍贵的史料成为我们了解 1840 年前湖广天主教情况的重要材料。他穿过武昌，当时他想拜访刘克莱神父的墓地，但是由于驻守武昌的神父正外出巡视未归，因此董文学神父最终放弃在武昌登陆，而继续航行。在武昌工作的主要是传信部的传教士，来自那不勒斯中国书院。这一时期，安若望主要负责汉口附近地区。董文学的目的地是湖广西北部的茶园沟传教点，接替刘克莱神父所留下来的事业。到达武昌后，他登船沿江而上。不久，他穿过沙洋，在当地发现一个新成立而又热情的基督教社区。这是一个由四川教徒发展起来的基督徒社区。这名教徒因商业贸易来到湖北，很快得到当地农民的尊重，在此长住下来。他慢慢在农民中发展了信仰，形成了一个小的基督教社区。湖广地区位于中国中部，交通便利使该省与周围省份的商业往来极为频繁，天主教正是在这种民众的交往中渐渐四散到其他地区的，偶尔一个小小的火花也能最后形成一个热情的社区。通观湖广整个天主教传教史，我们发现这样的例子比比皆是。

董文学神父从沙洋教徒口中得知穆道远与安若望神父正在荆门附近的七个基督教传教点③举行一年一度的传教巡视。于是他决定去看望他的法国同事：

> 我先见到一位神父，后来又前往拜访另一位。我打算跟他们一起

---

① Mgr. Noël Gubbels, *Trois siècles d'apostolat—— histoire du catholicisme au Hu-kwang depuis les origines 1587 jusqu'à 1870*, p. 249.

② Ibid. .

③ 指的是 Chang-kia-houi, Kow-hsien-kang 等七个基督教传教点。

巡视这些基督教传教点，一方面是为了见证他们的虔诚和工作，另一方面这也可以作为我的见习期。我很喜欢听他们宣教：在一种恩赐的激励下，带着神圣宗教的人的权威和单纯，他们追求的仅是他们兄弟的拯救。[①]

中文中亦有记载：

> （董文学神父）阅一日有半，抵沙阳会口，五月七日，幸遇安、张公在荆门州巡视，九日亦至焉。二公斯时，正开始遍巡属境七八会口，予相随同时。二公神火热切，不辞劳瘁，堪为余实习试验之场。而在二公，则固习以为恒矣，如宣讲也，劝导也，听告解也，或行其他圣事也，尽力以铲除恶习也，谋划所以巩固善行基本也。整日忙务，连日不辍。迨会务巡竣，乃相偕诣安陆府。[②]

董文学在两位前辈面前极为谦虚，他对神父的活动高度赞扬："我观察他们传教的心得及工作，他们已精通传教技术，我则尚在学习。"[③] 董文学从荆门一直跟随巡视到安陆。此后，他前往茶园沟，一直工作到1835 年 6 月底。

2. 传教湖广

董文学主要照料以茶园沟基督教社区为中心及其周边地区的教徒，偶尔也要到河南等地巡视。

由于当时国内外传教环境均不乐观，来华传教士大为减少。董文学神父记载了中国人手不足的情况："在整个中国，现在只有不到 120 名传教士，其中 80 名是本地人，只有不到 40 名是欧洲人，并且其中有四分之三是从 1826 年后才进入中国的。"[④] 事实上，当时中国教区传教士极其缺

---

① Mgr. Noël Gubbels, *Trois siècles d'apostolat—— histoire du catholicisme au Hu-kwang depuis les origines 1587 jusqu'à 1870*, p. 249.

② 成和德：《湖北襄郧属教史记略》，第 41 页。

③ Joseph Van den Brand Frére, *Saint Jean-Gabriel Perboyre Pretre de la Mission*, Pékin, 1940, p. 190.

④ Mgr. Noël Gubbels, *Trois siècles d'apostolat—— histoire du catholicisme au Hu-kwang depuis les origines 1587 jusqu'à 1870*, p. 249.

乏，以至于中国教徒和神父曾数次上书总会长，甚至在 1833 年还直接上书至罗马教宗（要求重新派遣耶稣会传教士入华传教）。在这其中就有湖南、湖北、山西、北京、陕西等省的教友。①

虽然极度缺乏传教人员，但是教徒却没有因此而剧减，董文学神父工作的基督徒社区中仍有不少虔诚的教徒，他说：

> 我被这些宣教强烈地震撼了。人们收割播下种子。我则想在收割后，在田野里拾一些散落的稻穗，将它们放在这些英勇的传教士成束的成果边，也算是我也做了一点贡献。②

很快他就在中国籍传道员的陪同下开始巡视教区。巡视旅行是很艰苦的，由于缺少教堂住所，他们常借宿基督徒家中，有时不得已只能将教徒家当作教堂来使用。董文学神父在几位中国籍传道员的帮助下，使湖广地区的天主教工作渐渐得以恢复。历时不久，在举行主日圣事礼仪时，由于教徒众多，神父往往要举行好几场弥撒才能满足教友需要，教堂也是人满为患。西方学者 J. de St Blanguat（圣布朗格特）曾对这一时期董文学神父工作的情况有过如下的描写：

> 古旧的教堂对于那么多人来说的确是太小了，教堂周围到处都是听众。光秃秃的土地围着这四面土墙和一个稻草铺的屋顶，一张祭坛时用的桌子，后面的帷幔像床顶华盖那样从上面垂下来，依据中国的风俗和国家的礼仪惯例，半张隔板将女人和男人隔开。③

董文学神父曾想将湖广教区从其他主教的代管下独立出来。因为湖广教区尽管自 1696 年起由教廷传信部正式设立为代牧区，④ 但是代牧位置却时常空缺。湖广教区的事务经常托付给四川、陕晋代牧兼管。而由于历史原因，天主教各修会传教士均在此地开创过传教点。虽然早期这对湖广

① ［法］史式徽：《江南传教史》，天主教上海教区史料译写组译，第 32 页。
② Mongesty J. de, *Témoin du Christ: le Bienheureux J-G. Perboyre*, Paris, 1905, p. 126.
③ J. de St Blanguat, J. G., *Perboyre, de la mission martyr en chine*, Mothes, 1994, p. 163.
④ 罗光主编：《天主教在华传教史集》，第 303 页。

新传教点的开辟有一定的促进作用，但是经年累月，各修会在传教细节上的矛盾日积月累，从而影响到传教的实际工作。因此，湖广天主教表面看起来是平静的，没有发生四川巴黎外方传教会与遣使会相争上书教廷的事件，但是平静掩盖下的暗涌却是无法避免的。而且，这种情况随着时间的推移日益繁杂。董文学神父虽然才到湖广不久，但是已经隐约体会到这种混乱体制所带来的坏处。因此，他竭力希望湖广能从陕晋代牧兼管中独立出去，交由遣使会管辖，这也是为了更好地管理"在（湖广）工作的传教士，在指挥他们传教、管理教徒方面能够更加有效、团结和方便"①。董文学的建议得到在湖广传教的遣使会士和陕晋署理主教的赞同。

其实早在 1789 年，遣使会会长罗广祥在一项提及湖广从陕晋代牧区中分开的计划中就说道：

> 我很有信心您已经收到我写于 1788 年 11 月 17 日的信件，在那里我向您已经谈到了长期以来，我致力于促使罗马教廷为湖广指派一位单独的宗座代牧。因为那里是全中国人数最多的基督教区。我向您说过，现在这个教区没有自己的代牧，而是由陕晋代牧所兼管。②

可见，湖广地区由于没有自己单独的代牧，各修会在此杂处而没有统一领导，早已引起不少传教士的注意，并提出解方案。但是，董文学神父的愿望晚至 1838 年才实现，当时湖广正式从陕晋代牧的兼管下分离出去，由方济各会的李文秀神父担任代牧。李主教于 1838 年正式受山西金主教命令任湖广的代权主教，管理湖广意大利籍的传教士，而另一位留在湖广的遣使会士张方济神父则保留了管理法国遣使会士的权力。此后两位神父还就湖广教区的划分作了探讨。但是总体而言，这标志着方济各会重新接管湖广事务。

1839 年，董文学与新任湖广代权主教李文秀会面。本来这场会面是来自不同国家、不同修会传教士的一次小型盛会，但由于传教士行事不够谨慎而被官府查得踪迹。《湖北襄郧属教史记略》中记载详细：

---

① Gentili, O. P., *Memoire mission* Ⅲ, p. 127, dans Mgr. Noël Gubbels, *Trois siècles d'apostolat—— histoire du catholicisme au Hu-kwang depuis les origines 1587 jusqu'à 1870*, p. 251.

② Alphone Hubrecht, *La mission de Peking et les lazaristes*, pp. 95 – 96.

　　水行月余，抵老河口镇，舟主亲陪李公入山。留传君守船。及至观音堂集（距茶园沟 12 里），与会长某君相值。既通姓名，某君自请为向导。讵被仇教人觑破，唆使差役踪迹之。公固未知也……一日，值主日为圣母圣名瞻礼，四公拟乘斯良辰，行特别敬礼，不料此日即大难临门之日。①

当时聚会的安若望与李文秀幸运地逃脱了。但是董文学却被人以 30 大洋的价格出卖了。一位当地人为了赏银自愿充当官府的向导来抓捕神父，于是董文学就这样被捕了。②

董文学在监狱中受尽折磨。在他带血的家信中有记：

　　周围的环境和时间所迫，我无法给您更多关于我所处环境的细节了。我相信您一定能从其他途径得知。自从我在谷城被捕后，我已经被提审两次，其中一次我被迫膝盖上戴着铁链，吊在机器上半天。在武昌府我被提审超过 20 次。每一次我都受到不同的酷刑，因为我不肯说出官员想要知道的东西。如果我说了的话，那么很肯定的是，他一定会在整个帝国境内掀起一场大的教难。在武昌府，我因为不愿意践踏十字架而被打了一百多下板子。有二十名基督徒和我一起被捕，差不多有三分之二的人公开弃教了。③

官府对待被抓获的基督徒与神父时，经常命令他们用践踏十字架、开斋等方式来表明弃教。1839 年教难中，房县县令就命令基督徒当众践踏十字架以示背弃天主教。④ 道光十九年，刑科给事中巫宜禊奏称："外省办理天主教之案，往往因当堂跨越十字架，便谓真心改悔，予以乍新，免其治罪……"⑤

---

　　① 成和德：《湖北襄郧属教史记略》，第 50 页。
　　② Mgr. Noël Gubbels, *Trois siècles d'apostolat—— histoire du catholicisme au Hu-kwang depuis les origines 1587 jusqu'à 1870*，p. 256.
　　③ Ibid.，p. 251.
　　④ Ibid.，p. 278.
　　⑤ 中国第一历史档案馆编：《清中前期西洋天主教在华活动档案史料》第 3 册，第 1250 页。

道光二十年又发布谕旨：

> 嗣后传习天主教人犯，于赴官首明出教及被获到官情愿出教，俱著遵照嘉庆年间谕旨，将该犯等家内起出素所供奉之十字木架，令其跨越，果系欣然试跨，方准免其罪释放，如免罪之后复犯习教，除犯该死罪外，余俱于应得本罪上加一等治罪，已至遣罪无可复加者，即在犯事地方用枷枷号三个月，满日再行发遣，该部即纂入则例，永远遵行。钦此。①

董文学神父案中湖广总督对天主教极其严酷，教徒受牵连甚广，在官府的打压下，不少教徒由于害怕受苦背弃天主教。这对他来说是莫大的打击。但是也涌现出一批坚贞不屈的信教者。尤其值得一提的是几名女性基督徒和一位传道员。她们是来自四川巫山的贞女何亚加达、谷城的高安娜和荆州的于保禄传道员。

何亚加达 1774 年生于四川巫山靠近湖北巴东的一个县城，是何神父的妹妹。何神父是意大利中国书院的中国神父，回国后传教于湖广。由于何亚加达出生于基督教教徒家庭，所以她很早就决定将自己献给上帝，矢志成为修女，一直未婚。后来她的哥哥看到她因长期单身，有悖于中国传统的社会习俗，在当地受到非教徒的责难与非议，因此将她带到自己湖北细沙河的传教地，让她在妇女中进行传教的辅助工作。天主教的童贞女制度在很长时间不被中国人理解。中国奉行儒家孝义，对不婚不嫁这种行为极其反感。何亚加达在四川无法继续生活，于是在其兄长帮助下来到湖广。1840 年她与另两位贞女被捕。在监狱里，她们受尽折磨：

> 这些被抓的基督徒从脖子到脚都戴着重重的铁链。这些痛苦到了晚上会加重。其实这样的痛苦原本对妇女来说是不会存在的，因为中国女人一般都裹小脚，在晚上她们可以偷偷将脚从铁链子里拿出来。这样她们就可以睡得更加舒服些。但是何贞女却无法这样。因为她所处的地区是农村山区，年轻女孩需要爬山，她的脚是天足。所以在她

---

① 中国第一历史档案馆编：《清中前期西洋天主教在华活动档案史料》第 3 册，第 1255 页。

六十六岁时，她还得在监狱里忍受着这种肉体上的痛苦。①

关于此地习俗，董文学亦有记载：

> 湖北妇女，不若他省之多拘处幽室，出外操作者颇不罕睹，且常见与男工同伍，或与本家男子同在田亩中勤劳农务。在安陆一带，农家女多天足，亦可风焉。②

教徒们尽管身受折磨但是却坚持信仰，这对于董文学神父而言是莫大的鼓励与安慰，尽管他自己在监狱中也已奄奄一息。在被判处死刑后，官府才允许民众去看望他。当时遣使会士杨安德这样描写："神父躺在地上，体无完肤，骨头都露在外面，话也说不出来了。"③ 即使在这样的情况下，董文学神父仍对中国的传教事业充满了热情，他在家信中号召更多的欧洲青年来到湖广，来到中国，将自己奉献给天主教事业："要勇敢，不要害怕那些在农民中传教的辛苦，而是要渴望在他们中传教。"④

1840 年 9 月，董文学神父在刘克莱神父殉教的地点去世了。他的尸体被埋葬在洪山墓地，1858 年被运至宁波，下一年被运回巴黎，放置在遣使会住院的小礼拜堂中。董文学神父的去世使遣使会在湖广的传教进入了低潮，此后鲜有法国遣使会士在湖广工作，余下的也仅是一些中国籍传教士。但是天主教在湖广当地仍有一定影响。这就说明了为什么几十年后，当民教冲突日益严峻时，湖广地区也是教难频繁。据史料记载：1892年湖南在籍道员周汉刊播揭贴伪造公文鼓吹反教，在社会造成很大影响。⑤ 此后，在 1893 年 6 月两名瑞典传教士在湖北麻城宋埠被"共殴毙

---

① Mgr. Noël Gubbels, *Trois siècles d'apostolat—— histoire du catholicisme au Hu-kwang depuis les origines 1587 jusqu'à 1870*, p. 266.

② 成和德：《湖北襄郧属教史记略》，第 43—44 页。

③ Mgr. Noël Gubbels, *Trois siècles d'apostolat—— histoire du catholicisme au Hu-kwang depuis les origines 1587 jusqu'à 1870*, p. 254.

④ Ibid. , p. 250.

⑤ 中国第一历史档案馆、福建师范大学历史系合编：《清末教案》第 2 册，中华书局 1998年版，第 551—554 页。

命",引起传教士的恐慌。① 出于全局的考虑,当时在中国传教事业和政治上十分活跃的著名传教士李提摩太还专程到汉口与杨格非讨论民教冲突问题。② 由此可见,这一地区基督教与本土文化的冲突自传入起就从来没有中断过。

六　遣使会首选湖广原因探析

法国遣使会自 1784 年接替法国耶稣会掌管中国的传教事务后,到 1800 年前,共有以下几位遣使会士进入中国。

表 3.1　　　　　　　　　　来华遣使会士③

来华时间	外文姓名	中文姓名	传教地区
1784	Nicolas Raux	罗广祥	北京、湖广④
1784	Joseph Ghislain	吉德明	北京
1784	Charles Paris	巴茂真	北京
1788	Raymond Aubin	阿本	湖广
1788	Robert Hanna	韩纳庆	北京
1791	François Clet	刘克莱	湖广
1791	Louis Lamiot	南弥德	北京 澳门
1791	Louis Pesné	潘奈	湖广
1798	Pierre Minguet		澳门(账房)
1800	Jean Fr. Richenet	李士奈	澳门(账房)
1800	Lazare Dumazel	马司铎	湖广

---

① [英]李提摩太:《亲历晚清四十五年》,李宪堂、侯林莉译,天津人民出版社 2005 年版,第 223 页;中国第一历史档案馆、福建师范大学历史系合编:《清末教案》第 2 册,第 565—566 页。

② 中国第一历史档案馆、福建师范大学历史系合编:《清末教案》第 2 册,第 38 页。

③ 据 Alphone Hubrecht, *La mission de Peking et les lazaristes*, Mgr. Noël Gubbels, *Trois siècles d'apostolat—— histoire du catholicisme au Hu-kwang depuis les origines 1587 jusqu'à 1870* 统计。

④ [法]荣振华等:《16—20 世纪入华天主教传教士列传》,耿昇译,第 539 页,提到罗广祥神父曾在湖广活动。

自遣使会接替耶稣会到 1800 年前共有 11 名法国遣使会士到达中国。他们分布在北京、澳门和湖广。前往北京是因为耶稣会士钱德明曾就宫廷中传教士后继无人，请法王选派传教士来接任其在中国的学术研究工作。因此，首批来华遣使会士其目的地自然是北京。在澳门工作的两位遣使会士是以账房身份管理遣使会在华经费等事务。除去北京、澳门的遣使会士外，这一时期来华的遣使会士无一例外，其传教地限于湖广。遣使会士何以主要传教于湖广，这值得我们探讨。本书从中西文材料中搜罗多条证据，认为湖广成为遣使会士的首选出于以下几方面原因。

第一，湖广教区的地理位置。如果我们考察得更细致一点，会发现这一时期来湖广传教的遣使会士，其主要居所是湖北西北部偏远山区的茶园沟基督教社区。茶园沟基督教社区我们已经介绍过了，地势险要，难以被官府力量控制，形成一个与世隔绝的教友村，在传教士看来，这里 "惟皆处深山中，如上津之田家沟，西之黑炭沟，房县之高桥沟……谷城之黄山垭、粟子坪、磨子崖、茶园沟等处是也"[①]，"是最安全的地方"[②]。茶园沟基督教社区由于得天独厚的地理环境，使它 "如同欧洲的好教堂一样，一直持续不断有传教士来此工作，他们不断地巡视教徒"[③]。

第二，湖广教区多法国耶稣会创立的传教点。罗马教廷规定，只有在首创教区的修会在长达六年时间里未派传教士管理该教区的情况下，其他修会传教士才可以进入该教区进行传教工作。每个传教团体都有自己的势力范围，当时全国的传教区域基本已分配完毕，如江南地区向来是耶稣会的传教区域，山东、陕西地区由方济各会占领，多明我会传教士经营着福建等地，而奥斯丁会在两广发展。湖广则是法国耶稣会士大力发展的教区："我们把目光投向了江西、湖广与浙江等省份。因为在这些地方我们能够取得最大的成果，使更多的人皈依耶稣基督。"[④]

---

① 成和德：《湖北襄郧属教史记略》，第 9 页。

② Mgr. Noël Gubbels, *Trois siècles d'apostolat—— histoire du catholicisme au Hu-kwang depuis les origines 1587 jusqu'à 1870*, p. 216.

③ Ibid. , p. 217.

④ ［法］杜赫德编：《耶稣会士中国书简集：中国回忆录》第 1 卷，郑德弟、吕一民、沈坚译，第 311 页。

　　虽然在中国内地普遍缺乏传教士的情况下，传教士有时也跨区管理教徒，如陕晋代牧就曾将由葡萄牙耶稣会士开拓的湖北传教区枣阳和随州等交付给阿本和潘奈神父。但是新来的传教士一般还是会前往其同会前辈所创的传教点，这也就解释了为什么法国遣使会士会以湖北西北部为根据地。

　　第三，因为湖广教区的重要性。湖广教区自多个修会相继开发传教点后，教徒猛增，成为继北京、上海两地之外最为繁荣的教区。当时材料记载："遣使会管辖的教友约为四万人，散居在直隶、蒙古、浙江、江苏、江西、湖广、河南诸省。"① 而其中又以湖广教徒为多。遣使会会长罗广祥神父就曾以湖广教区更重要而将派往江西的刘克莱神父召回派遣到湖广。他曾在信中说过："因为那里（湖广）是全中国人数最多的基督教区。"② 正是湖广教区在整个中国教务事业中占有十分重要的地位，遣使会士纷纷以此地为中心传教区。而遣使会士的辛勤劳动也使这一地区成为天主教在中国发展较好的一个基地。1834 年，曾有传教士谈到这里天主教的情况："中心地区大约有 2000 名基督徒。"③

　　总之，法国遣使会在耶稣会解散后接管中国的传教事务，他们对天主教在中国的发展，尤其是在湖广的传播起了重要作用。湖广天主教在禁教时期仍然能保持一个较好的发展态势是与法国遣使会的工作分不开的。他们持续不断地派遣传教士在此工作，对于维持当地的传教区，发展新教徒均有着重要意义，是湖广天主教史上一个不可缺少的环节。

第五节　巴黎外方传教会与多明我会

　　湖广教区除了接受耶稣会、遣使会、方济各会的传教士外，还有其他一些修会的传教士来此工作，只是人数不多。例如，巴黎外方传教会的李安德神父、马青山神父及多明我会几位传教士也曾在湖广巡视工作过。

---

　　① 杨森富编著:《中国基督教史》，第 166 页。

　　② Alphone Hubrecht, *La mission de Peking et les lazaristes*, pp. 95－96.

　　③ Gentili, O. P., *Memoire mission Ⅲ*, dans Mgr. Noël Gubbels, *Trois siècles d'apostolat——histoire du catholicisme au Hu-kwang depuis les origines 1587 jusqu'à 1870*, p. 246.

一　巴黎外方传教会神父

李安德是中国天主教史上最著名的华籍神父之一，[①] 1692 年，他生于陕西固城的一个基督徒家庭，家族已有几代人奉教，李安德是在家里接受早期基督教教育的。[②] 1707 年，巴黎外方传教会的梁弘仁神父将李安德带到澳门，由多罗主教于 1709 年为他举行剃发礼。此后，李安德从澳门被派到巴黎外方传教会位于暹罗约提亚的总修院学习。1725 年晋铎后传教于福建。随后，由于身体原因他在广州待了一年进行调整。是时，正值巴黎外方传教会的马青山神父与四川代牧穆天尺因四川传教权而争吵不休。巴黎外方传教会驻广州账房郭奈神父于是想将李安德派往四川，因为"四川的气候也许会适于李安德养病；而且他也不放心马青山神父一人在四川孤立无援；尽管李安德在那里（指福建）做了不少工作，但是在西班牙多明我会士的传教区，日久不免还是会起纷争"[③]。出于多方面的考虑，最终李安德神父接受任命，打算经由湖广前往四川。他于 1732 年 11 月起程，很快当年年末就到达湖广见到了穆天尺。

没想到穆天尺拒绝李安德进入四川。穆天尺神父毫无疑问是想遵从毕天祥神父的意思，将四川完全留给遣使会士。作为补偿，穆天尺神父决定将湖广 heng ti shih（横堤石）的基督徒交给李安德管理。[④] 而马青山神父，则管理湖广的郴州。[⑤]《巴黎外方传教会在中国各地买地建堂单》中

---

① 李安德神父主要传教于四川地区，从 1746 年到 1763 年，他用拉丁文记载日记，全文共有 700 来页。这就是著名的《李安德日记》，该日记于 20 世纪 20 年代由外方传教会史学家阿德良·陆南发现。陆南将之整理刊印，并为之写了一篇较长的法文序言，简单介绍了李安德的生平事迹。这部日记，详细记录了李安德在四川的传教活动、日常生活以及当地的风俗民情。关于李安德神父在四川的传教活动可以参考 2009 年暨南大学韦羽的博士论文《清中前期巴黎外方传教会在四川活动评析》，其中对于李安德神父的介绍全面细致，本书仅对李安德神父在湖广境内的传教活动略加提及。

② J. M. Sedes, *Une grande ame sacerdotale：le prêtre chinois André Ly*, Paris, Desclée, 1940, p. 42.

③ *Archives des Missions Étrangères*, Vol. 433, p. 415, 8 novembre 1731, dans Adrien Launay, *Histoire missions de Chine：mission du Se-Tchoan*, Vol. 1, Paris, Téqui, 1920, p. 117.

④ Adrien Launay, *Histoire missions de Chine：mission du Se-Tchoan*, Vol. 1, Paris, 1920, p. 122.

⑤ Adrien Launay, *Histoire missions de Chine：mission du Se-Tchoan*, Vol. 1, p. 118.

就记有 1733 年买堂之数目：湖广郴州南门外田家巷横过三丈天主堂，李主教或李老爷买，现有约契在暹罗。①

当时，这些地区归葡萄牙耶稣会士聂若望管理。虽然穆天尺神父以四川代牧身份兼理湖广教务，但在实际工作中他与当地耶稣会士的联系并不密切，其对传教区的安排也并未及时通知该地区的其他传教人员。因此，聂若望神父在得知李神父巡视衡州的基督徒后，第一反应认为这是骗子，是假扮的神父，甚至致信给基督徒把他抓起来。② 尽管后来误会解开，李安德得以暂时停留在湖广，但是其传教情况并不乐观。这也许与当地传教士的不配合有关系。

马青山在与穆天尺争夺四川传教权失利后不得已也来到湖广。马青山神父③于 1733 年 5 月 31 日搭乘一艘运粮船前往湖北，在衡州与李安德碰头。当时，正逢中国皇帝下令在全国搜捕欧洲传教士，两位神父活动有限，多半时间藏身于教徒家里，基本没有开展传教工作。④ 马青山神父与李安德神父在湖广停留的时间并不长，而且多半精力用于与穆天尺神父争夺四川传教权，所以在湖广建树不多。

二　多明我会神父

这一时期还有陆迪仁神父传教于湖广，他来自意大利多明我会，由传信部派至四川。但是 1732 年，他被穆天尺神父改派到湖广。从中我们可以看出穆天尺神父主管四川期间，他将其他修会传教士慢慢地"赶到"湖广来。一方面是为了解决湖广传教士人手不足问题，另一方面则是他想独占四川传教权的心理使然。陆迪仁神父在湖广主要管理沙市、常德等地。他对湖广天主教教徒管理十分严格，对宗教礼仪也十分看重，当时他规定基督徒在晚祷告过后，要聚在一起背诵几页教理问答书，来使他们熟

① 吴旻、韩琦编校：《欧洲所藏雍正乾隆朝天主教文献汇编》，第 47 页。

② Adrien Launay, *Histoire missions de Chine：mission du Se-Tchoan*, Vol. 1, p. 122.

③ 马青山于 1706 年出生于法国奥佛涅（Auvergne）地区的克莱蒙特（Clermont），于 1726 年进入圣不勒斯修道院学习。1727 年马青山离开外方传教会修道院，被派往东京湾西部地区传教。后又于 1729 年 7 月 21 日乘船前往中国。Adrien Launay, *Histoire missions de Chine：mission du Se-Tchoan*, Vol. 1, p. 111.

④ Martiliat, "Mémoire", p. 1188, dans Adrien Launay, *Histoire missions de Chine：mission du Se-Tchoan*, Vol. 1, p. 122.

记这些条例。他还出版了有关十戒的小册子，都是基督徒所要遵守的条例总结。①

陆迪仁神父在培养中国籍传道员方面也较其他神父更严格与固执。耶稣会士纽若翰曾向他请求认可两名中国籍神职人员。但是陆迪仁神父却以二人不懂拉丁文而拒绝。尽管当时罗马教廷有令，在某些必要时刻，可以授予那些不懂得教堂语言即拉丁文的本地神父神品，只要他们懂得教堂的礼仪即可。② 这也从另一个侧面反映了来华耶稣会士与多明我会士等在对待中国籍传道员、传教策略上存在的较大分歧。而湖广作为一个接纳了众多修会的教区而言，传教情形因此更加复杂多变，使身处其地的神父、基督徒之间经常发生争执。

1738 年，陆迪仁神父成为穆天尺神父的助手署理主教，于 1739 年 10 月 3 日在四川祝圣。穆天尺神父授予其管理湖广的全部权力并将徐德望神父派去作为其助手。在陆迪仁神父传教湖广的几年里，还有一位意大利多明我会士辅助其工作。这就是意大利多明我会士 Marcioni（马尔乔尼）。1746 年他在沙市活动，后被流放到澳门，终身未再回中国。③

随着时间的推移，湖广天主教的发展又进入另一个新时期。教廷出于管理方面的考虑，将湖广天主教从四川代牧转到陕晋代牧管理下，使湖广再一次进入由方济各会士管理的时期。

第六节　禁教时期的方济各会

一　陕晋代牧的遥控指挥

在湖广的传教中，我们也不应该遗忘还有陕晋代牧的指导。湖广教区自 1762 年后，从四川代牧手中被交付给陕晋代牧兼管。我们来看看这些兼管湖广教区的陕晋代牧及其活动。

---

① *Pere Andrey Ly*, pp. 244 – 264, dans Mgr. Noël Gubbels, *Trois siècles d'apostolat—— histoire du catholicisme au Hu-kwang depuis les origines 1587 jusqu'à 1870*, p. 145.

② Mgr. Noël Gubbels, *Trois siècles d'apostolat—— histoire du catholicisme au Hu-kwang depuis les origines 1587 jusqu'à 1870*, p. 146.

③ *Pere Andrey Ly*, pp. 244 – 264, dans Mgr. Noël Gubbels, *Trois siècles d'apostolat—— histoire du catholicisme au Hu-kwang depuis les origines 1587 jusqu'à 1870*, p. 146.

表 3.2　　　　　　　　　　1762—1839 年陕晋代牧①

西文名	中文名	时间
Francois Magni	方纪谷②	1762—1777 年
Nathanael Burger	闵达耐	1778—1780 年
Sacconi	康安当③	1781—1785 年
Marine Zaralli	金主教	1787—1790 年
Crescence Cavalli	伊客善	1791 年
Mandello	吴若翰	1792—1804 年
Louis Landi	路类思④	1804—1811 年
Joachim Salvetti	苏若亚敬⑤	1815—1843 年

　　虽然湖广被托付给方济各会代牧很长时间，但是当时中国处于禁教时期，传教环境艰难，派往中国的欧洲神父人手极其不够，因此方济各会代牧并没有亲自来到湖广。他们管理湖广主要是通过以下方式。第一，通过遣使会在湖广的会长。这一时期，尤其是法国耶稣会士所开创的磨盘山基督教社区成为湖广最重要的地区后，主要是法国遣使会士负责处理湖广天主教的事务。因此，方济各会代牧通过遣使会在湖广的会长，如阿本、刘克莱、穆道远等神父间接管理这些地区。第二，这一时期，湖广有大量的中国籍传道员，他们大多是来自于意大利罗马中国书院的学生，受传信部直接派遣到湖广进行工作。由于他们中国人的身份，相比欧洲神父出入更加安全，因此他们成为联系代牧与湖广教区的中间人。代牧通过书信指导当地教务。在这些中国籍传道员中，最著名的是乾隆四十九年大教案中被四处通缉抓捕的蔡神父与何神父。他们利用自己的优势，往返于陕西、湖广两省及其他地区，接引传教士、运送传教经费至各个地区。除了陕晋代

---

　　①　Mgr. Noël Gubbels, *Trois siècles d'apostolat—— histoire du catholicisme au Hu-kwang depuis les origines 1587 jusqu'à 1870*, pp. 254 – 256.

　　②　他在西安基督徒家里秘密行使代牧权，1777 年作为其两名后继者的署理主教协助其工作，1785 年死在北京监狱。

　　③　1785 年死在北京监狱。正是在他监管期间，1784 年有四名方济各会士在湖北樊城被捕，引起了一场全面禁教。

　　④　当他接任主教时，有 25000 名基督徒，2 名欧洲传教士，10 名左右的中国传教士在甘肃、湖北、湖南。

　　⑤　又名金主教，1838 将李文秀神父派至湖广作为署理主教。

牧的遥控指挥外，这一时期亦有其他方济各会士到达湖广传教。

二　蓝月旺神父的殉教

禁教后期至 1840 年前到达湖广传教的方济各会士并不多，其中最有名的是在长沙殉教的蓝月旺神父。

蓝月旺（S. Joannes de Triora, O. F. M.），1760 年 3 月 15 日生于意大利特廖拉的热心教友家庭，由其姓氏疑其家族应为当地之望族。[1] 1777 年进入修会，1800 年 1 月 17 日到澳门，1801 年 1 月 6 日他才得以进入内地。当时他在广东停留了一段时间，授洗部分教徒："蓝月旺携带经卷图像即与富蓝巳斯葛斯由小西洋一带传教五年，十二月航海至广东肇庆府城外寄住曾习天主教之倪若瑟并李多默家内，始改名蓝月旺，剃头更换内衣衣帽，学习汉语，富蓝巳斯葛斯因患病回国，蓝月旺在肇庆府先后诱允谭姓李姓唐姓三人习天教念经。"[2] 此后伺机进入内地。蓝月旺神父原打算传教江西，后来收到代牧指示前往湖南传教。蓝月旺居住在湖南湘潭一带，在当地他并没有买地建堂，而是借住在一位赵姓基督徒的家中。[3] 西方材料记载蓝神父在湖广主要管理湖南地区，"这里原有八千多教友，但大部分散在不同的村庄里"[4]。神父巡视极为不便，经常奔波在湖广偏远的山区中，十分劳累。由于传教士人数不够，他还兼管河南、陕西汉中等地的教徒。有记载说他在陕西一带，就曾施洗七千多人。[5] 1810 年，蓝月旺神父被教徒出卖，逃离陕西，接下来他在湖广度过了两年居无定所的逃难时日，尽管在这种严峻的形势下，他也没有忘记传教的责任，总是利用一切机会争取信教群众。1813 年他在永州授洗了几名教徒，在衡州举行了几场告解仪式。但是很快形势就连这样的工作也不允许了。1815 年 7 月 26 日，他在湖南被捕，与十二名基督徒一起被送至耒阳。当时湖广巡

---

①　欧洲贵族姓名中常以 de 后加其领地名称，平民姓氏中少有带 de 的情况出现，所以据此推测蓝氏应为有领地之贵族。

②　中国第一历史档案馆编：《清中前期西洋天主教在华活动档案史料》第 3 册，1059 页。

③　Mgr. Noël Gubbels, *Trois siècles d'apostolat——histoire du catholicisme au Hu-kwang depuis les origines 1587 jusqu'à 1870*, p. 258.

④　韩承良：《忠烈英魂：方济会中华殉道圣人小传》，香港天主教方济会 2000 年版，第 7 页。

⑤　天主教台湾地区主教团宣圣委员会编：《中华殉道圣人传》，第 97—98 页。

抚为翁元圻，奉谕：

> 蓝月旺以西洋夷人潜入内地，远历数省，收徒传教，煽惑多人，
> 不法已极。着翁元圻严切讯究，审明后将该犯问拟绞净，奏明办理。
> 其供出之犯，按名查拿务获，并飞谘各该省一体严缉究办。耒阳县知
> 县常庆查缉认真，于此案办竣后送部引见，再行施恩。①

最后九名基督徒被判流放，而神父则是死刑，于 1816 年 2 月 7 日
死于长沙。其遗体因由何神父保管而得以在 1819 年运送至澳门，在
半个世纪后被移送至罗马天坛圣母教堂。蓝月旺神父去世后，1836 年
又有一名方济各会神父 Pie Allegri（派·爱勒格力）来到湖广。但是
他在此工作时间不长，且传教细节也不得而知，三年之后被召回到陕
西去了。

禁教后期，尽管有陕晋代牧的指挥及蓝月旺神父的活动，但是与其他
修会相比，方济各会在湖广的活动十分有限。要到 1838 年李文秀神父来
到湖广后才掀开了方济各会在湖广活动的新时代。

三　李文秀主教的活动

1838 年李文秀来到湖广。李文秀神父的到来意味着方济各会在湖广
的传教进入了一个新的阶段。他从陕晋代牧手上接管湖广，使湖广终于结
束了长期以来托付给四川、陕晋代牧兼管的时期。

1. 生平及来华

李文秀（Joseph Rizzolati），1838 年后也被称为 Salvetti（萨尔韦蒂）
主教，1799 年生于意大利，1820 年入罗马修会。1827 年李文秀启程东
来，先在越南停留了一些时间，随后才经由澳门进入内地，并于 1830 年
到达陕西。在 1832 年至 1837 年，他为了收集在中国殉教传教士的资料而
四处旅行，居无定所。

1838 年金主教向罗马教廷提议推荐李文秀为湖广主教。教廷采纳该
提议，任命李文秀为湖广主教，于是李文秀神父就这样来到湖广。

李文秀神父刚到达湖广就经历了一场严重的教难。1839 年 9 月 13

---

① 王之春：《清朝柔远记》，中华书局 1989 年版，第 167 页。

日，李文秀神父到达茶园沟。关于李文秀神父的进山，《湖北襄郧属教史记略》中对此记载详细：

> 水行月余，抵老河口镇，舟主亲陪李公入山。留传君守船。及至观音堂集（距茶园沟 12 里），与会长某君相值。既通姓名，某君自请为向导。讵被仇教人觊破，唆使差役踪迹之。公固未知也。迨公（李文秀）到堂时，真福（董文学）已先期束请安。公及华铎汪公（汪公据遗传即汪保禄，华名振亭，广东人，圣家会士也，传教为证信德，曾坐监受刑，李主教尝擢之为代权）为公欢迎，且强敬以长上之礼。盖真福料其后必为湖广第一任主教也。一日，值主日为圣母圣名瞻礼，四公拟乘斯良辰，行特别敬礼，不料此日即大难临门之日。①

李文秀神父初至湖广即前往茶园沟基督教社区，与遣使会士打招呼。从表面看，不过是一场普通传教士间的聚会，但是考虑到李文秀神父新近由陕晋代牧任命为湖广主教，管理湖广意大利籍传教士，而随后不久金主教又令张方济各会士代权管理法国遣使会士，并让李文秀与张方济各商议划定界限。② 因此，李文秀神父这一次访问遣使会士，也可以看作是试探法国遣使会的传教情况，也为将来分割传教地区做准备。只可惜这次短暂的会面很快就因教案而被破坏，而董文学神父甚至被捕殉教，使湖广教区失去了一位重要的传教士。

2. 湖广修道院的尝试

禁教时期欧洲神父来华极为艰难，中国天主教事业赖本国神父得以继续。李文秀神父到达湖广时又正遇教难，损失了董文学等神职人员，一时间，传教极其艰难。在这种情况下，李文秀神父深知要想发展湖广天主教事业，缺乏本地神职人员将是一个很大的障碍，无法延续传教工作。有鉴于此，李文秀神父来到湖广后，马上着手建立修院。

外国传教士想在湖广建立修道院，并非始自李文秀神父。禁教之前，穆天尺神父路过湖广常德时就认为当地很适合建立修道院，也为此做过一

---

① 成和德：《湖北襄郧属教史记略》，第 50 页。
② 康志杰：《上主的葡萄园——鄂西北磨盘山天主教社区研究（1636—2005）》，第 107 页。

定的努力。然而，由于多方原因，最终穆天尺神父改在四川修立起遣使会修道院。此后，不少来湖广的传教士人也想在湖广建立培养本地神职人员的场所。例如，我们在上文提到过的刘克莱神父等就在传教区内建立起初等学校等类似机构用于培养、教育年轻的教徒，以作为将来神职人员人选。但是，据史料所记，湖广第一个正式成型的修道院是李文秀主教来湖广之后创办的。

李文秀神父来湖广时，随身带有几名学生，他准备日后为他们找一个住所安置下来。1842 年，李文秀神父在离汉口大约 30 公里的地方即柏泉建立了一个小型的修道院用来教育学生。^① 选择在柏泉建立修道院是因为该地离主教府不远，李文秀主教可以一边兼顾主教事务，一边照看、培养修道院的年轻学生。而修道院建立在离大城市有一定距离的地方也有利于修道院的学生安心学习，避免太多地接触到世俗事务。李文秀神父在柏泉建院花了不少银两，他不仅购买了当地的一所房子，还买了很多材料准备扩建修道院和教堂。他当时预计建造这个教堂可以容纳所有学生和大约三百来名基督徒。

然而，这次尝试很快宣告失败。正当李文秀神父准备好材料，打算建院时，有一位弃教者向当地一位下级军官报告了神父在此买地建堂的事，军官得知此消息后，带领一队农民包围了李文秀神父的住地，将这所正在建造的房子毁坏了。建材也被官员和农民给瓜分了。^② 这次打击对李文秀神父来说是极其严重的。因为先前所付的银两，一共是 500 埃居（法国古货币的一种）完全泡汤了。对经济拮据的他来说，短期之内再重建住所与修道院是不可想象的。此后，李文秀神父大部分的时间都不得不流浪，居无定所。李文秀神父这一段经历被人赞美为与董文学神父不相上下的经验：

> 董文学神父经历了各种可怕的折磨之后，获得了殉道的荣冠，李代牧却经历了另类的殉道经验。六个月时间居无定所，流落在山林中，忍受着心灵上难以想象的忧郁与悲伤：教友们也不敢将他藏匿在

---

① Mgr. Noël Gubbels, *Trois siècles d'apostolat—— histoire du catholicisme au Hu-kwang depuis les origines 1587 jusqu'à 1870*, p. 275.

② Ibid. , p. 276.

家中，否则难逃被捕的命运。[①]

　　李文秀神父在湖广过了一年时间的逃难生活，使他下定决心即使再危险也要重建修道院。这一次，他选择在省府都城武昌建立修道院。在当时的环境下，李文秀神父的举动可谓是极其大胆。他在康熙年间兴建的一所寺庙边上建立了一个小教堂，并作为修道院，这就是武昌修道院。此后，李文秀主教在湖广的修道院慢慢走上了发展的道路。当时他在三个城市拥有住所来培养修士，这三个地方分别是汉口、武昌和天门。到 1846 年，他已经有 23 名学生，其中有 13 名在汉口。

　　自方济各会士接管湖广教务后，有大量的方济各会士被派到湖广来传教。他们的人数一度达到 12 名。姓名可考的有 Silverstre Caprilli（希尔维斯特·卡普里利）（1842）、Michel Navarro（方来远神父又译作陆怀人）、Antoine Moretti（安东尼·莫雷蒂）（1843）。同时还有两名来自罗马传信部的欧洲神父即意大利人赵方济（Francois Xavier Maresca，1840）和希腊人 Ignace Dracopoli（伊格纳茨·德拉科波利）（1842）。[②] 方济各会神父的到来对湖广天主教是一个鼓舞，但是这一时期正逢鸦片战争爆发，中国经历了从一个封建的主权国家到半殖民地半封建社会的转变。尤其是天主教伴随着不平等条约回到中国社会时，其传教性质开始发生变化。而传教士的身份与行为也逐渐带上殖民者的色彩。虽然在帝国主义的支持下，天主教在湖广进入了一个发展异常迅速的时期（1856 年湖广教区由于发展迅速被一分为二，成立湖南、湖北两个教区），但是借着外国势力而在湖广兴盛的天主教却激起了比以往任何时代更多的民怨，在湖广社会上造成了严重的不良影响。清末两湖地区频繁的教案就是此种情况的明证。在此书中暂不对鸦片战争之后湖广天主教的发展情况做讨论。

---

　　①　Sylvester Espelage，*Hierarc Hia Franciscana in Sinis*，*Hukwang*，1929，"*Joseph Rizzolati*"，原文是拉丁文，转引自康志杰《上主的葡萄园——鄂西北磨盘山天主教社区研究（1636—2005）》，第 109 页。

　　②　Mgr. Noël Gubbels，*Trois siècles d'apostolat——histoire du catholicisme au Hu-kwang depuis les origines 1587 jusqu'à 1870*，p. 278.

第四章

明清时期湖广天主教的特点

第一节　明清时期湖广天主教政策——
以黄明凤案为中心

一　黄明凤案的发生

耶稣会管理湖广教区时，有一件教案颇引人注意。这就是黄明凤教案。黄明凤西方名为 Jean-François Beuth，《欧洲所藏雍正乾隆朝天主教文献汇编》① 称为黄明凤，而《在华耶稣会士列传及书目》② 则称杨若望。国内关于黄明凤材料极少，因此鲜有学者关注。直至最近，一份藏于法国国家图书馆中文档案的发掘，才使我们得以一窥此案真面目。档案原文见下：

乾隆十一年十月廿六日，准湖广荆州府江陵县正堂黄关称，本年九月初八日，据沙市司巡检金维翰禀称："九月初六日二更时，沙市磁器街居民关希圣家失火，卑职闻报，往救扑灭，火光中见有西洋人走过。卑职因沙市内地非伊等所当存足之处，况时已半夜，更为可疑，当即着令弓兵赶唤，执一西洋鬼子并同行之汉人手执包袱一个，随带至衙署查明。汉人叫杨又见，西洋人姓黄叫明凤，在刘大宗家住。卑职查明，黄明凤系西域人，不应在沙市潜住，恐有行教之事。卑职有地方之责，不敢轻纵，除着房主刘大宗小心看管，合函察明，

---

① 吴旻、韩琦编校：《欧洲所藏雍正乾隆朝天主教文献汇编》，第 180 页。
② 在费赖之书中称为杨若望，参见 ［法］费赖之《在华耶稣会士列传及书目》，冯承钧译，第 860 页。

电夺批示"等情。据此，当批该巡司确查，是否天主教人，连人解县，以凭讯夺去后，随据该司于九月二十三日详解到县，据此，敝县当讯。据杨又见供："小的是本县人，八月二十七日，沙市刘大宗说，他家一个客人黄明凤病了，雇小的替他炊篓……九月初六日，沙市失火，黄明凤出去躲避，把一个稍连与小的提起，恰遇金巡司查问，将小的们等拿住。小的不知黄明凤是那里人，也没见他做甚么歹事，只在刘大宗家买绢的。"讯，据刘大宗供："小的家开机房，八月十七晚，有帽铺吴天儒作成，黄明凤来小的家买绢，说他是西洋人，住在广东，贩的倭缎，在汉口卖了还有十三匹，带来卖与他家了，他替小的买三十四绢，讲定一两四钱银子一匹，共该四十二两，当把了二十两，还欠二十二两。因他病了，就在小的家住下，没人服侍，是小的代雇杨又见替他炊篓的。初六日，沙市失火，黄明凤出去避火，撞遇金巡司拿住的，并没做不法的事是实。"讯，据黄明凤供："小的原是西洋人，广东广州府香山县澳门地方住有三代，祖叫若韩，父叫汝流，今年六月内在广一州贩买倭缎，二十五匹一百两本银。七月二十七日，到汉口薛家嘴松谦和巷黄家帽铺，卖了十二匹倭缎与他……还剩十三匹倭缎，叫小的装到荆州吴家帽铺发卖。八月初四日，小的在汉口起身，十七日到沙市吴家帽铺，将十三匹倭缎卖与他……十七晚，小的到刘大宗家问他买绢三十四……小的因患病就在他家住下。小的平日只有念天主教的经，并没做不法的事。小的澳门地方还有亲朋戈礼亚、李国老在彼，如今小的病还没好，只求病愈超释就是。"等供。据此，当交批差转交刘大宗，好为调养，俊病递回本籍，免致在外滋事，去后，今据黄明凤以泣怜异孤病躯，俯赐长解苏命，顶祝再造事具察前来。察："蚁贩买缎匹，赴宪属沙市发卖，抵关报税后，将卖缎之银在机房刘大宗家买绢……不意蚁身旧病忽发，借刘大宗空房一间调养，不意九月初六夜近邻起火，蚁同雇工杨又见避灾在街，忽遇沙市司廉查街，拘蚁押解宪辕，蒙恩审讯，蚁供明避火在街情由，蒙谕大宗将蚁领回，好为调养，昨大宗以蚁病稍愈，具禀蒙批候备文，递回本籍收管，仍先将货物开单，以凭一并备载移文，免致遗失可也。正钦宪如天之仁，苦蚁弱病稍愈，若陆路递回，值此寒冬，风霜跋涉惟艰，病亦再发，必致拖毙长途，只得哀叩作主，俯念异孤，恩施格外，赏赐长解，蚁得以雇船，水路回籍，蚁愿捐给盘费，察给回照，孤命得苏，蚁家骨肉重圆，顶祝万代公侯上享。"等因。计粘什物单一纸……青蓝重绢十四。据此，查该犯系西洋番民，若任听逗留外方，恐致行教滋事。据称落籍贵县澳门地方，合行递回安插，为此合关贵县，请照来文事理，烦为饬令保甲，将黄明凤交给亲属领回安插，仍祈赐文，络役回销。等因。计移解黄明凤过县，准此，乾隆十二年正月二十日禀各宪。①

从这份中文档案中，我们可以得知如下信息：一位名曰黄明凤的西洋人，做纱布生意。因在湖广时偶遇失火而被当地官员发现，查明不过是一名普通商人，与天主教并无关系。为此，当地官员并不在意，仅以押解至澳门安插完事。如果仅此一份档案，似乎与我们的研究主题没有多少关联。但从其他西方材料中，我们却发现此事并不简单。宜昌主教古贝尔曾记录多明我会士 Marcioni（马尔乔尼）在湖广的一段经历，颇值得我们关注。这段历史原记录在马尔乔尼②的一封信里：

　　禁教时期，他（指马尔乔尼）曾逃难到湖广沙市。当时这是法国耶稣会士黄明凤（Jean-François Beuth）神父的住所。有一天晚上，正当黄明凤神父与马尔乔尼神父在房间里谈论传教情况时，突然听到大街上传来吵闹声，原来是不远处房子起火了。神父所在的房子也会不可避免地被波及或是被其他人误闯进来。由于他们感到这种危险，于是两人马上带着举行圣事用的器具，打算转移藏匿到另一位基督徒家，那里离起火的现场稍远一点。由于晚上漆黑一片，所以他们很幸运没有被人看到。但是在火灾结束后，在他们回来的路上，他们遇到一位官员和几名士兵，在火把的微光中，士兵们发现他们是外国人。黄明凤神父由于之前生了好几个月的病，所以体质太弱而不能逃走，当场被抓。但是多明我会神父飞快地跑掉了，没有士兵追上他。当他跑了好几条街后，认为已经没有人跟着他之后，才慢慢停下来。但是

---

①　吴旻、韩琦编校：《欧洲所藏雍正乾隆朝天主教文献汇编》，第 167—169 页。

②　Marcioni 有时也写作 Matsioni，多明我会士，曾与多明我会士陆迪仁主教一起在湖广工作过一段时间。同样也是由于禁教，他后来没有返回至中国，而是在 1747 年的时候传教于交趾支那等教区。André Ly, *Journal d'André Ly*, *prête chinois*, *missionnaire et notaire apostolique*, *1746 - 1763*, introduction par Andien Launay, Hongkong, imprimerie de Nazareth, 1924, p. 18.

当时已是夜晚，城门已经关闭，他无法跨越城门，只好在街角躲藏起来。但是不幸的是，他被几名士兵发现了。这群士兵仔细地打量起他来。神父把脸遮了起来，假装在睡觉。但是士兵们很多疑，搜查了他，于是发现他的念珠，这是他们从来没有见过的东西。"这是什么？"他们询问道，事情变得复杂起来。但是多明我会神父非常善于应付这种场合。为了不让他的外国口音被辨认出来，他没有回答士兵的提问，而是假装很痛苦的样子，让他们觉得他病了，正忍受着某种疼痛。其中一名士兵认为这念珠可能与白莲教有关，白莲教是清政府的敌人。"不是的，"另一位士兵回答道："这个人应该是天主教徒，我曾在其他天主教徒那里看到过类似的东西。"在这段时间里，神父一直假装肚子疼，有一名士兵对他表示出同情，建议把他带到离此地不远的一位基督徒家里。这个建议竟然得到采纳。于是这群士兵，忘记了黄明凤神父的被捕，对这位多明我会士表现出极大的怜悯。他们来到了一位基督徒家中对他说："来，给你，这是你们宗教的一个人，照料一下他吧。"就这样马尔乔尼神父因此逃过一劫，离开湖广前往澳门。①

通过对马尔乔尼生平的考察，我们可以发现，此份档案与法国国家图书馆典藏档案所记系同一件事。湖广官员将被捕黄明凤作为普通外国人入境而判安插澳门，而对多明我会马尔乔尼神父未做任何处理。如果此事就此结束，我们也无甚可言。但是事件的发展却并不简单。

黄明凤由湖广官员派人押解至香山县澳门，原本是希望草草了结此事，香山县令出具官文之后结案即可。不料想，香山县令却是痛恨天主教之人，很快就查明黄明凤的真正身份。在其上报公文中称：

> 黄明凤一名，已经剃头辫发，袍套衣履皆系中华服色，其声口俱成楚音，似属久经潜住内地，非自上年六月始由澳赴楚之人。当逐细诘讯，始据该犯将伊祖、父俱自康熙年间各省开天主堂时往来行教，迨至雍正初年拆毁天主堂，押解西洋人赴澳，伊始潜迹流落在江宁、

① Mgr. Noël Gubbels, *Trois siècles d'apostolat——histoire du catholicisme au Hu-kwang depuis les origines 1587 jusqu'à 1870*, p. 187.

汉口、武昌、荆州等处行教，历有年所，上年始被江陵县拿获，追出经卷，现在带有小神像十三个，实系法喇晒人，番名哗的哩，现年四十四岁，并不晓天文算法，亦无父母兄弟妻子在澳等情，供吐历历。并据江陵县解役余国柱供称："黄明凤实系在江陵地方行教被拿，起出天主经一卷，本官禀明上台从宽办理，故此文书说是买卖，着小的长解前来，经卷也不敢移送，求详察"等供。各在案，据此，该卑职查得黄明凤在楚行教属实，今楚省业已从宽，卑职可无深究，当即一面押交夷目收管，一面将收到该犯日期移覆江陵县去讫。原可毋庸上渎宪聪，惟是卑职鳃鳃不无后虑者，盖以黄明凤一犯，状貌、语音、衣服悉与夷人无二，各省道路又所熟识，且伊在澳门并无亲属可以依倚，若止照江陵县来移，交给夷目收管，将来保无仍然潜往地方，私行邪教，内地愚民既恐被其煽惑，况该犯并非异言异服，关津无从盘诘，一经发觉，贻累滋多，似应遵照定例，饬令夷目收管，侯有法喇晒便船附搭顺船回国，较属妥便。但事关外夷，又系楚省径解卑县之犯，是否可行，卑职未敢擅专，相应据实密察大人宪台衡夺批示饬遵，再各省现奉谕旨查办天主教，将来以此径解回澳者尚多，一经大人宪台酌定章程，嗣后可遵循办理，尤为德便。①

此后黄明凤在香山县受尽折磨，"被绑在街头，任群众拔他的头发，又加以辱骂，又在监狱里百般受刑"②，后被解送至澳门，不久离世。

从以上几份材料，我们可以还原历史的本来面貌。黄明凤神父长期以来一直传教于湖广地区，其口音就能体现出来。而令人惊讶的是沙市官员的态度。香山县令能听出其口音为湖广口音而知其在内地所待时间必久，何以沙市官员就毫不怀疑？另外，从档案中我们亦可以得知，当场搜查出黄明凤随身携带有天主教经卷等多种物品，已经明确可知其为天主教传教士，但是沙市官员仍然有心包庇，以商人相称，并且隐藏证物不报，希求简单结案了事。另外，从逮捕方济各会士士兵的态度中，我们也可以看出湖广官员对待天主教并未严格按照禁教令执行，在明知对方是天主教教徒的情况下仍宽松对待。湖广官员们的这一做法确实令人感到不解。因为当

①　吴旻、韩琦编校：《欧洲所藏雍正乾隆朝天主教文献汇编》，第169—171页。
②　张泽：《清代禁教期的天主教》，光启出版社1999年版，第63—64页。

时正值福安教难。在此我们先回顾一下 1746 年福安教案的处理结果。关于此教案详情在张先清①的著作中已有较为翔实的介绍，此处不予赘述，仅对地方官员的处理结果作一简单的介绍。据统计，福安教案中"先后擒获西洋夷人费若用、德黄正国、施黄正国、白多禄、华敬等五名，各村堂主教长生员陈抽、监生陈廷柱、民人郭惠人、陈从辉、刘荣水、王鹗荐等六名，女教长郭全使、缪喜使二口，并从教男犯陈榧等一十一名，从教女犯及守童贞女一十五口"②。紧接着就是严刑拷问：

> 　　白主教在漳浦、建宁两县会审时……受掌嘴共有六十五下，又于抚院审时……又受掌嘴二十五下……费公被拿时受兵役用乱拳、短棍、铁尺毒打，遍身重伤，后在监吐血数次。③

福安地方官对西方传教士可谓酷刑用尽。尤其是主犯白多禄，被捕后，多次提审，"大小审判多达九十四次，每次均受重刑"④。信徒也难逃劫难，"王鹗荐系费公东家，掌嘴五六十下。郭惠人系主教东家，掌嘴共有三四十下……陈从辉系施、德二公东家，掌嘴二三十下"⑤。福安地方官对西方传教士和信教民众百般污辱与折磨，一步步将教案扩大，最后还将西洋教士处死。自清廷颁布禁教令以来，福安教案首开斩杀西方传教士之先例。为什么同为西洋人，在福建、湖广两地遭遇却如此大不相同？这值得我们深思。

二　政府与官员的态度

1. 清政府的态度

我们先看看清政府的态度。福安教案发生后，乾隆帝对此给予足够重视，从福建一省推延至全国，但在处理上却并不严厉。他认为：

---

① 张先清：《官府、宗族与天主教：17—19 世纪福安乡村教会的历史叙事》，中华书局 2009 年版。

② 中国第一历史档案馆编：《清中前期西洋天主教在华活动档案史料》第 1 册，第 85 页。

③ 《福安遭难事实》，*Mep Chine Lettres 1747 – 1748*, 10, 435 Date de miorofilmage 25 mai 2001.

④ 方豪：《中国天主教史人物传》（下），中华书局 1988 年版，第 106 页。

⑤ 《福安遭难事实》，*Mep Chine Lettres 1747 – 1748*, 10, 435 Date de miorofilmage 25 mai 2001.

　　天主教原系西洋本国之教，与近日奸民造为燃灯大乘等教者，尚属有间，且系愚民自入其教，而绳之以国法，似于抚绥远人之义亦有未协，应令该抚将现获夷人概行送至澳门，定限勒令搭船回国。其从教男妇，亦择其情罪重大不可化海者按律究拟。若系无知被诱、情有可原之人，量予责释，不致滋扰。①

　　由此可见，清政府上层并不想扩大事端。事实上，终乾隆一朝，皇帝本人对天主教的态度一直都是模棱两可的。这可能也与其喜爱西洋器物有关。白乐嘉称：“乾隆皇帝对钟表表现得更为热情，因为他下令每年订购价值高达 3 万两到 6 万两（12000—25000 英镑）的顶级钟表。这样，到十八世纪中叶，东印度公司每年从伦敦购买价值 2 万英镑或更多的钟表带往广州。”②

　　据来华的马戛尔尼称：乾隆皇帝“拥有价值至少两百万英国货币的各式玩具、珠宝、玻璃制品、音乐自动机，还有多种多样的装置，像显微镜、钟、表等，都是伦敦制造的”③。

　　乾隆二十二年十二月十一日，他还传旨署两广总督李侍尧、粤海关监督李永标：“此次所进镀金洋景表亭一座甚好！嗣后，似此样好看者多觅几件；再有大而好者，亦觅几件，不必惜费。”④

　　粤海关监督李永标亦称：“上谕向年粤海关办贡外，尚有交养心殿余银。今即著于此项银两内，买办洋物一次。其洋檀、哔叽、银线及广做器具俱不用，惟办钟表及西洋金珠、奇异陈设，并金线缎、银线缎或新样器物皆可，不必惜费，亦不令养心殿照例核减，可放心办理。于端午前进到。”⑤

---

　　① 中国第一历史档案馆编：《清中前期西洋天主教在华活动档案史料》第 1 册，第 115—116 页。

　　② Braga, J. M., "A Seller of 'sing-song'", the Journal of Oriential Studies, Vol. 6, HKU Press, 1967, p. 69.

　　③ Pagani Catherine, Eastern magnificence and european ingenuity: vlocks of late imperial China, The University of Michigan Press, 2004, p. 77.

　　④ 转引自杨伯达《清乾隆五十九年广东贡物一瞥》，《故宫博物院院刊》1986 年第 3 期，第 3—4 页。

　　⑤ 《寄谕管理海关事务李侍尧等著令粤澳门采购洋货供奉内廷》（乾隆二十三年正月初四日，军机处寄信档），中国第一历史档案馆编：《清宫粤港澳商贸档案全集》第 3 册，中国书店出版社 2002 年版，第 1679 页。

乾隆皇帝还特别指出："从前进过钟表、洋漆器皿，亦非洋做，如进钟表、洋漆器皿、金银丝缎、毡毯等件，务要是洋做者方可。"①

正是对西洋器物的欣赏与实际需求，乾隆皇帝的宫中也不乏西方传教士为其服务，因此，他对外地传教士的活动也是睁一只眼闭一只眼，对禁教亦是忽松忽紧，对此，外籍传教士们认为：

> 皇帝清楚地知道，惟有宗教动机才使我们前往那里。如果人们万一前来关闭我们的教堂，禁止传教士自由地布教和行使其使命，那么我们就将很快离开中国，这是皇帝所不愿意看到的。②

甚至 1754 年前后，还有外籍传教士说：

> 在中国基督徒的数目仍相当可观，其数目之大使得目前在该帝国工作的传教士显得人手不足。对有人反对我们神圣的宗教感到非常愤怒的士大夫们不断地自己前来，带着全家来请我们给他们施洗。③

也正是由于封建统治阶级最上层对天主教的态度并不明确，因此才使地方官员在处理地方教案上存着差别。当时虽然名义上仍是禁教时期，但各地在处理教案时却显示出不同的地区特色。这与鸦片战争之后，清廷上层人士对基督宗教的态度有着较大的差异。晚清著名传教士李提摩太曾在其回忆录中记载他与恭亲王的相遇，号称这位提倡向西方学习以图自强的清廷权贵，在外国使节面前显得恭顺却对基督教有着不可掩饰的憎恨。他说恭亲王是其所见过的人中最"蛮横"的人，说"恭亲王让我坐在靠近门口的一把椅子上，以此来表示对我的轻视"。在谈话一开始的时候"恭亲王就提到了教民，称他们是中国的垃圾"④。

---

① 转引自杨伯达《清乾隆五十九年广东贡物一瞥》，《故宫博物院院刊》1986 年第 3 期，第3 页。

② ［法］杜赫德编：《耶稣会士中国书简集：中国回忆录》第 4 卷，郑德弟、吕一民、沈坚译，第 301 页。

③ ［法］杜赫德编：《耶稣会士中国书简集：中国回忆录》第 5 卷，郑德弟、吕一民、沈坚译，第 19 页。

④ ［英］李提摩太：《亲历晚清四十五年》，李宪堂、侯林莉译，第 227—228 页。

2. 湖广官员对天主教的态度

从某种程度上来说，朝廷的命令主要是由地方官执行。西方学者就指出："在中国，法律并没有像在欧洲那样严厉。法令和指示仅是代表一个官方的说明，运用时却有很大的随意性，尤其是根据他们个人的兴趣而有所差别。所以这也就解释了为什么有时传教士和基督徒会毫不留情地遭到迫害，而有时他们又与官府保持着一种比较好的关系。"① "（禁教）有过喘息的阶段，即有些地带暂予以容忍。这都系于地方官的好恶与权力。有时官员并非不晓得在他们治下有教友和传教士的存在，但晓得神父还被朝廷优待，于是便闭上眼睛不加深究；或者为避免被控告疏忽铲除教会的罪名，或者为了避免遣发传教士至京师的麻烦及花费，便奏明皇上在他们所辖的境内已没有教徒。"② 君丑尼神父也在信中记载：

> 既然这些不信基督教的官吏们，非常熟悉皇帝禁止我们进入中国的命令，而且确信我是欧洲人，那么他们怎会如此轻易地对我放行呢？甚至还惩罚了那些曾阻止过我的人呢？……虽然中国的大门向全体欧洲人封闭，但官吏们都清楚地知道，在皇帝身旁就有数位欧洲人，而且该皇帝也很尊重他们，他近期又将五名欧洲人召至北京宫廷，他们受命在那里从事建筑。皇帝还为他们支付了全部路费，他们由此也不喜欢向任何欧洲人挑拨煽动任何有害的事件，害怕在宫廷中的那些欧洲人向皇帝奏报这一切。③

雍正皇帝素以节俭恶奢为名，其对西洋器物远不如康熙、乾隆沉迷，其对天主教禁止甚严，他曾因官员办事不力，下旨要求各地官员严查：

> 向因西洋人通晓历法，是以资其推算修造，留住京师，后因其人来者渐多，遂潜居诵经行教，煽惑人心，而内地不肖之人、无知之

---

① Mgr. Noël Gubbels, *Trois siècles d'apostolat—— histoire du catholicisme au Hu-kwang depuis les origines 1587 jusqu'à 1870*, p. 112.

② ［法］穆启蒙：《中国教友与使徒工作》，侯景文译，光启出版社 1978 年版，第 125 页。

③ ［法］杜赫德编：《耶稣会士中国书简集：中国回忆录》第 4 卷，郑德弟、吕一民、沈坚译，第 262 页。

辈，往往入其教中，妄行生事，渐为民风之害，是以原任总督满保奏请将各省西洋人或送至京师、或遣回澳门，其所有天主教堂，悉改为别用，经礼部两次议复，将各省西洋人准其居住广州省城，但不许行教生事，其天主堂改为别用，朕曾降旨伊等乃外国之人，在各省居住年久，今令其搬移，恐地方之人混行扰累，著给与半年或数月之限，令沿途委官照看，此雍正二年之事也。今已数载，各地方中不应复有留住之西洋人矣。近闻外省府县中竟尚有潜藏居信者，本地无赖之人，相与往来，私从其教，恐久之滞染益深，甚有关于风俗，此系奉旨禁约之事，而有司漫不经心，督抚亦不查问。①

然而，乾隆对天主教的态度却模糊不清。事实上，乾隆十一年八月初四日湖广官员已经接到清政府要严查天主教的命令。在新近公布的档案中我们看到：

> 湖南长沙府正堂吕密扎湘潭县知悉。本年七月二十九日，奉布政司徐、按察司周密扎，内开密扎者，钦奉上谕，令各省查拿天主教一案，于七月二十六日奉都宪密扎，内开奉到上谕一道，令各省查拿天主教，祁即查照……悉心暗加访察，如有此教，务将掌教从教之人分别次第，逐细查明密禀，以凭按照情形，转饬拿究，并饬不得声张泄露，亦不得遽行签差滥拿。弟意盖因川黔邪教之案，各处事尚未息，诚恐加以此案查缉，人心不免惊惶，且虑地方官办理不善，反致滋事扰民，是以欲先定章程耳。一切尚希就近与抚台商定，务期妥协等谕。奉此，合行转扎，扎到即遵照宪扎，密饬各属，妥协办理，毋得声张泄漏，亦不得混行签差滥拿，致滋扰累，大干未便。等因。十一年八月初四日到县。②

乾隆虽明示要严查各地天主教，却一再强调不要在地方上滋扰生事，这种态度很大程度上限制了地方官的活动，例如，沙市官员就以"本官

---

① 台北"故宫博物院"编：《宫中档雍正朝奏折》第14辑，台北"故宫博物院"1978年版，第470—471页。

② 吴旻、韩琦编校：《欧洲所藏雍正乾隆朝天主教文献汇编》，第156—157页。

禀明上台从宽办理"①的借口放松对神父的查禁，主要就是因为不愿意将事情扩大，反落个办理不善的名声，不如隐瞒事实了事。官员的态度很大程度上左右了天主教在地方上的兴衰。董文学曾记载禁教期湖广地区有一位四川教徒，在其居住之地传播天主教。由于与当地官员有同乡之谊，因此传教并未受到阻难，收效颇多，"营商至此，忽思及为宣教事，久之，颇得邻近外教之信用之感情之新生矣，现信友颇众，皆厚遇之，而地方官长，适为同乡，以桑梓之谊，亦甚有感情，往来颇密切。凡教士至此，为成人付洗，备受欢迎。且谓尚怀大希望，将为信德，更开疆而拓土云云"②。

此外，除黄明凤案外，其他教案中也频频发生类似情况。乾隆二十四年，中国籍神父蓝方济在湖广被捕，由于"吏与教会善，不加害"③，使神父得以全身而退。在另一起湖北教案中，地方官态度也可以说明一二。据西文材料记载，当时湖北官员对这些坚贞的基督徒无可奈何，只得采用欺骗的手法让他们在背教的文书上签字。官员们将这些基督徒传唤到廷，对他们说："你们的宗教是好的，这我知道。但是皇上却不了解。我在他的命令和你们的宗教中间调解一下。我不要求你们弃教。我仅满足于一种形式就行了。"④ 湖广官员的口气显示其对打压天主教并没有什么兴趣，只是简单地执行皇上的意见罢了。这位官吏向基督徒出示了一份需要签名的文件，对他们说："来吧，在这签名，不牵涉你们的背教问题，然后你们就自由了，再也没有人会追捕你们，从此以后，你们可以公开的信仰你们的宗教，赞美你们的上帝。来吧，签名吧。"⑤ 由此可见，湖广当地的官员只求在政绩上不出问题，自身对天主教的态度并不是很明确。谷城县官也是如此。当时清朝法律规定"禁军民杖以下，妇人流以下及老幼废疾皆散收押"⑥。有一名年轻的基督徒在谷城被捕，由于刚过十八岁，谷

---

① 吴旻、韩琦编校：《欧洲所藏雍正乾隆朝天主教文献汇编》，第156—157页。

② 成和德：《湖北襄郧属教史记略》，第37页。

③ 方豪：《中国天主教史人物传》，宗教文化出版社2007年版，第566页。

④ Mgr. Noël Gubbels, *Trois siècles d'apostolat——histoire du catholicisme au Hu-kwang depuis les origines 1587 jusqu'à 1870*, p. 267.

⑤ Ibid. .

⑥ （清）王庭桢修，彭崧毓纂：《江夏县志》（二），同治八年，清光绪七年重刊本，《中国方志丛书》第341号，成文出版社1975年版，第637页。

城县令宽大处理，并没有做出任何处置措施就允许其回家。① 从中我们也可以看出湖广官员对天主教的态度并不严厉。

此外，暨南大学叶农教授曾提出"自鸣钟外交"一说，认为西方传教士进入中国后，曾以自鸣钟作为礼物打开传教局面，同时也借由修理钟表等得到过当地官员的善待。②

他提到罗明坚在随葡萄牙商人赴广州参加一年两度的集市贸易时，曾将钟表作为礼品，送给了在广州的中国官员，取得了很好的效果："甚至在供暹罗使团前来向天子朝贡时所专用的馆邸中还给他留了一个住处。……该省的军事首脑也是他的朋友，罗明坚送给他一块表；这是一种用许多小金属齿轮安装成套的计时工具。这位官员被称为总兵（Zump-in），也就是将军，在神父有机会访问他时，他也对神父特别礼遇。这些与官员们的早期友谊，对于发展对基督教的友好态度是很有价值的。"③

1672 年，西班牙方济各会士从澳门偷渡进入广州，试图前往山东。广东总督尚之信闻讯后，将他们拘捕并要遣返澳门。正当会士们提心吊胆时，尚之信有西洋钟表坏了，一直没有修理。当尚之信得知卞芳世神父（Fran-cisco Peris dela Concepción）会修理钟表时，便转变态度，将会士请到尚府住下。卞神父很快修好了钟表，尚之信因此对神父有了好感。"见此情形，总督非常高兴……他答应把他的宫殿的一街之隔的一栋住宅送给了我们，让我们在那里起一座教堂。"④ 这次修理钟表，是间接的"自鸣钟外交"。

湖广的传教过程中也曾出现过类似的例子。西文材料曾记载，弗雷里神父在 1725 年禁教令刚到达湖广时，他在湖南一位信教官员的保护下，成功地在湖广躲藏了一段时间，并且还为官员制造了一座机械钟表。他甚至在这位官员的帮助下，在这风波正起的当头上，还为一位异教徒授了洗。⑤

————————

①　Mgr. Noël Gubbels, *Trois siècles d'apostolat——histoire du catholicisme au Hu-kwang depuis les origines 1587 jusqu'à 1870*, p. 274.

②　叶农：《明清时期广州与西洋钟表贸易》，《广东社会科学》2008 年第 2 期。

③　参见［意］利玛窦、［比］金尼阁《利玛窦中国札记》，何高济、王遵仲、李申译，何兆武校，第 145—146、174 页。

④　崔维孝：《明清之际西班牙方济会在华传教研究（1579—1732）》，第 812 页。

⑤　Mgr. Noël Gubbels, *Trois siècles d'apostolat——histoire du catholicisme au Hu-kwang depuis les origines 1587 jusqu'à 1870*, p. 117.

　　虽然由于材料的缺乏，目前我们没有更多的材料去证明在湖广天主教的传播历史中，"自鸣钟外交"到底起到了多大的作用，但是这也不失为一个视角，可以让我们对这一时期复杂的历史背景有另外的思考。

　　相比之下，福建巡抚周学健对天主教可谓是深恶痛绝。以至于方豪认为"白主教之终于被处死，实出于福建巡抚周学健之蓄意谋害"。虽然这种说法未免太偏颇，但周学健不喜欢天主教却是无争议的事实。他认为：西方"国王专利取尽锱铢，而独于行教中国一事则不惜巨费，每年如期转运银两，给与行教人等恣（资）其费用……夫以精心计利之国，而以资财遍散于各省，意欲何为，是其阴行诡秘，实不可测也"①。故而周学健本人对天主教的看法很大程度上影响了对福安教案的处理方式。

　　而湖广地区曾有德沛亲王担任湖广总督，自其在北京时就与欧洲传教士交好，调任湖广总督后更是暗中保护天主教。尽管亲王出于政治安全等多方面的考虑，平时不与西方传教士相往来。但是作为湖广总督，掌握一省之军政大权，他还是在各个方面给予了传教士极大的方便。当时教案纷起时唯独湖广稍显平静，正是得益于德沛在此"不容属下地方官仇教"②。在湖广传教的葡萄牙耶稣会士南怀仁就对湖广较少发生教案作出如下解释："另一个原因就是因为若瑟亲王，当时是这个省的总督，也是皇室成员。"③ 正是德沛坐镇湖广，对天主教予以暗中保护，才使整个湖广官方对天主教的态度并没有像福建那样严格。但是这种保护也是短暂的。1749 年湖广新一任总督上任，马上就颁布了一项严厉的反教法令："官员命令在三个月的时间内，教徒们必须到官府自首，将所有的宗教信物，十字架、经书、画像所有与天主教相关的东西全部上交。"④ 可见，官员的态度在处理教案中具有举足轻重的影响。

---

　　①　中国第一历史档案馆编：《清中前期西洋天主教在华活动档案史料》第 1 册，第 116—117 页。

　　②　萧若瑟：《天主教传行中国考》，《中国天主教史籍丛编》，第 207 页。

　　③　Mgr. Noël Gubbels, *Trois siècles d'apostolat—— histoire du catholicisme au Hu-kwang depuis les origines 1587 jusqu'à 1870*, pp. 167 – 168.

　　④　Ibid. , p. 169.

此后，湖广官吏对天主教的态度不再友善，在后来发生的教案中，如刘克莱神父案、董文学神父案和蓝月旺神父案，官员对天主教传教士和教徒就要严格得多，三位传教士最后均被处死。由此也可以看出湖广官员对天主教的态度也是随着时代的不同而有所变化的。正如陆南所言：

　　　耶稣会士被某些官员接受并当作朋友，甚至承担官职，就在宫廷中具有一种恩及四方的影响，庇护分散在中国四方的福音工作者们。当耶稣会士的朋友或者只是认识耶稣会士的保护者去世后，在他的继任人那里，围绕在外国神父身边的善意常常变成了敌意：当耶稣会士在北京宫廷的影响减弱时，那些曾自称是他们的朋友或信奉同一宗教的官员们就立刻翻脸不认人。①

而黄明凤案的另一个关键人物香山县令痛恨天主教也是酿成这场教难原因之一。这位香山县令在黄明凤死后，还曾残忍地对待另一位押解至澳门、传教于陕西的神父。书信集中记载这位神父一路上遇到的官吏都较为客气，唯一的例外就是香山县令："返程路上虐待他的惟一官吏便是香山县的知县。我圣教的这位敌人为了在神父身上显示出他敌视基督教的仇恨，正如他过去在杨若望神父身上所做的那样。"②

正是多方原因才使同一时期，两场教案在湖广、福建有着截然不同的处理结果。从湖广官员宽松的处理中，我们也可以从中了解到为何历经百年禁教，湖广地区的天主教仍然保持兴盛不衰，当地官吏的宽松态度起到了一定作用。

第二节　多修会交织下的湖广天主教

一　明末清初湖广传教团体

湖广自 1696 年起成为单独的宗座代牧区，但是"某宗代牧区属

---

① Adrien Launay, *Histoire missions de Chine：mission du Se-Tchoan*, Vol. 1, p. 66.
② ［法］杜赫德编：《耶稣会士中国书简集：中国回忆录》第 4 卷，郑德弟、吕一民、沈坚译，第 342 页。

某传教修会，并非说从此日起，在这宗代牧区工作的传教士，都是某修会士；当时中国传教的组织还很幼稚；传信部将某修会开辟的传教区，就属某修会管，而最初的传教士，在可能环境中，就开辟新传教区，这样他们进入了好几省"①。而且"福音工人们到达中国后，一有可能就设点传教。在同一个省份，就有耶稣会士、多明我会士、奥古斯丁会士、方济各会士……由于尚未划分教区，他们无法集中在某个教区传教或接受某个主教的管理。传教士皈依了一些教友后，也只将他们留给自己所在的修会"②。因此，在湖广就出现了众多修会同时传教的局面，而不像四川、福建、山东等地，慢慢地都由一个主要的传教团体所占据。有学者就指出，原由耶稣会和葡萄牙独占的在华传教特权，在17世纪下半叶已明显遭到分割：如福建地区成为多明我会的大本营；方济各会进入山东、陕西活动；奥斯定会分散于广东；巴黎外方传教会则活跃于四川。③

湖广多修会的传教形势也可看成是中国教区的缩小版，因为这里接纳了如此众多修会的传教士。那么这些来自不同国家、不同修会的传教士，他们之间的关系是怎样的？

据统计，1723年全国大约有30万名基督徒，300座教堂，123名传教士，其中耶稣会士59名，40个住所；方济各会士32名，20个住所；多明我会士8名，4所住所；传信部传教士15名，其中大部分是外方传教士，6所住所；奥斯定会士6名，5所住所；遣使会士3名。④湖广在禁教令下达时共有6名西方传教士被遣送至澳门。其中两名葡萄牙耶稣会士，他们当时居住在武昌和湘潭；另两名法国耶稣会士，占据汉阳和安陆；还有两名意大利方济各会士，在常德有一所住所。⑤

截至雍正宣布全面禁教时，到过湖广的传教士有27名。

---

①　［法］樊国阴：《遣使会在华传教史》，吴宗文译，第80页。

②　Adrien Launay, *Histoire missions de Chine*: *mission du Se-Tchoan*, Vol. 1, p. 182.

③　汤开建：《明清之际方济各会在中国的传教》，载卓新平主编《相遇与对话：明末清初中西文化交流国际学术研究会论文集》，宗教文化出版社2003年版。

④　Mgr. Noël Gubbels, *Trois siècles d'apostolat——histoire du catholicisme au Hu-kwang depuis les origines 1587 jusqu'à 1870*, p. 89.

⑤　Ibid. .

表 4.1 禁教之前在湖广活动的传教士①

外文名	中文名	国籍	修会	主要传教地	年代
Ruggieri	罗明坚	意大利	耶稣会		1587
De Spira	史惟贞	法国	耶稣会	通山	1619—1627
Figueredo	费乐德	葡萄牙	耶稣会		1635
De Gouvea	何大化	葡萄牙	耶稣会	武昌	1637②
Couplet	柏应理	比利时	耶稣会	未详③	1656
Motel Jacques	穆迪我	法国	耶稣会	武昌	1661—1692
Macret	方玛诺	法国	耶稣会	武昌	1665
Monteiro	穆若瑟	葡萄牙	耶稣会	武昌	1680—1683
Della Chiesa	伊大仁	意大利	方济各会		1685
Basilio Brillo	叶宗贤	意大利	方济各会		1688
Petrus Pinuela	石铎禄		方济各会		
Arxo	陆若瑟	西班牙	耶稣会	湘潭、长沙、永州	1691—1699
Tchang	常修士④	中国	耶稣会		1691—1701
Van Hamme	王石汗	比利时	耶稣会	武昌	1691—1695，1697—1699
Carossi	罗斐理	意大利	耶稣会		1692
Bayard	樊西元	法国	耶稣会	黄州、湘潭等地	1694—1724
Marquez	唐玛诺	葡萄牙	耶稣会	武昌	1699
Duarte	聂若望	葡萄牙	耶稣会	湘潭	1700—1739
Domenge	孟正气	法国	耶稣会	黄州、汉阳等地	1702
Porquet	卜文气	法国	耶稣会	黄州、汉阳等地	1702
Hervieu	赫苍壁	法国	耶稣会	黄州等地	1703—1724

---

① 据［法］费赖之《在华耶稣会士列传及书目》；Mgr. Noël Gubbels, *Trois siècles d'apostolat—— histoire du catholicisme au Hu-kwang depuis les origines 1587 jusqu'à 1870*, p. 29；Dehergne Joseph, "La Chine centrale vers 1700", *Archivum Historicum Societatis Iesu*, Vol. 36, 1967, pp. 32 –71. 统计。

② 何大化来到湖广，西文记载为 1637 年，《在华耶稣会士列传及书目》（［法］费赖之，冯承钧译）中记载何大化于 1636 年至华，先是于杭州学习语言不久即到武昌传教，并未言明年月。

③ 《在华耶稣会士列传及书目》第 312 页言其先是传教于湖广，后被召至江南。

④ 西文全名为 Gonzague Tchang。

续表

外文名	中文名	国籍	修会	主要传教地	年代
Noelas	聂若翰	法国	耶稣会	德安、荆州、夷陵	1706—1724①
Le Coulteux	顾铎泽	法国	耶稣会	汉阳、襄阳	1707—1730
Mgr Mullener	穆天尺	德国	遣使会	常德	1711
Baborier	卜纳爵	法国	耶稣会	未详②	1712—1726
Ferreri		意大利	方济各会	常德	1721
Serravalle	萨拉瓦尔③		方济各会	常德	1719 年后

由表 4.1 可知，除常修士为耶稣会修士，未晋铎成神父外，其他 20 名耶稣会士均为神父，方济各会神父 5 名，另一名为遣使会士。相比禁教时期，这一时期湖广最主要的传教工作仍然由耶稣会士担任，尤其是葡萄牙耶稣会士在前期占据重要地位。法国耶稣会士虽然要晚于葡萄牙耶稣会士进入湖广，但是很快他们在这一地区建立起众多传教点。相比耶稣会的丰硕成果，禁教之前方济各会在湖广的传教活动则要逊色得多。他们大多在较小的城镇进行工作，人数也不多。直到 1838 年之后，方济各会士才大量进入湖广。因此，禁教时期，湖广天主教进入一个多修会时代。

二　禁教时期湖广传教团体

乾隆年间，在湖广地区工作的嘉类思神父说："除北京之外，在这一帝国所有其他的省份都有一些来自不同宗教团体的传教士。"④ 到 1840 年前，天主教各主要修会均派遣传教士入华，湖广地区亦如此。

---

① ［法］费赖之：《在华耶稣会士列传及书目》，冯承钧译，第 598 页，记载聂若翰神父在 1740 年前后也可能在湖广。
② ［法］费赖之：《在华耶稣会士列传及书目》，冯承钧译，第 502 页，记载卜纳爵神父来华后主要传教于陕西汉中，未提及湖广，然西文材料有提到他也在湖广传教，盖当时湖广教区与陕西教区传教士之间往来密切，多有巡视至此之故。
③ 1725 年萨拉瓦尔神父死于湖南常德。
④ ［法］杜赫德编：《耶稣会士中国书简集：中国回忆录》第 5 卷，郑德弟、吕一民、沈坚译，第 78 页。

表 4.2 来华修会①

中文名	西文名	创立及来华时间	传教地区
方济各会	F. M. Franciscans O. F. M.	1209—1294	澳门、香港、广东、山东、山西、陕西、湖南、湖北、福建、江西、甘肃
多明我会	Dominicans O. P.	1216—1631	澳门、香港、广东、广西、四川、贵州、
耶稣会	Jesuits S. J.	1534—1555	香港、澳门、广东、广西、江苏、安徽、浙江、陕西、四川、山西、河北、京津、内蒙古、福建、山东、湖南、湖北、云南、贵州、甘肃、台湾
奥斯定会	Hermits of St. Augustion O. E. S. A	1256—1680	广东、广西、福建、江西
遣使会	Lazarists C. M.	1625—1773	自耶稣会解散后，接收耶稣会所管传教区：河北、江西、河南、浙江等。
巴黎外方传教会	Mission Etrangère de Paris M. E. P.	1660—1683	澳门、香港、广东、广西、四川、贵州、云南、东北三省、西藏、北京、福建

自雍正二年禁教令下达至道光二十年，整个湖广地区传教情况极为复杂。虽然我们已经介绍了这一时期在湖广传教最重要的几个修会，即耶稣会、遣使会及方济各会。事实上，湖广在这一百多年间，并非仅此三家修会在此活动。这一时期的湖广教区，没有全权委托给一个单独的传教会，而是允许不同的修会在此传教。这种非独占的策略对激起不同修会的积极性是有利的。但同时，它也不利于整个湖广教区在人员配置、传教规范上的管理。

首先，我们来统计一下当时在湖广地区活动的神父。②

---

① 据张力、刘鉴唐《中国教案史》，第 6 页；李少峰《方济会在华传教史》，罗光主编《天主教在华传教史集》，第 74—81 页；包万才《巴黎外方传教会在华大事录》，罗光主编《天主教在华传教史集》，第 133—134 页；崔维孝《明清之际西班牙方济会在华传教研究（1579—1732）》，第 473—474 页；Dehergne Joseph，"La Chine centrale vers 1700"，*Archivum Historicum Societatis Iesu*，Vol. 36，1967，p. 32 ~ 71；Alphone Hubrecht，*La mission de Peking et les lazaristes*；Mgr. Noël Gubbels，*Trois siècles d'apostolat—— histoire du catholicisme au Hu-kwang depuis les origines 1587 jusqu'à 1870* 等资料数据统计制成。

② 有几人在表 4.1 与表 4.3 中有重复，因为其自禁教之前来湖广，在禁教时期仍然躲藏在湖广传教。

表4.3　　　　　　　　　　**禁教时期来湖广传教的传教人员**①

外文名	中文名	国籍	修会	地点	时间
Ferreri	—	意大利	方济各会	常德	1721
Baborier	卜纳爵	法国	耶稣会	—	1712—1726
Mgr Mullener	穆天尺	德国	遣使会	常德	1711
Maggi	陆迪仁	意大利	多明我会	常德	1732
Marcioni	—	西班牙	多明我会	沙市	1747
André Ly	李安德	中国	巴黎外方	衡阳	1732
Martiliat	马青山	法国	巴黎外方	郴州	1733
Paul Sou	苏洪学	中国	遣使会		
Tomas Yen	—	中国	—		
Hervieu	赫苍壁	法国	耶稣会	安陆	
Simon Bayard	樊西元	法国	耶稣会	武昌	
Moraes	玛诺	中国	耶稣会		
Neuvialle	纽若翰	法国	耶稣会	荆州、谷城	1740—1746
le Coulteux	顾铎泽	法国	耶稣会	汉口	—
Duarte	聂若望	葡萄牙	耶稣会	湖南	—
Loppin	君丑尼	法国	耶稣会	谷城	1740
Louis Du Gad	嘉类思	法国	耶稣会	汉口、沔阳	1739
Roberts	赵圣修	法国	耶稣会	—	1737—1740
Bataille	巴若翰	法国	耶稣会	谷城等地	—
Sequeira	纪类思	葡萄牙	耶稣会	—	1740
Morais	毛类斯	中国	耶稣会	—	—
Limbeckhoven	南怀仁	葡萄牙	耶稣会	武昌、德安	1743
de Avellar	—	葡萄牙	耶稣会		

① 表4.3据［法］费赖之《在华耶稣会士列传及书目》（冯承钧译）；Mgr. Noël Gubbels, *Trois siècles d'apostolat—— histoire du catholicisme au Hu-kwang depuis les origines 1587 jusqu'à 1870*, 统计。

外文名	中文名	国籍	修会	地点	时间
Etienne Siu	徐德望	中国	遣使会	沙市	—
Beuth	杨若望	法国	耶稣会	沙市、荆州	1745
Pierre Ladmiral	腊伯都	法国	耶稣会	—	—
Jean Baptiste Wang de Saint Andre	王德望	法国	耶稣会	—	1746 年前
Roy	骆尼阁	法国	耶稣会	—	1754—1769
Thomas Jean Baptiste Lieou	—	中国	耶稣会	—	1750—1752
Ignace Xavier Lan	蓝方济	中国	耶稣会	—	1759
Maur Ts'ao	曹貌禄	中国	耶稣会	磨盘山	
	陶神父	中国	耶稣会	—	—
Aloys Kao	高类思	中国	耶稣会		1787
Jean-Etienne Kao	高若望	中国	耶稣会	磨盘山	1734
Francois Moser	穆方济	—	耶稣会		1756
Paul Lieou	刘神父	中国	耶稣会		
Joseph Labbe	胥孟德	法国	耶稣会	磨盘山	1731
Jean-Baptiste de la Rocke	石若翰	法国	耶稣会	磨盘山	1785
Lamathe	河弥德	法国	耶稣会	磨盘山、谷城	1758—1769
Emmanuel de Motta	穆玛诺	葡萄牙	耶稣会	—	1777
Pierre Ladmiral	腊伯都	法国	耶稣会	湖北中部	1769—1784
Léon Baron	巴良	法国	耶稣会		1771—1779
M. Raymond Aubin	阿本	法国	遣使会	湖北西北部	1791
Pesné	潘奈	法国	遣使会	湖北	1791
Franciscus Regis Clet	刘克莱	法国	遣使会	磨盘山	1793
Jean-Gabriel Perboyre	董文学	法国	遣使会	磨盘山	1836
Dumazel	杜马则	法国	遣使会	—	1816
Francois-Alexis Rameaux	穆道远	法国	遣使会	汉口	1833
Baldus	安若望	法国	遣使会	汉口	1835
Joannes de Triora	蓝月旺	意大利	方济各会	湘潭等地	1801
Joseph Rizzolati	李文秀	意大利	方济各会		1839

表4.4   **禁教时期传教于湖广的中国书院神职人员**①

姓名	出生地	传教地	去世地	生年	出国	回国
殷若望	直隶	—	湖南湘潭	1705	1724	1734
赵多明	成都	湖广	常德	1717	1738	1751
赵西满	荆州	四川、湖广	巴东溪沙河	1723	1738	—
蔡若祥	福建龙溪	湖广、陕西、广东	果阿	1739	—	—
刘凯弟	沅江	湖广				
严宽仁	福建	湖广	湖北天门	1757	1777	1792
严甘霖	福建	山西、湖广	湖北洪山②	1774	1795	1823
钟理珍	广东	湖广、香港	香港	1783	1802	1826
汪振亭	广东	山陕、湖北	湖北洪山	1784	1802	1823
唐安多	广州	湖广	湖北	1785	1802	1823
田广益	山西	湖广	湖南衡州	1809	1828	1839
任万有	太原	湖广	湖北沔阳、杨又湾	1810	1828	1839
唐永贵	甘肃	湖广	湖北谷城	1810	1828	1839

注:"—"表示不详。

从表4.3、表4.4可知,禁教时期共有六个不同的传教团体曾在湖广传教:

1. 意大利方济各会

1685年,随着伊大仁主教来到湖广,意大利方济各会开始了在湖广的工作。禁教时期,仍然有少量的意大利方济各会士来此。他们中目前较有名气的有萨拉瓦尔主教与弗雷里神父。萨拉瓦尔1724年雍正禁教时,被驱逐出境,但不久后又重返内地。他与弗雷里经常在湖南活动。1735年,他死于常德。此后很长一段时间内,意大利方济各会士来湖广者寥若

---

① 表4.4据 Karl Josef Rivinius, *Das Collegium Sinicum zu Neapel und seine Umwandlung in ein Orientalisches Institut*, Collectanea Serica, Institut Monumenta Serica, 2004, pp. 150 – 153; Mgr. Noël Gubbels, *Trois siècles d'apostolat—— histoire du catholicisme au Hu-kwang depuis les origines 1587 jusqu'à 1870*; 方豪《同治前欧洲留学史略》,《方豪六十自定稿》(上),台湾学生书局1969年版,第379—387页统计。

② 洪山在武汉附近江夏县内。参见(清)王庭桢修,彭崧毓纂《江夏县志》(一),同治八年,清光绪七年重刊本,《中国方志丛书》第341号,成文出版社1975年版,第107页。

晨星。1762 年，湖广被罗马教廷托付给陕晋代牧兼管。但代牧由于禁教及路途遥远等原因，并没有亲自到达湖广。他们对湖广教区的管理主要还是通过书信指导代理巡视员。直到李文秀主教 1838 年成为湖广代牧后，湖广地区才又迎来了方济各会士涌入的高潮。

2. 葡萄牙耶稣会

葡萄牙耶稣会士在湖广传教中占有重要地位。他们的活动中心在湖北，主要在武昌及周围地区。另外，他们在湖南的传教工作要比法国耶稣会开展得好。他们在湖南长沙、衡州、永州、湘潭等城市均有教堂。但禁教后，葡萄牙耶稣会士远不如早期活跃。1724 年后，仅有 6 名新入华的葡萄牙耶稣会士进入湖广，然而在最初时期，差不多有 40 名葡萄牙耶稣会士在这里工作。[①]

3. 法国耶稣会

法国耶稣会士主要在湖北传教，除武昌、德安及安陆等地由葡萄牙耶稣会管理外，湖北其他地区全是法国耶稣会的地盘。[②] 他们在湖南的传教点非常少，仅在永州有一处住所。[③] 总体而言，法国耶稣会士的传教范围沿长江东起黄州、西到宜昌，沿汉江南到汉口和汉阳、北到襄阳和郧阳。[④] 传教地主要分成两块：第一块为水乡地区，主要是沿长江和汉江的周边地区，如北川、汉口和汉阳等。另一块则在湖北西北、西南部山区，如安陆、襄阳、茶园沟。

4. 巴黎外方传教会与多明我会

巴黎外方传教会与多明我会的成员在湖广极少。他们大多是因为与穆天尺神父争夺四川传教权失利后被派至湖广地区传教的。

5. 罗马中国书院的中国神父

1724 年，马国贤在意大利那不勒斯创立中国书院。中国书院招收了一百多名中国学生，学习期满晋铎后被派至中国传教。这些中国神父主要

---

① Mgr. Noël Gubbels, *Trois siècles d'apostolat—— histoire du catholicisme au Hu-kwang depuis les origines 1587 jusqu'à 1870*, p. 109.

② Dehergne Joseph, "La Chine centrale vers 1700", *Archivum Historicum Societatis Iesu*, Vol. 36, 1967, pp. 32 – 71.

③ Mgr. Noël Gubbels, *Trois siècles d'apostolat—— histoire du catholicisme au Hu-kwang depuis les origines 1587 jusqu'à 1870*, p. 110.

④ Ibid. , p. 172.

在湖北工作，如弹子山、细沙河等地。

6. 法国遣使会

自耶稣会解散后，法国遣使会接替法国耶稣会的工作，在湖广从1790年开始一直工作到1840年。他们一共有7名法国人，在12名中国遣使会传教士的帮助下，管理由法国耶稣会在湖北西北部建立的传教点。

三　多修会在湖广的冲突

如前所言，如此之多的修会团体在湖广工作传教，使湖广形势极其复杂。他们在湖广既有合作，又有分歧：传教士在礼仪之争时就说过："它所以达到了如此尖锐的程度，部分原因是在宗座代牧们的管辖权问题上的争论所留下的怨恨，部分是由于各修会之间的旧有竞争"①。事实上，西方学者亦承认："同一国家的传教士之间，甚至是同一传教会的传教士之间，都充满了矛盾。"② 鸦片战争之后，耶稣会再次来到中国。当第一批耶稣会士到达江南教区时，罗主教就表示："在教区内存在着耶稣会和遣使会这两种截然不同的精神和做法，他们之间必然会不断地发生往昔中国传教区内备受痛苦的分裂。"③ 而早在禁教之前，传教士们就已经在湖广这个众多修会团体工作的场所发生分裂与争执了。

1. 地盘之争

传教士之间的纠纷首先表现在对传教地盘的争夺上。老牌的修会与新来的修会间关于地盘的争斗从来就没有停止过。由于中国传教体系一直不清晰，罗马和里斯本、巴黎之间，多明我会和耶稣会之间，新来的外省传教士和老牌江南、北京宫廷会士之间发生过很多争执。中国天主教会的主要精力，似乎并不是放在如何突破仍然抵制天主教的反对势力上，而是为了划分中国的传教地盘而内耗着。④ 法国学者沙百里也说过：这些传教士属于不同的国家，宗教信条也不一致。他们中间存在权力冲突。⑤ 这种恶

---

① ［法］安田朴：《中国文化西传欧洲史》，耿昇译，商务印书馆2002年版，第291页。

② ［美］孟德卫：《灵与肉：山东的天主教，1650—1785》，潘琳译，第72页。

③ ［法］史式徽：《江南传教史》，天主教上海教区史料译写组译，第69页。

④ ［意］马国贤：《清廷十三年——马国贤在华回忆录》，李天纲译，第2页。

⑤ Jean Charbonnier, "the Chinese Priest Andrew Li (1692 – 1775), Apostle of Sichuan and the Support He Received from French Missionaries in Macao", "16—18世纪中西关系与澳门" 国际学术研讨会论文集，2003年。

习也引起教内人士的痛恨，有教友曾言：（传教士）"彼此之中，时常不和，离乱不堪，争闹不已。皆为争权夺利为务，且把传教救人之大事俱付之脑后，观此景况，并无一点传教救人之心，反立许多恶表。"① 这在多修会同时存在的湖广更是时常发生。

虽然我们之前已经将各修会大致的传教区域简要作过介绍，但这一时期，由于多方原因，各修会的传教区域仍有交错重叠。由于他们并没有一个统一的长上②负责分配传教范围，因此，在传教中常常会出现几名传教士同时到达、管理同一个传教点的情况。在此情况下，冲突就会经常出现，有时甚至会影响整个传教工作。

1715 年，法国耶稣会与葡萄牙耶稣会就荆州的传教权问题发生了争执。事情是这样的：法国耶稣会在葡萄牙耶稣会之后来到湖广传教，到1715 年时，他们已经管理荆州教堂好几年。但是葡萄牙耶稣会却指出荆州的教堂与教徒是归属于他们的。他们认为在穆迪我时期，葡萄牙耶稣会就拥有荆州的管理权。当时在湖广工作的葡萄牙耶稣会士王石汗在一封信中这样说道：

> 当我离开湖广去北京的时候，樊西元神父继任我的工作，我没有买房子，因为我们已经有一个，还有一个教堂是由穆迪我神父的基督徒所送的（指在荆州地区）。③

葡萄牙耶稣会和法国耶稣会关于荆州教堂与教徒的归属问题争执不休，甚至引发了一场教案，使法国耶稣会士在这里的传教受挫。

由于荆州地位重要，各修会传教士都将目光投向这里，关于此地传教权的争执并没有就此结束。1724 年，正值雍正禁教令下达，当时在荆州工作的聂若望被驱逐到广东。1727 年，这个传教点再次秘密地由法国耶

---

① 《江若瑟等致葡萄牙国王书（1826）》，《葡萄牙图书馆档案馆藏中文文献：1726—1855》，第 78—92 页，转引自汤开建编著《澳门史》，未刊稿。

② 湖广教区自 1696 年设立成为单独的代牧区，其最高管理人是湖广代牧，但是这一职位长期空置，由周边省份的主教代管，同时由于代牧与传教士之间也并无直接统属关系，因此在管理上存在着极大的不便。

③ Mgr. Noël Gubbels, *Trois siècles d'apostolat—— histoire du catholicisme au Hu-kwang depuis les origines 1587 jusqu'à 1870*, p. 53.

稣会士顾铎泽接管。由于神父还要巡视其他地区，所以他没有在荆州定居，因为他们的住所在雍正年间被官府没收了。在顾神父到达之前，这里的基督徒也有长达六年的时间没有见过耶稣会神父。罗马教廷曾规定，一般新开辟的教区归属于开创此教区的修会所有，在该修会放弃该地传教权力六年以上，则可以令新来的修会接管。

正是在这种情况下，湖广署理主教穆天尺神父邀请一位意大利传教士来到这里，这就是陆迪仁神父。穆天尺神父当时的头衔为兼任湖广署理主教，从名义上来说拥有湖广教区的最高管理权。因此，他在没有通知当时法国在湖广的总管理员即胥孟德神父的情况下，就将陆迪仁神父安置在荆州。此举引起法国耶稣会的不满，胥孟德神父为了维持法国传教团在荆州的权力，于是在1732年将高神父派到那里去，与陆迪仁争夺对荆州的管理权。法国耶稣会的公然抗议引起穆天尺神父的不满。因此，穆天尺神父下令撤回耶稣会在荆州这一城市传教的权力，以及他们在长江右岸进行传教的权力。[1] 这种做法当然激起法国方面的反对。胥孟德神父1736年7月9日向署理主教抗议，后来，又向传信部抗议。但是他没有收到任何回复。后来纽若翰神父于1743年12月30日在沙市再次声称由穆天尺神父所管的这些基督教地区是属于耶稣会。[2] 最后到1744年，陆迪仁神父将荆州和沙市的传教权与管理教徒的权力归还给耶稣会。

同样的情况也发生在湖广其他地方。1732年，李安德从广东起程前往四川传教。穆天尺神父拒绝他进入四川工作，改派他在湖广的横堤石地区工作。[3] 马青山神父也被穆天尺派至湖广郴州。[4] 这些地区原本是葡萄牙耶稣会士聂若望神父管理的。但是穆天尺事先也没通知聂若望。当聂若望得知有一位中国神父巡视该地区的基督徒后，他第一反应就是认为这是假扮的神父，他马上致信给基督徒让他们把他抓起来。[5] 虽然此事最后以李安德离开湖广而结束，没有掀起多大的纷争，但是从中我们也可以看出

---

① Mgr. Noël Gubbels, *Trois siècles d'apostolat—— histoire du catholicisme au Hu-kwang depuis les origines 1587 jusqu'à 1870*, p. 60.

② Dehergne Joseph, " La Chine centrale vers 1700 ", *Archivum Historicum Societatis Iesu*, Vol. 36, 1967, pp. 32 – 71.

③ Adrien Launay, *Histoire missions de Chine: mission du Se-Tchoan*, Vol. 1, p. 122.

④ Ibid. , p. 118.

⑤ Ibid. , p. 122.

湖广各修会间对早已存在的传教势力范围的划分还是尽量遵守的。老牌的修会并没有十分顺从地听从新代牧的安排，他们对于自己修会所开创的地盘保持相当大的执着，并不会轻易妥协，举手出让。

在湖广传教的神父大部分都自觉地遵守着开教时各修会所划分的势力范围。一旦他们发现有误，就马上更正过来，以避免引起各修会间的不快。曾在湖广工作的葡萄牙耶稣会士南怀仁就记载了这样一件事：

> 1739 年当他从澳门前往湖广时，由于他当时并不清楚湖广各地传教点的情况，因此在两名基督徒的带领之下先来到了汉口。汉口地区是由法国耶稣会最先进入传教的。南怀仁神父在当地基督徒的帮助下很快在汉口有了一所住所。但是得知神父到达湖广的消息后，武昌地区选派了几名基督徒代表来到汉口，延请他前往武昌，理由就是汉口是法国传教团的，而武昌则是葡萄牙耶稣会开创的，武昌更有理由将这位新来的葡萄牙耶稣会士留在当地。但是武昌教徒的行为遭到汉口基督徒的反对。他们希望神父能够留在汉口工作。最后在纪类思神父的调解下，南怀仁神父前往武昌传教。①

这次事件并不是由神父争夺地盘而引起的，相反是基督徒争夺神父。因为在当时的传教形势下，教徒们非常希望自己的教区有常驻传教士，以照看他们平日的宗教生活，因此西方传教士是非常"抢手"的。但是从这一事件的经过与处理来看，我们可以发现湖广各修会传教士还是默认了各自的传教势力区。当然，湖广多修会传教士之间也并非没有合作，他们之间也相互帮助，共同管理教徒。例如，在法国耶稣会士在黄州购买住所时，葡萄牙耶稣会士樊西元就曾协助他们在黄州落脚。② 但是他们对各自的传教范围还是很有自觉的，而这种自觉与独立也影响着在湖广的教徒，否则武昌的基督徒也就没有理由来请神父前往武昌传教了。事实上，关于教区的争夺一直到近代仍然是令传教士们头疼的问题。1844 年 5 月 2 日，传信部指令河南省脱离南京主教区，划为宗座代牧区，委托于法国遣使会

---

① Mgr. Noël Gubbels, *Trois siècles d'apostolat——histoire du catholicisme au Hu-kwang depuis les origines 1587 jusqu'à 1870*, pp. 154 – 156.

② Ibid. , p. 69.

时，当时遣使会中国巡阅使盛若翰神父就从澳门写信给罗主教说："近接巴黎本会总会长指示，得知传信部对南京主教区作了新的布置，总会长认为本会在该地区的同会弟兄应及早离去。为了服从上级指示，我命令本会各弟兄，在接到我通知之日，立即到达我所指定的地点，不得延误。"①

2. 传教方法的分歧

湖广多修会之间的分歧并不仅仅表现在对传教地区的争夺上，还表现在具体的传教过程中，由于所属的修会不同，其对宗教教义的解释，对宗教戒律的遵守千差万别上，因此也会时常发生不合，甚至相互攻击。这主要表现在对中国神职人员的认定与对中国礼仪的看法上。

由于耶稣会一直以来对传教国的文化较其他修会更加熟悉，因此在实际传教中也更加灵活。1615 年，耶稣会士金尼阁就向教宗保禄五世提出用中文举行弥撒圣祭，诵念日课，任用当地人士为神职，翻译圣经，举行弥撒时不必脱帽，并得到批准。② 由于湖广地区欧洲神父人手不够，因此传教士想培养本地神职人员。而耶稣会在本地神父的认可上要较其他修会宽松，这就遭到其他修会的坚决反对。有材料记载，耶稣会士聂若翰推荐中国司铎两人，陆迪仁主教因此二人不识拉丁文，不允授权。③

而他们之间更多的分歧表现在对"中国礼仪"的看法上。在中国历史上，葬礼是人类社会活动中最重要的内容之一。对中国人来说，一个人把他的家属用适当的礼节安葬，是具有品德和文化的标志。由于葬礼对于中国人以及基督徒而言都十分重要，这一活动需要通过融合和沟通来达成共识，而不能像娶妾的习俗，只要简单地在中国基督徒中禁止就可以了。④

利玛窦认为每年在中国节日时举行的特别是由学者和行政官员举行的跪拜、烧香、贡献祭品等祭孔仪式，只不过是对中国传统的生活方式表示忠诚而已；至于中国人对死者的葬礼，或一年中按时对死者的祭祀，如果消除其佛教和道教的迷信之后，与天主教的信条并不相悖：

---

① *Archives de la mission du Kiang-nan à Zi-ka-wei*, Vol. B7.
② 方豪：《中国天主教人物传》（上），中华书局 1988 年版，第 180 页。
③ ［法］费赖之：《在华耶稣会士列传及书目》，冯承钧译，第 598 页。
④ ［美］孟德卫：《灵与肉：山东的天主教，1650—1785》，潘琳译，第 111 页。

他（孔子）没有像神那样受到崇敬式的崇拜。他们（中国人）感激地承认他们都受益于他遗留下来的学说。①

利玛窦说：

信奉儒学的人，上至皇帝下至最低层，最普遍举行的是我们所描述过的每年祭祀亡灵的仪式。据他们自己说，他们认为这种仪式是向已故的祖先表示崇敬，正如在祖先生前要受崇敬一样。他们并不真正相信死者确实需要摆在他们墓前的供品，但是他们说他们之所以遵守这个习俗，是因为这似乎是向他们已故的亲人表示自己深情的最好方法。的确，许多人断言这种礼仪最初创立，与其说是为了死者，倒不如说是为了生者的好处。他们这样做，是希望孩子们以及没有读过书的成年人，看到受过教育的名流对死者的父母如此尊敬，就能学会也尊敬和供养他们在世的父母。这种在死者墓上供的做法，似乎不能指为渎神，而且并不存有迷信色彩。因为他们在任何方面都不把自己的祖先当作神，也不向祖先乞求什么或希望得到什么。②

而来华传教士对此则意见各异，反对派坚持认为这其中含有偶像崇拜的成分，是天主教教义绝对要禁止的，就像纳妾一样，不容妥协。当时，在湖广主要形成了以穆天尺为首的遣使会士、方济各会士一派和以法国耶稣会士为首的一派，两派对立，坚持不下。耶稣会士延续利玛窦的做法：力主将"天主教中国化"，故曾允许改宗后的本国天主教徒，仍保持祖宗的牌位，而在牌位前点香行礼。③ 但是这种做法颇受其他修会传教士的指责。马青山 1744 年 9 月 7 日写信给当时传教于湖广的耶稣会士纽若翰，要求其遵守教宗比诺十四世关于中国礼仪的规定。④

而穆天尺所在的修会——遣使会，在一些教友看来是："来吾敝国华文不习，言语不达，世事全然不晓，外不能充当天文之职，内不能料理圣

① ［意］利玛窦、［比］金尼阁：《利玛窦中国札记》，何高济、王遵仲、李申译，何兆武校，第32页。
② 同上书，第103页。
③ 杨森富编著：《中国基督教史》，第131页。
④ Adrien Launay, *Histoire missions de Chine*：*mission du Se-Tchoan*, Vol. 1, p. 211.

教之事，反将历来所行之圣规尽行改去。"① 这种情况一直到近代也没有多少变化。罗伯济神父被任命为南京教区的署理主教后，他记载道："教友和本地无会籍的神父们都愤愤怪怨葡萄牙遣使会神父，认为主教区的日趋衰落是由于他们的懈怠疏忽。而且事情发展到相当严重的地步，以致在许多会口，如果不另派其他牧羊人去，势必引起教友群众的反抗，有导致裂教的危险。"②

康志杰教授曾称："在湖北传教的多为法国籍耶稣会士，由于法国耶稣会士赞成中国礼仪，穆天尺对属于耶稣会地盘的湖北教会不感兴趣。传教理念和策略上的分歧，使穆天尺不愿意亲近这些耶稣会士。"③ 但是由于穆天尺兼任湖广代牧，所以他不可避免地与耶稣会士接触并引起冲突。西文记载：

> 聂若望在空闲时间里把精力放在写作上。他在 1740 年前后用中文写作一部赎罪条规，但是却在穆天尺神父的告发下而被传信部禁止使用。④

穆天尺一直以反对中国礼仪著称，这是因为他深受毕天祥的影响。穆天尺也曾经编写过不少作品。虽然这些作品现都已不存于世，⑤ 我们无法从中得知其神学思想，但是从其他方面我们也能对穆天尺的态度有一定了解。1740 年，他给罗马教廷寄去一份印刷品，其中有当地一位基督徒所作的赞美歌涉及违禁内容。这位主教命令这位基督徒将印刷的木板也销毁掉。⑥ 穆天尺的做法，即使是在西方学者看来也"太过于虔诚，也太谨慎了"⑦。

事实上，穆天尺与耶稣会的矛盾由来已久。1720 年，穆天尺巡视湖

---

① 《江若瑟等致葡萄牙国王书（1826）》，《葡萄牙图书馆档案馆藏中文文献：1726—1855》，第78—92页，转引自汤开建编著《澳门史》，未刊稿。

② ［法］史式徽：《江南传教史》，天主教上海教区史料译写组译，第69页。

③ 康志杰：《上主的葡萄园——鄂西北磨盘山天主教社区研究（1636—2005）》，第54页。

④ Mgr. Noël Gubbels, *Trois siècles d'apostolat—— histoire du catholicisme au Hu-kwang depuis les origines 1587 jusqu'à 1870*, p. 118.

⑤ Ibid. , p. 149.

⑥ Ibid. .

⑦ Ibid. , p. 150.

广各传教点。当时，他对基督徒的情况很满意。但是在樊西元、聂若望和聂若翰神父所在地，他看到耶稣会士对"中国礼仪"持不反对态度后，极其生气，要求耶稣会士听命于他，禁行"中国礼仪"，耶稣会士却并不买账。他甚至愤怒地以辞去湖广署理主教一职而威胁。① 1721 年 8 月 26日他在信中说："我不知道湖广这种不和的风气到底要吹向何处。去年，我发现所有的一切都是有纷争的。"② 穆天尺神父写道：

> 聂若望承认他不可能遵守禁令，我在襄阳、安陆、荆州、宜陵这些神父所照料的地区发现基督徒都很好地遵守了我的命令，我让他们烧毁了所有的牌位。在荆州教堂，我发现看守人那里有一块刻字的牌位，我于是决定离开这所教堂，在另一个房子里给基督徒举行圣事，有人给我带来牌位，我让他们当着我的面全扔到火里。弗雷里神父见证了这一切。③

湖广地区的丧礼习俗在欧洲传教士，尤其是对中国文化了解不多的穆天尺看来，是极具迷信色彩的。方志曾有描述：

> 丧礼殁母终当日即殓衣衾入棺，是夜亲邻各携灯引孝子孝眷诣庙，以纸钱贴壁群聚而哭，谓之报庙……④
>
> 缙绅礼法家有依家礼行事者，其他亦有率邀僧道殡殓且有诵经者谓之开路，道场每七日一祭，亦延僧道作礼谓之应七……道场殡枢在堂，朝夕上食……来吊者香楮烛成礼而去……⑤

因此，中国礼仪遭到穆天尺的极力反对。而耶稣会为了争取更多的人

---

①　Mgr. Noël Gubbels, *Trois siècles d'apostolat—— histoire du catholicisme au Hu-kwang depuis les origines 1587 jusqu'à 1870*, p. 84.

②　Ibid. , p. 85.

③　Ibid. .

④　（清）杨廷烈纂修：《房县志》（三），清同治刊本，《中国方志丛书》第 329 号，成文出版社 1976 年版，第 781 页。

⑤　（清）张映蛟等修，俞克振等纂：《晃州厅志》，清道光五年修，民国 25 年铅印本，《中国方志丛书》第 315 号，成文出版社 1975 年版，第 285 页。

信奉天主教，对当地的风俗礼仪较为宽容：

> 为了宗教的利益，应当在中国争取儒生，学习他们的典籍与科学，并在宗教允许的范围内去适应他们的礼仪与习惯，以便更为容易地渗入他们的思想；因为若轻视他们，我们就会在失去他们的同时失去许多其他想要入教的人。①

柏应理亦在其书中明言在中国传教，必须接受中国风俗：

> 我们至今还不能遵行脱利腾大公会议所规定的结婚仪式……于此可见在中国传教，须权宜从事；如强迫执行教会的礼规，必定愤事，杜塞传教的门路。②

但是，耶稣会的做法却常受到其他修会的质疑："巴黎外方传教会的传教士及其训练的中国籍司铎，严厉地敌视那些他们看来是由于耶稣会士的放任松弛产生的异端邪说。他们坚持要严格地遵奉禁止中国礼仪的宗座宪章所规定的基督徒行为规范。"③

曾有一位其他修会的传教士就述说了自己心中的困惑：

> 在每年的特定时间，异教徒们来到他们父母和祖先的坟前……他们点燃蜡烛、呈上献祭的牺牲品，并向亡者鞠躬，奉祭如在。甚至在无物再可供奉时，他们跪下并向亡者说话，如同活者生前一般。这能说是纯粹的民间性礼仪吗？能允许基督徒这样做吗？异教徒们点燃蜡烛、烧香和供奉牺牲，将它们陈放在逝去的亲属面前，并像崇拜偶像一样对他们行礼如仪，很可能他们意图荣耀亡者，如果不能把亡者当神的话，也至少把他们当成是高级的宇宙秩序中的永恒存在。难道这样的崇拜能降低成为纯粹的民间性的尊崇，如同尊敬那些还活着的人

---

① ［法］杜赫德编：《耶稣会士中国书简集：中国回忆录》第 1 卷，郑德弟、吕一民、沈坚译，第 274—275 页。

② 方豪：《中国天主教史人物传》，宗教文化出版社 2007 年版，第 276 页。

③ ［美］鄢华阳：《18 世纪四川教会的"礼仪之争"》，顾卫民译，《中国天主教历史译文集》，第 55 页。

们吗？①

这种习俗在当时西方人的视角来看，是与基督徒通过信仰上帝得救观念绝不相容的。也难怪众多修会传教士在此问题上一直争执不休。

同时由于"中国礼仪"，天主教徒与地方民众之间也经常有摩擦发生，为了最大限度地避免争执，所以耶稣会士倾向采用退让方式：

> 看到我们这样频繁地惹是生非，会形成某种对我们在其他各省建立基地不利的观念。我们保证遵守这里的风俗习惯，在这里这是最大的道理。②

湖广的传教士由于所属修会不同，他们之间关系微妙。为了在中国传教，禁教时期他们保持着一种平衡，在湖广小心谨慎地工作着。然而在某些时候，当涉及传教方法或是传教利益时，各修会的分歧就会马上暴露出来。这些不同修会的传教士，他们之间还是缺乏那种同一修会传教士之间融洽的亲密关系。这种关系我们经常在湖广传教的法国耶稣会士或是法国遣使会士之间看到。因此即使是在 1840 年之后，传教士们借由早期在中国传教的经验也坚持认为："对于中国，必须避免在同一省内存在完全不同的修会。"③当第一批耶稣会士再次重回中国时，当时的罗主教就声明：在教区存在着耶稣会和遣使会这两种截然不同的精神和做法，他们之间必然会不断地发生往昔中国传教区内备受痛苦的分裂。因此，他拒绝接受任何新来的遣使会士，甚至对于凡没有他允许而进入教区的，即使是路过，也将给予摘权的处分。④从中就可以看出不同修会在同一教区对教务事业的不利影响。因为不同修会将会产生权力问题。这种情况早在其他地区出现过，修会会长与宗座代牧不是同一人，就会经常出现服从权限的问题，

---

① ［法］沙百里：《从李多林（又名徐德新）主教自 1789 年至 1805 年的通信看 18 世纪末至 19 世纪初四川本地社会中的天主教》，顾卫民译，《中国天主教历史译文集》，第 72 页。
② ［法］杜赫德编：《耶稣会士中国书简集：中国回忆录》第 1 卷，郑德弟、吕一民、沈坚译，第 205 页。
③ ［法］史式徽：《江南传教史》，天主教上海教区史料译写组译，第 69 页。
④ 同上。

"会士们会问：修会长上和宗座代牧的命令不一致时，他们该听谁的?"① 也正是由于这种纷繁错杂的人际关系与对传教方法的看法不一，极大地束缚了湖广天主教的发展。这种情况也引起在湖广传教的嘉类思神父的不满，从而提出要创建一个能够管理各修会教士的联合组织，来统一对传教士进行分配管理。② 嘉类思在湖广传教多年，亲身体会到无论是在"中国礼仪"还是其他方面，各修会自成一统，颇多分歧引起了传教的混乱。因此，嘉类思希望建立一个传教士的联合组织，要求所有的传教士绝对服从组织，从而达到有效管理、促进教区发展的目的。③ 法国遣使会士董文学也想将湖广整个教区置于单一修会管理下，如同四川地区一样，就是为了"更好地管理在（湖广的）传教士，在指挥他们传教、管理教徒方面能够更加有效、团结和方便"④。董文学的建议得到当时在湖广传教的几位遣使会士和陕晋署理主教的赞同。1838 年湖广教区终于统一交由李文秀神父管理，从而开启了方济各会接管湖广天主教的历史。

第三节　本地化的传教路线：
从上层到下层

康熙年间，传教士"在中国拥有 41 个住处，建造了 159 座教堂，受洗礼的人数达到 25.7 万人"⑤。蓝鼎元称："今天主教盛行于中国，湖广、河南、江西、福建、广西，无处无之。"⑥ 这种发展趋势在禁教时期并没有受到多大影响。清中叶，天主教在中国城乡之间的分布已经十分广泛，这一点从雍正朝、乾隆朝、嘉庆朝教案中提及的天主教活动地点就可以得到清晰的确认。据清代官府禁教文献记录，当时教案中出现有天主教徒活动的，有 370 多个府、县。至于教徒人数，据西方教会史料记载，1700

---

① 陈方中、江国雄：《中梵外交关系史》，台北商务印书馆 2003 年版，第 60 页。

② ［法］费赖之：《在华耶稣会士列传及书目》，冯承钧译，第 813 页。

③ Mgr. Noël Gubbels, *Trois siècles d'apostolat—— histoire du catholicisme au Hu-kwang depuis les origines 1587 jusqu'à 1870*, p. 177.

④ O. P. Gentili, *Memoire mission* Ⅲ, p. 127, dans Mgr. Noël Gubbels, *Trois siècles d'apostolat—— histoire du catholicisme au Hu-kwang depuis les origines 1587 jusqu'à 1870*, p. 168.

⑤ ［法］埃德蒙·帕里斯：《耶稣会士秘史》，张茄萍、勾永东译，罗结珍校，第 62 页。

⑥ （清）蓝鼎元：《鹿州初集》卷 11《澳夷论》，中国第一历史档案馆、澳门基金会、暨南大学古籍所编《明清时期澳门问题档案文献汇编》第 6 册，第 740 页。

年大约为 20 万人，到 1793 年则为 15 万人左右，1810 年为 21.5 万人，1815 年达 21.7 万人左右。另据董文学初到中国的报告，道光十五年，"中国十八省教友数目除背教者不计外，共约二十二万人"，四年后全国教徒已经上升到 30 万人，恢复到康熙初年的水平。[①] 可见，天主教经过长时间禁教，仍在夹缝中得以生存下来。

湖广教区据西文记载，1695 年仅有 11 座教堂和 4 位神父，分别是在武昌、德安、荆州、湘潭、长沙、永州等地。[②] 此后，经过几个世纪的经营，无论是从中文档案还是西方材料中，我们都可以发现至 1840 年，湖广地区天主教已经渗入各个州县：

　　首先是湖南地区：在 1840 年前，在湖南以下府县均能找到天主教的痕迹。这些府县分别是：1. 长沙、2. 浏阳、3. 湘乡、4. 湘潭、5. 益阳、6. 常德府、7. 沅陵、8. 郴州、9. 永兴县、10. 衡州府、11. 衡山县、12. 耒阳县、13. 宝庆府、14. 邵阳县、15. 靖州、16. 岳州府、17. 沅州、18. 永州府、19. 祁阳县、20. 道州、21. 永明县、22. 永顺府。

　　而湖北则是：23. 武昌府、24. 汉口、25. 江夏县、26. 咸宁县、27. 崇阳县、28. 安陆府、29. 京山县、30. 天门县、31. 汉阳、32. 汉川、33. 沔阳州、34. Siaolian（Hiao-kao）县、35. 黄州府、36. 黄安县、37. 黄冈县、38. 郧西县、39. 宜昌府、40. 长阳县、41. 兴山县、42. 归州、43. 巴东县、44. 东湖县、45. 荆州府、46. 枝江县、47. 宜都县、48. 江陵县、49. 公安县、50. 石首县、51. 松滋县、52. 荆门州、53. 当阳县、53. 施南、54. 襄阳府、55. 宜城县、56. 谷城县、57. 均州、58. 光化县、59. 南漳县、60. 枣阳县、61. 德安府、62. 随州、63. 应城县、64. 应山县、65. 云梦县、66. 郧阳府、67. 房县[③]。

---

① 张泽：《清代禁教期的天主教》，第 192 页。

② Dehergne Joseph，"La Chine centrale vers 1700"，*Archivum Historicum Societatis Iesu*，Vol. 36，1967，pp. 32 – 71.

③ 数据根据 Dehergne Joseph，"La Chine centrale vers 1700"，*Archivum Historicum Societatis Iesu*，Vol. 36，1967 及 Mgr. Noël Gubbels，*Trois siècles d'apostolat—— histoire du catholicisme au Hukwang depuis les origines 1587 jusqu'à 1870* 和中文档案统计而来，收入的标准为明文提到该地区有教徒，并非一定有驻堂神父或是教堂。

从以上我们可以看到，天主教在这一时期，已经覆盖湖广大大小小的州府。由此可见，尽管当时处在禁教时期，天主教在此地的活动仍然保持着相当可观的规模。天主教群体在中国城乡社会中的存在，证明了天主教在华活动并非如以往学者所断言的未能扎下根来，相反它揭示了一个事实，即从明末开始的天主教在华本土化到清代中叶仍在延续。尽管，天主教未能成为清朝官方认可的宗教，但它在清代中叶确实已经在中国社会站稳了脚跟，成为中国宗教的一个有机组成部分。现在，就让我们来仔细分析湖广天主教徒的成分及信教的方式。

一 早期的上层传教路线

明末清初，天主教在华传播曾在一段时期内呈现出一种知识传教的态势，以耶稣会为主的来华传教士力图通过与中国社会精英阶层的接触对话，实现自上而下基督化中国的目的。利玛窦的想法是"无论采取什么方式，务必先获得中国皇帝的青睐，准许我们自由传教，假使能办到这一项，很快能归化几十万、几百万人"①。谢和耐教授亦认为当时耶稣会"他们的目的是首先赢得最有文化修养阶层的友谊以便一直进入宫廷，他们（指耶稣会士）认为当中国皇帝受归化时，他们就算赢得了全局，因为整个中国社会是以等级关系为基础的。"② 柯毅霖（Gianni Criveller）指出，利玛窦试图在文人与皇宫中利用艺术传教，他说："利玛窦……意欲以欧洲艺术的美来激发人们对孕育了如此杰作的宗教的好感，利玛窦满腔热忱地投入到将西方宗教艺术传播到中国文人学士和皇宫中去的工作。"③

1832 年，在耶稣会被迫解散多年之后，中国教区由于缺乏司铎，曾有北京教友自发向耶稣会总会长罗当神父递送请愿书，请求再次派遣耶稣会士来华，在信中他们说道："中外传教士在皇上和高级士大夫面前，没能保持利玛窦及其后继者的地位，上层阶层和平民百姓，谁也不愿听信他们。"④ 他们请求再次派遣像耶稣会士那样的数学家、天文家、工程师、

① ［意］利玛窦：《利玛窦书信集》，罗渔译，第 119 页。
② ［法］谢和耐：《中国和基督教》，耿昇译，第 23 页。
③ 参见 ［意］柯毅霖《晚明基督论》，王志成等译，第 245—246 页。
④ ［法］史式徽：《江南传教史》，天主教上海教区史料译写组译，第 30 页。

设计师、建筑师，"这样的一批神父，才是中国人民特别是皇上及其周围大臣们所希望的。"①

当时，天主教也确实吸引了不少社会上层分子，这一情况也出现在早期湖广天主教的传播中。如早期就有不少湖广官员与天主教传教士交好，或是对天主教颇感兴趣，"湖广等省，地方官优待教士"②。这是因为天主教进入湖广时，耶稣会士仍然坚持他们一贯的原则，在富人、文人间传教。且这一时期入华的传教士本身文化素养颇高，能与中国上层知识分子产生共鸣。如早期活动于湖广的穆迪我"赴华前曾教授文法、古典等学六年，修辞学一年"③，在文学方面造诣颇深，因此在湖广传教中深得当地官员的敬仰与支持。他屡屡提及当地士绅文人对天主教表示好感。例如德安教堂的修建，就得益于当地的富人教徒。这些教徒拥有一定的社会地位和经济实力，"买下这座教堂，并且还将其翻修一新"④。这些富人阶层教徒有一定的经济实力、政治特权与学术修养。他们对教义的理解，虽然没有前朝精英知识分子那样深入，但是与下层民众的信教相比而言，这一时期，他们入教仍是基于对天主教教义的一定理解。如穆迪我曾记有1674 年他结识湖广一位显贵官员。这位官员当时年事已高，此前他没有与任何传教士有接触，只是由于阅读了教理书后经穆神父入教，并且"合家四十人暨亲友五十人悉皆随之受洗"⑤。

又据西方材料记载，穆迪我在德安建立教堂后，曾邀请当地官员到教堂参观，而官员尊敬天主教的举动在德安引起轰动，附近居民纷纷来教堂参观。为此穆迪我还特意安排了一位传道员向这些外教民众宣扬天主教的教理、历史、教规，争取更多的人入教。⑥ 费赖之书中亦记载：1702 年，衡山县知县"信教甚笃，自出资在衡山建筑教堂一所，以供若望（聂若望）传教之用"⑦。雍正禁教令下达后，聂若望不得已躲藏在一些富有的

---

① *Documents conseves dans la Compagie en Europe*, Vol. 2, chapitre I, p. 4.

② 萧若瑟：《天主教传行中国考》，《中国天主教史籍丛编》，第 169 页。

③ ［法］费赖之：《在华耶稣会士列传及书目》，冯承钧译，第 307 页。

④ Mgr. Noël Gubbels, *Trois siècles d'apostolat—— histoire du catholicisme au Hu-kwang depuis les origines 1587 jusqu'à 1870*, p. 30.

⑤ ［法］费赖之：《在华耶稣会士列传及书目》，冯承钧译，第 307—308 页。

⑥ Mgr. Noël Gubbels, *Trois siècles d'apostolat—— histoire du catholicisme au Hu-kwang depuis les origines 1587 jusqu'à 1870*, p. 31.

⑦ ［法］费赖之：《在华耶稣会士列传及书目》，冯承钧译，第 566 页。

文人家里。由于这些文人花了不少钱去打点，所以神父也没有什么危险。① 可见，当时传教对象仍然是尽量以中上层有知识、有文化的阶层为主，争取在中国社会的精英层面得到理解与渗入，收获了不少上层教徒。耶稣会的上层路线在中国社会取得极大成功，人们对博学多才的耶稣会士记忆深刻，在1833年各地教友上书请求耶稣会士重返中国时就说道：

> 最好还是派遣一批耶稣会的神父前来我国：他们的虔诚热心和他们的道德学问，中国人民和日本人民都是记忆犹新的，他们胜过任何其他修会的教士。……因为在平民与士大夫之间，在皇帝朝廷之中，耶稣会的声誉受到特别尊敬，甚至认为一位博学多才的耶稣会士比帝国的官员和学者要强得多。②

即使在刚禁教时，天主教与湖广上层人物的关系也没有立马断裂，西文材料曾记载，弗雷里神父在1725年禁教令刚到达湖广时，在湖南一位信教官员的保护下，成功地在湖广躲藏了一段时间，并且还为官员制造了一座机械钟表。他甚至在这位官员的帮助下，冒着很大的风险，为一位异教徒授了洗。③ 西方材料也谈到当时湖广的七八名中国神职人员还经常拜访当地官员，向他们送礼物来"购买"对天主教的保护。④

以上材料无不说明在天主教初入湖广时，无论是耶稣会士，还是其他修会传教士，均延续了利玛窦的上层传教路线，用西方技艺、天主教教义吸引中国的文化阶层。这是因为吸引上层人物的入教也能对平民起到一个榜样作用：

> 中国人是一个崇尚有学问的人的民族，因此当有学问的人中有人信奉基督教时，就会使其他许多人竞相效仿。他们说，我们的儒生选

---

① Mgr. Noël Gubbels, *Trois siècles d'apostolat——histoire du catholicisme au Hu-kwang depuis les origines 1587 jusqu'à 1870*, p. 118.

② ［法］史式徽：《江南传教史》，天主教上海教区史料译写组译，第82页。

③ Mgr. Noël Gubbels, *Trois siècles d'apostolat——histoire du catholicisme au Hu-kwang depuis les origines 1587 jusqu'à 1870*, p. 117.

④ *Lettres édifiantes et curieuses, écrites des missions étrangers, mémoires des indes et de la chine*, tome 18, preface.

择了上帝的戒律,而不是选择和尚的戒律以及中国所有其他宗教的戒律,因此上帝的戒律应当是最好的。从中我们可以得出这样的结论,即为了宗教的利益,应当在中国争取儒生,学习他们的典籍与科学,并在宗教允许的范围内去适应他们的礼仪与习惯,以便更为容易地渗入他们的思想;因为若轻视他们,我们就会在失去他们的同时失去许多其他想要入教的人。①

然而入清之后,随着时间的推移,加之继任几位帝王对天主教的禁止,中国天主教与上层社会的关系开始割裂。特别是"礼仪之争"后,罗马教廷规定中国的天主教徒不能敬孔祀祖,这"无异于要教徒自绝于家庭和社会,对于文人学士来说,更是关闭了仕进的大门"②,令一些对天主教有好感的士绅文人纷纷避之不及。当时,一位中国教徒愤愤不平而又不无感伤地写道:

> 非有孔子,则天教未入中国以前,早已沦为禽兽之区矣,安得复有好人物知礼义者乎?盖孔子之大有功于天主,此恐非诸神父所及知也……若使孔子不为之先,则神父虽有万口,不能强人以必听。……果欲坚持不祭祖先、不祭孔子之说,势必将圣教之门紧闭不开,无复有读书知礼之人入教。辜负神父一片苦心,尽无所用矣……③

此种情况在其他传教士的信中也有记载:"信徒多属下级社会。上级社会之人多系恋富贵,对于命令解脱富贵之宗教未敢皈依。"④加之在耶稣会解散后,取而代之的是遣使会,"耶稣会士们是希望通过归化中国的上层(总督、巡抚、士大夫、名儒、皇亲国戚)甚至皇帝本人,来使中国全面接受天主教。他们梦想将中国变成第二个君士坦丁堡,使中国皇帝成为第二个康斯坦丁大帝。法国遣使会士们则更注重于贫穷和边远地区,

---

① [法]杜赫德编:《耶稣会士中国书简集:中国回忆录》第1卷,郑德弟、吕一民、沈坚译,第274—275页。

② 徐如雷:《简述鸦片战争前天主教来华各修会的矛盾》,《宗教》1989年第2期。

③ 李天纲:《中国礼仪之争:历史、文献和意义》,第196—197页。

④ [法]费赖之:《在华耶稣会士列传及书目》,冯承钧译,第984页。

着眼于华人中的下层贫民，并且大力从平民中培养高级神职人员"①。教友们对此也有自己的看法，他们将禁教之后中国教务长期得不到发展的原因归结于司铎们自身的素质难与早期耶稣会士相提并论，在鸦片战争前后，当谈及重新派遣传教士入华时，教友们仍将希望寄予在耶稣会士身上，认为"最好还是派遣一批耶稣会的神父前来我国，他们的虔诚热心和他们的道德学问，中国人民和日本人民都是记忆犹新的，他们胜过任何其他修会的教士。可以肯定，假如他们带着宗座的使命来到北京，全国人民以至高级官员，必将衷心欢迎。不久整个帝国行将接受信仰。因为在平民与士大夫之间，在皇帝朝廷之中，耶稣会的声誉受到特别尊敬，甚至认为一位博学多才的耶稣会会士比帝国的官员和学者要强得多。"②

综上所述，多种原因使天主教在禁教时期日益走上底层传教的路线。这一时期，思想上的对话已经居于末席，具体的习教活动日益凸显。在整个清中叶，中国天主教会已经鲜见像徐光启、杨廷筠、李之藻这样号称教会"三柱石"式的儒家上层人物，甚至也少见像严谟、张星曜这样地位虽低但在调和天主教与儒家文化问题上有着精辟思路的下层儒家分子。"知识阶层全部变成仇视传教士及其教理的人士。传教士当然会最终将其努力转向民间，如农民和城市小职业主阶层。"③ 这一点尤其在禁教后的湖广表现得更为明显。因为湖广地区除了耶稣会士外，还有方济各会、巴黎外方传教会、多明我会传教士在此活动，而传统观念认为："活跃在乡村的传教士总体来说并非耶稣会士，而是方济各会、多明我会、奥古斯丁会，以及一些与罗马传信部或巴黎外方传教会有关的俗世神父。他们不像耶稣会士那么博学多才，而是更加关注于传教事业。"④ 而这种趋势也蔓延至近代。据记载，中华内地会的戴德生神父自来中国之后，也是身体力行，穿中国人的服装，头顶辫子，脚蹬布鞋，走向下层社会："戴德生改穿中装以后，得到许多与从前不同的经验。在起居饮食上，比前方便经济得多。内地的民众对他，没有像以前那种大惊小怪的情景，地痞流氓几乎完全不注意他，妇女、小孩不像从前怕他。"⑤ 以至于清末梁启超在《保

① ［法］荣振华等：《16—20 世纪入华天主教传教士列传》，耿昇译，第 545 页。
② ［法］史式徽：《江南传教史》，天主教上海教区史料译写组译，第 32 页。
③ ［法］谢和耐：《中国和基督教》，耿昇译，第 67 页。
④ ［美］孟德卫：《灵与肉：山东的天主教，1650—1785》，潘琳译，前言第 1—2 页。
⑤ 戴存义夫妇：《戴德生传》，转引自顾卫民《基督教与近代中国社会》，第 143 页。

教非所以尊孔论》一文中说道："耶教之入我国数百年矣，而上流人士从之者稀，其力之必不足以易我国明矣。"①

那我们现在就来分析湖广教徒的成分是如何发生改变的。

二　禁教时期湖广教徒的组成

首先，我们来分析一下湖广教徒的组成。早在 1739 年，葡萄牙耶稣会士南怀仁就曾对湖广天主教的组成作了如下描写："这里的基督徒大部分都是贫穷的下层人。他们以劳动为生，因此就杜绝了那些想以宗教迫害来讹诈钱财的希望。"② 沙百里神父也说道："新的基督徒是农民、手工艺人和小商贩。他们中大部分人居住在农村。"③ 因为自"礼仪之争"之后，知识分子信教处于一个非常尴尬的地位："因清代习惯，儿童入学，即须拜孔子；每月初一、十五进士、举人、生员亦必须入孔庙行礼。其次，使中国天主教自绝于中国人之外，而成为非我族类，因依照禁令，教徒不许进入祠堂行礼，结果乃使雍正以后一百二十余年间，天主教上为朝廷地方官所禁止、下为民间所排斥。"④

后来的历史学家论及此重大跌落与转变时，也曾不无感触地写道："如果问教宗本笃十四世关于中国礼仪的新教规大概产生了什么影响？我们可以这样回答：新教规产生了它应有的影响。我们收到教宗的教令宣誓了。我们将会看到，实际上没有太多的困难，因为中国的基督徒几乎成了穷人的队伍。这些穷人仅可勉强糊口安身，根本没有余力为他们已故的祖先建造庙宇，为他们举行祭祀仪式。"⑤

但是中国基层社会极其复杂，并不能简单以上层、下层来加以区分。国外学者柯文就曾说过："必须反复强调的是两者之间的区别，并不是上层社会与非上层社会的区别，因为在等级结构的每一层次，直到最低层

---

① 葛懋春选编：《梁启超哲学思想论文选》，北京大学出版社 1994 年版，第 98 页。

② Mgr. Noël Gubbels, *Trois siècles d'apostolat—— histoire du catholicisme au Hu-kwang depuis les origines 1587 jusqu'à 1870*, p. 157.

③ ［法］沙百里：《从李多林（又名徐德新）主教自 1789 年至 1805 年的通信看 18 世纪末至 19 世纪初四川本地社会中的天主教》，顾卫民译，《中国天主教历史译文集》，第 65 页。

④ 方豪：《中西交通史》（下），上海人民出版社 2008 年版，第 1008 页。

⑤ ［美］菲茨帕特里克：《中国礼仪之争——中国社会和天主教制度的比较研究》，《世界宗教研究》1989 年第 4 期。

次，都有自己的上层分子——也就是说都有社会阶层的区分……总之，即使中国农村社会的最底层也绝不是不分青红皂白的一大堆农民。"① 而湖广教区的复杂性及材料的限制更是令我们难以完整理清禁教时期湖广教徒的成分，他们是一个混杂的团体。本书就所掌握的材料力图勾画出当时湖广天主教徒的组成图景。

1. 农民

这里所说的农民主要是指处于社会底层有小块土地或是以出让自己劳动能力为生的佃户。农民在湖广天主教徒中占了很大比重。禁教时期，由于贫穷、受官府压迫等多方面原因，大量的教徒移民到湖广偏远山区，他们或是由传教士出面购买土地，或是开垦荒山，均拥有作为生存的一定的资本，这一批教徒均属于农民阶层。如在湖北北部的磨盘山，"襄阳教区的领袖们避开官员们的严密搜查，决定逃到这个大省的北部，离古镇七法里的山区里去。他知道那里有一些土地一个世纪以来无人耕种了，土地主人都不住在那里，他们愿意便宜一点卖掉这些地。他只花了六十个罗马埃居就买了一个小山谷，分给贫穷的基督徒家庭。"② 北京教区的巴多明在襄阳教徒的启发下，也购买了磨盘山一块山地，"收容从地方上撤出来的基督徒。他买了两座山的山谷，和上述那个基督徒领袖买下的山谷相接。（这里）土地非常肥沃，四五年之内不用施肥。我继续派老的讲授教理者到那里去巡阅，分配土地，建立规章，并培养了几位首领来监督执行"③。这一地区的教徒在纽若翰时代，已经达到 6000 名。他们大部分是农民。骆尼阁也提到："（这里的）基督徒仅仅关注向上帝祷告和耕种他们的土地。"④ 他们甚至"经常在田间劳作时也唱诵之（教理问答书）"⑤。

除了这些人数较为众多的社区外，湖广还零星地存在一些农民家庭教徒。西方文献记载：嘉类思曾在安陆的山区找到四五个分散的基督教家

---

① ［美］柯文：《在中国发现历史——中国中心观在美国的兴起》，林同奇译，中华书局2002 年版，第 118 页。

② ［法］杜赫德编：《耶稣会士中国书简集：中国回忆录》第 3 卷，郑德弟、吕一民、沈坚译，第 151—152 页。

③ 同上。

④ Mgr. Noël Gubbels, *Trois siècles d'apostolat*—— *histoire du Catholicisme au Hu-kwang depuis du les origines 1587 jusqu'à 1870*, p. 156.

⑤ ［法］杜赫德编：《耶稣会士中国书简集：中国回忆录》第 4 卷，郑德弟、吕一民、沈坚译，第 277 页。

庭，大约有 20 名基督徒。① 当时嘉类思传教湖广安陆，这里"教务发达之区也，1744 年领洗者约百人"②。

教案发生时被逮捕的教徒自供单中也经常发现农民的身影。以乾隆四十九年大教难为例，当时被解送到官的刘振宇供：

> 小的年三十七岁，在湘潭县十五都社埠地方住，父母早故只有妻子胡氏，生五个儿子，小的种田为业。③

董文学初入湖广时，在沙洋发现一个基督教社区，"这是一个由四川基督徒发展起来的教区。当时这名教徒因为商业贸易来到湖北，很快得到当地农民的尊重，在此地长住下来。于是他慢慢地在这些农民中发展信仰，在当地形成了一个小的基督教社区"④。此事在成和德的书中亦有记载：

> （该四川教民）营商至此，忽思及为宣教事，久之，颇得邻近外教之信用之感情之新生矣，现信友颇众，皆厚遇之，而地方官长，适为同乡，以桑梓之谊，亦甚有感情，往来颇密切。凡教士至此，为成人付洗，备受欢迎。且谓尚怀大希望，将为信德，更开疆而拓土云云。⑤

从以上材料我们可以得知，湖广教徒中农民占有较大比例。法国学者荣振华指出："湖广是唯一的一个没有公开迫害的省区，这是因为在那里所有的基督徒都是穷人，他们是手工劳动者。"⑥ 宜城县志亦曾记载："按

---

① Dehergne Joseph, "La Chine centrale vers 1700", *Archivum Historicum Societatis Iesu*, Vol. 36, 1967, pp. 32 – 71.

② ［法］费赖之：《在华耶稣会士列传及书目》，冯承钧译，第 811 页。

③ 中国第一历史档案馆编：《清中前期西洋天主教在华活动档案史料》第 1 册，第 349 页。

④ Mgr. Noël Gubbels, *Trois siècles d'apostolat—— histoire du catholicisme au Hu-kwang depuis les origines 1587 jusqu'à 1870*, p. 249.

⑤ 成和德：《湖北襄郧属教史记略》，第 37 页。

⑥ Dehergne Joseph, "La Chine centrale vers 1700", *Archivum Historicum Societatis Iesu*, Vol. 36, 1967, pp. 32 – 71.

宜地瘠民贫，素鲜蓄藏，中人之家终岁勤动仅足自给，即有号为万金之产者，亦虚多实少，幸俗崇俭朴，偶有歉岁，尚免流离，士人则寒酸居多，大半纯谨自守。"① 说明本身湖广地区农民阶层就占社会阶层的大部分，教徒也是如此。

2. 小商人

除了农民，在湖广还有不少小商人加入天主教。这些人包括小商贩，主要是指一些平日挑散货四处叫卖的穷人。他们也处于社会底层。湖广地处中部，如"汉口镇在郡城南岸，西则居仁由义，东则循礼大智，四坊里含栉比民事货殖，盖地当天下之中，贸迁有无互相交易，故四方商贾辐辏于斯"②。

而汉水是长江的最大支流，从汉口溯江而上，可以通航至陕西南部，水运便捷，在中国古代具有天然的交通与商业地理优势。明清时期，汉水上的人群、物流络绎不绝，沿线形成诸多商业城镇，如"樊城踞汉水北岸，控滇黔秦蜀豫数省之冲，舟车四达，商旅辐辏，屹然为楚北一巨镇"③。前述基督教繁盛之地的老河口在明清时期也一度被称为"鄂北商埠之冠""襄河商务惟一之繁盛巨埠""陕南川北及豫鄂西边一带之经济中心"等。

因此，湖广地区有不少小商贩，这些商人由于平时往来于全国各地，便有较多的机会接触到天主教。例如，君丑尼神父信中就提到他在江西遇到一位即将前往湖广行商的船户："傍晚时登上了一名中国基督徒的船，他即将赴湖广省经商，而我也正好要去那里。"④

我们以乾隆四十九年大教案中涉及的中国教徒为例，来分析小商人在湖广天主教中的作用。鉴于内地传教的需要，澳门主教秉承罗马传信部的意旨，于 1784 年（乾隆四十九年）先后派出三批传教士潜入内地，年初

① （清）程启安修，张炳钟纂：《宜城县志》（一），清同治五年刊本，《中国方志丛书》第 330 号，成文出版社 1975 年版，第 216 页。

② （清）范锴辑：《汉口丛谈》，清道光二年刊本，《中国方志丛书》第 347 号，成文出版社 1975 年版，第 121 页。

③ （清）贺熙龄：《樊镇新堤记》，（清）饶玉成：《皇朝经世文续编》卷 98《工政》。原碑现藏于襄阳市米公祠石苑。

④ ［法］杜赫德编：《耶稣会士中国书简集：中国回忆录》第 4 卷，郑德弟、吕一民、沈坚译，第 263 页。

首先派十位神父前往直隶、山西等省传教；后又派五位神父潜入山东；最后在五月间又派四位神父在湖广、四川、陕西等省传教。然而，第三批传教士潜入内地时却被官方拿获，从而引发了一场遍及全国的大教案。乾隆四十九年八月初九，据湖广总督特成额奏报：

> 七月十二日据郧阳镇右营守备舒万年禀称，其巡查水汛至白家湾，起获四名往陕西传教的西方传教士，并查点舡上箱物，内箱一口，俱装西洋经卷，并纸画神像等物。还在小木箱内见有蔡伯多禄寄与李姓书一封。①

信中大概是广东罗玛当家发四名传教士往陕传教，令蔡伯多禄送至湖南湘潭暂住，另着人送樊城，直走西安，扎托李姓送往之语。② 乾隆得知后大怒，严令各地官吏严查天主教，从而在湖广搜寻出与此次事情大有关系的若干教徒。

我们发现的一份中文档案供单，对我们了解当时教徒的情况有重要意义，这份档案摘要如下：

> 刘振宇供：小的年三十七岁，在湘潭县十五都社埠地方住，父母早故，只有妻子胡氏，生五个儿子，小的种田为业，向来不知天主教，今年七月初八日到同姓不宗的刘盛传门口经过进去吃茶，刘盛传出外去了，他母亲唐氏知道小的有痨病吃观音斋不中用，他也是痨病吃天主斋觉得好些，他儿子盛传在外边带有斋单回来与了小的一张，小的心想病好把单子挈回帖在堂屋壁上照日吃斋……刘绘川即刘泽涟供：小的年二十五岁，住在谭县上四都半村地方，父母俱故，妻子陈

---

① 《湖广总督特成额奏报盘获西洋人欲往陕西私行传教缘由折》，中国第一历史档案馆、澳门基金会、暨南大学古籍所编《明清时期澳门问题档案文献汇编》第 1 册，第 421 页。

② 这份非常重要的信全文是：罗玛当家现发四位铎德往陕传教，委晚在广东办人送至湘潭暂住，另酌人再办前往樊城，直走西安，但念走旱路比走水路更难，非得一二江湖练达之士，难以承办，左右思维。惟台宪府上晚爷，最为合式，敢恳为天主分上，暂令抛离家务，信到日，即便束装就道，建立圣功，免致四位圣铎悬望，不胜厚幸，所有领受隆情，容晚再来贵地日面谢，恭候阁府宠福金安，尚此上李大爷李二爷二位文几——铎末蔡伯多禄。中国第一历史档案馆编：《清中前期西洋天主教在华活动档案史料》第 1 册，第 357 页。

氏生两个儿子，都止一两岁，小的祖父刘春吃天主斋，后奉查禁就把些经像都烧毁了，小的并不晓得念经，只记得天主教斋期照旧吃斋，乾隆四十年上有个福建人蔡明臬挑广货担在湘潭地方发卖，小的因买货认识，后来他隔一两年常来赍货……谢隆茂是广东人，也同来卖过广货，就都认识了……六月十三日午间，忽见谢隆茂走进来还带着一个人张永信是湖北郧阳府人，谢隆茂对小的说有四个西洋人要往西安府去游方念经，他来托小的伴送樊城，小的因与蔡明臬相好只得留他暂住，因自己患病，想起族叔刘十七即君弼家里穷苦，常于人雇工，着人请了他来要他送往樊城去，他应允了，刘盛传说他也愿去……十四日他们回来说雇了湘乡龙姓的两支倒划子船，十五日打发洋人上船十六日就开行去了……刘君弼供：小的年四十四岁，住在湘潭上四都三眼井地方，父故母冯氏年七十岁，妻子早故只生一个女儿，小的平日止晓得吃天主斋，这破烂经本铜牌佛像因小的穷苦常雇与过客，过客船上做工煮饭捡拾下的，今年六月十三日将晚时候族侄绘川着人请小的去，说有个相好蔡姓央他雇船并二人送四个洋人往樊城去，只要一路与他买菜煮饭送到樊城刘宗选行里你就回来，小的应允，刘盛传先在那里，他也情愿同去……小的们七月初七日到了樊城，张老晚上岸寻着开行的刘宗选来船上看了……小的一路听见张老晚说洋人要往陕西西安府游方，他想起来西安城外三十里路地方有焦志善、秦荣二人常在樊城来打广货往西安发卖，他曾见过熟识要送洋人到西安寻着焦秦二人引荐与人念经吃斋的话……刘盛传是同小的到了排洲地方，他往汉口寻生意去了……①

通过中文档案我们得知，这次接引西方人进入内地，其路线是从广东起身，至湘潭寻找接引人，再到樊城，然后进入西安。从档案中我们可以清楚地看到，在这一次接引过程中，小商人在其中起到了重要作用。

首先，广东的接引者，蔡伯多禄即中文档案中的蔡明臬②、谢隆茂等

① 中国第一历史档案馆编：《清中前期西洋天主教在华活动档案史料》第1册，第349—352页。

② 蔡氏为意大利罗马中国书院中国神父之一，原籍福建，出国学习几年返国后一直在湖广与广东奔波传教。在后文论述马国贤中国书院时会有翔实考证。

人均是以商贩身份出现，他们平时以贩卖广东商品至湖广为生，而与湖广人民相识，为日后寻人伴送接引打下了基础。

第二站是湘潭，在这里最重要的人物是刘绘川。刘绘川自祖父起历代信仰天主教，他是湘潭接引的中心人物。他也是经由商业关系与蔡伯多禄、谢隆茂等人认识。他与刘盛传、刘十七等有宗族或是平日往来联系。在他的推荐下，刘盛传与刘十七成为此次伴送西洋人到樊城的助手。从档案中我们还可以发现，刘十七与刘盛传二人属于雇佣工，偶尔也做些小买卖，例如，刘盛传在伴送西洋人到樊城之后，就往汉口寻生意去了。

第三站是樊城，在这里接引的是刘宗选，虽然文中提及他的材料并不多，但是从蛛丝马迹中也能辨认出刘氏也是一名小商人，"樊城刘宗选行里"，只是不知做何生意。

第四站目的地陕西，在这里涉及的两名接引人员，焦志善与秦荣也是商人，曾在湖广等地买卖物品而与湖广教徒认识。

此外，这次教案中涉及的张永信也是一名做小生意的商人，与其他省份的商人教徒往来密切。在这次的接引中，他也是唯一一位从广东接引西洋人，打算全程伴送至陕西的天主教徒。

由此我们可以得出初步结论，小商人在湖广天主教徒中占有一定的比例，而且他们在天主教活动中常常起着联系人的作用。在中文档案中，我们多次发现他们的身影：武昌府开有源丝店同教人李姓，[1] 周正即周宗俊供在湘潭开米铺，系习天主教斋。[2] 他们由于其自身职业的流动性，经常与其他省份的教徒联系。如果说整个中国各地的传教犹如一节一节相连的铁链，那么这些处于底层社会的小商贩，以其流动性则成为将各地天主教活动联系在一起的连接点。如果没有他们在其中的牵引、搭线活动，天主教从沿海传往内地将会困难得多。

3. 渔民

湖广天主教徒的另一个重要组成部分是渔民。这是与其他教区教徒组成成分不同的地方。湖广地区有众多河流、湖泊，当时传教士写道：

---

[1]　中国第一历史档案馆编：《清中前期西洋天主教在华活动档案史料》第 2 册，第 459 页。

[2]　同上书，第 488 页。

"由于该省有一批多得出奇的江河流过，而大部分城市和村镇均位于江河之畔。"① 因此自耶稣会在汉口沿江流域开辟传教点后，水乡地区一直是湖广天主教的重要基地之一，传教士在这里发展了大量的渔民基督徒。如 1707 年传教于湖广的聂若翰神父，其发展的教徒就以渔民为多。②

还有一名传教士介绍湖广情况时也说："在一条注入大江的相当大的河流的河口处，有一个大镇叫汉口。我已经向您讲过它了，那里有一大批受归化的信徒。这是一个相当大的港口，每天都有成千上万只船在那里停泊，其中有许多船舶属于基督徒。"③

1743 年，在离汉口约 200 里的地区，有神父计算到，此地有 3000 名陆上基督徒，800 名渔民基督徒。④ 从 1744 年 1 月 1 号开始到 1745 年 1 月 1 号，嘉类思神父曾在这附近举行了 410 次洗礼。他说道："还有东津湾，沿河岸另一边，在襄阳东部，1727 年到 1730 年间，顾铎泽神父在那里举行了 77 次洗礼和 139 次听告解神工。"⑤ 他在另一封报告中称：

> 我得到神父们的同意后，秘密地潜入湖广省。1727 年 4 月底，我从广州出发，去看望这个省的北部地区的传教会，我又返回去了汉口，我相信在那里能找到我要的船。到了那里，我看到了一大批船，船主几乎都是基督徒……晚上，大批上行的或下行的基督徒都停下来到我的船上来待一段时间做祷告。⑥

由于该地渔民基督徒众多，顾铎泽为此还特别在当地停留了几天，给

---

① ［法］杜赫德编：《耶稣会士中国书简集：中国回忆录》第 4 卷，郑德弟、吕一民、沈坚译，第 267 页。

② ［法］费赖之：《在华耶稣会士列传及书目》，冯承钧译，第 598 页。

③ ［法］杜赫德编：《耶稣会士中国书简集：中国回忆录》第 4 卷，郑德弟、吕一民、沈坚译，第 267 页。

④ Dehergne Joseph，" La Chine centrale vers 1700 "，*Archivum Historicum Societatis Iesu*，Vol. 36，1967，pp. 32 - 71.

⑤ Ibid. .

⑥ ［法］杜赫德编：《耶稣会士中国书简集：中国回忆录》第 3 卷，郑德弟、吕一民、沈坚译，第 292—293 页。

教徒举行圣事。① 顾铎泽神父之后乘坐基督徒为其购买的船只，沿江而行，到达安陆等地。② 另一位管理汉口等水乡地区的赵圣修神父，几乎天天在船上照料这个地区的 4000 名基督徒。③ 他曾在书信中记载自己的情况：

> 我于 20 日再度扬帆航行，以便先去汉口，再从那里前往我的日常住处——柏泉山。在那里庆祝了圣行洁净礼日，其间聚集了大批信徒。之后我又返回了小船，以便前往汉口。此时正是船舶习惯于沿江而下的时期。在一般情况下，那里到处都有大批基督徒。因此，我几乎在江岸停留了整整一个月，忙于为他们施行圣事，为那些我认为已受到了充分教育并准备接受洗礼的慕道友举行洗礼。2 月 27 日，我乘船起锚向其他的基督教会口驶去。我于 3 月 3 日到达了我的传教区之港口，在那里一直高度忙碌到 4 月 8 日。④

1845 年武昌修道院发生教难时，正在湖北谷城巡视传教的代牧李文秀就是乘坐一艘基督徒的船只沿江航行一直到沙洋。⑤

除去传教士所留下的信件外，在中文档案中我们也经常发现这类人的身影："又因前在龙国珍船中起出张永信遗存钱账一纸，内载龙若瑟、龙老楞、佐国凤等九人名目各出钱三百文、二百文、六百文不等，似系天主教敛钱之单。"⑥ "刘开寅弟兄驾船为业，素习天主教。"⑦

湖广天主教教徒大部分是位于社会底层的农民、小商贩、渔民等，他

---

① Mgr. Noël Gubbels, *Trois siècles d'apostolat——histoire du catholicisme au Hu-kwang depuis les origines 1587 jusqu'à 1870*, p. 121.

② Ibid. , p. 123.

③ Dehergne Joseph, "La Chine centrale vers 1700", *Archivum Historicum Societatis Iesu*, Vol. 36, 1967, pp. 32 –71.

④ ［法］杜赫德编：《耶稣会士中国书简集：中国回忆录》第 4 卷，郑德弟、吕一民、沈坚译，第 282 页。

⑤ Mgr. Noël Gubbels, *Trois siècles d'apostolat——histoire du catholicisme au Hu-kwang depuis les origines 1587 jusqu'à 1870*, p. 282.

⑥ 中国第一历史档案馆编：《清中前期西洋天主教在华活动档案史料》第 2 册，第 488 页。

⑦ 同上书，第 487 页。

们特定的社会地位与其文化层次决定了湖广天主教在传播过程中的一些特点。每一个阶层，他们对信仰的认识与看法都受到自身阶层的局限。如果说早期天主教进入中国时，在上层文人中引起了共鸣，在思想文化层次方面引起了互动，那么禁教时期天主教则面临着一种下移的趋势。从之前的分析中我们可以得出：湖广的教徒大部分是位于社会底层的人员，如贫农、小商贩、渔民等。这些人经济上贫困，没有多少产业，由此也决定了其文化素养难以达到与明末清初士大夫相对等的地位。他们信仰天主教的过程深深地打上了其所处阶层的烙印。

三　信教的方式

1. 祖上传习

天主教具有很强的家庭性特点。往往一个家庭一名成员的入洗，最后会带动整个家庭的受洗。而信教后的家庭，他们在延续信仰时也表现得非常明显，祖上信教之后，其子孙也一般都是自小受洗，维持信仰。西方学者认为这是因为"中国价值观中的孝道使得基督徒代代相传"①。一些宗族甚至还在本族谱牒中明确要求族人继承宗教信仰，如康熙年间湖南衡阳慕政乡张氏宗族，其先世改宗天主教后，曾垂示后辈"世守真传，毋间毋断"，后来族人修谱时"谨集七言四句以志吾叔爱主之德，而传代即此二十八字为世守之派源，俾后人班班可考，庶本支百世不易，而昭穆随谱系并著于斯云耳。诗曰：世代圣学超先正，遵守真传奉根元；信望惟一昭事永，道统仁爱德尚谦"②。

法国学者荣振华也有如下记载："老山鸦在明朝就是一个基督教传教点：古贝乐主教写信给我说，这里有7个老基督徒家庭，分布在30里的地区内，他们的来源不得而知，所有的人信仰都很坚定。李姓基督教家庭从1704年之后就是基督教家庭。还有几个基督教家庭早在1650年就已经信仰天主教。"③

禁教时期，我们在中西方档案中发现由祖上信仰天主教而一直延续信

---

① ［美］孟德卫：《灵与肉：山东的天主教，1650—1785》，潘琳译，第 175 页。

② ［法］古洛东：《圣教入川记》，舒伏隆译，四川人民出版社 1981 年版，第 87—88 页。

③ Dehergne Joseph, "La Chine centrale vers 1700", *Archivum Historicum Societatis Iesu*, Vol. 36, 1967, pp. 32 –71.

仰的人不在少数。正是乡村信徒对父祖相传的宗族宗教信仰的这种忠实遵守，才使天主教得以在中国基层乡社会内部辗转传递、顽强发展。

赵圣修神父曾记载湖广地区一处被遗忘的信教大家庭：

> 某位与一名新信徒谈话的非信徒偶然间告诉他说，在某一地点有基督徒。这名新信徒便立即前来向我报告了他风闻到的信息，我立即向那里派遣了一名教经先生。他发现一个人数众多的大家庭在三十年前就受洗了，但几乎未从事过任何宗教修持。教经先生教他们作功课，向他们提供对其施教所需要的经书。数月之后，我巡视了该家庭，我于那里为十五人举行洗礼，还将某些人置于了慕道友之列。①

在巡游中，赵神父还在湖广发现一名基督徒女子：她是整个村庄中唯一的基督徒。她在子女教育上，也是要求他们继续保持天主教信仰，她"只允许其孩子们与男女基督徒订婚……生下一子或一女，她都要负责使之立即领洗"②。

在官府的供单中，我们亦可以看到当时涉案的几名教徒均是祖上就开始信仰天主教。

据刘开迪③供称：

> 小的是沅江县人，刘开寅、刘开达俱是胞兄，由祖父相传下来俱习天主教。小的从十五岁就往广东生理来往澳门，还到过西洋吕宋国，所以会说西洋话，能写西洋字，就是家里起出的十字架、洋汉字经本都是吕宋国买来。④

---

① ［法］杜赫德编：《耶稣会士中国书简集：中国回忆录》第4卷，郑德弟、吕一民、沈坚译，第284页。

② 同上。

③ 刘开迪教徒在后文介绍罗马意大利中国书院还会提到，通过中西方材料的比对，可以考证他是方豪及西方材料中称为刘凯弟的中国神职人员，曾在那不勒斯的中国书院学习晋升为神父后，传教于湖广。

④ 中国第一历史档案馆编：《清中前期西洋天主教在华活动档案史料》第2册，第502页。

刘泽涟供:

> 小的年二十五岁，住在谭县上四都半村地方，父母俱故，妻子陈
> 氏生两个儿子，都止一两岁，小的祖父刘春吃天主斋，后奉查禁就把
> 些经像都烧毁了，小的并不晓得念经，只记得天主教斋期照旧
> 吃斋。①

据按察使周人冀详称:

> 益阳县又续查出陈惟政、赵永清、孙柏海、刘癞子、郑老二、刘
> 鸿锡、龚玉珍等各习天主教，或称祖传或称亲戚指授，向在私家吃斋
> 诵经，妄希福利，并无西洋人往来引诱。②

嘉庆二十二年（1817），在湖广逮捕了一批自幼习天主教者："刘作
斌等祖上曾习天主教，茹素诵经，相沿已久。"③ 嘉庆二十四年（1819），
在湖北谷城县拿获的大批天主教徒，均系随祖父相沿传习天主教。④

湖南蓝月旺神父案中亦有教徒祖上受习天主教，久未得神父指点而放
弃信仰，后又复信天主教:

> 郭甫一之父郭教周曾习天主教，其父故后并未传习，遗有经卷图
> 像十字架未毁。蓝月旺向称学习天主教可以生前获福身后成仙，不可
> 背悔。郭甫一被惑允从遂与其子郭代广并义子郭尊九俱拜蓝月旺
> 为师。⑤

这些教徒自从祖辈信仰天主教之后，一直延续保持着信仰，历经严峻

---

① 中国第一历史档案馆编:《清中前期西洋天主教在华活动档案史料》第 1 册，第
349 页。
② 同上书，第 146 页。
③ 中国第一历史档案馆编:《清中前期西洋天主教在华活动档案史料》第 3 册，第 1111—
1112 页。
④ 同上书，第 1162 页。
⑤ 同上书，第 1060 页。

考验仍坚持不变。1840 年，穆道远就对这种自祖上传习延续信仰的教徒们敬佩不已："这些基督徒，他们不仅可以作为我们欧洲基督徒的榜样。我还得说，他们简直可以与我们最虔诚的宗教团体相媲美了。这些教徒接受天主教教义仅仅是从父母那一代人那里流传下来的，我被他们的忍耐与顺从深深地感动了。"①

2. 移民环境影响

湖广教徒除去部分是受祖上影响而成为天主教徒外，还有部分是受周边环境影响。这尤其在封闭的单纯天主教社区内表现明显。如湖北磨盘山基督教社区，在天主教徒建立起宗教社区后，其他一些游民进入社区后很快被同化。关于这一点，康志杰教授认为，这一时期排斥非基督徒进入社区领地，并非政治意义的"信仰歧视"，而是在当时的情形下，天主教移民的一种不得已的自我保护策略。② 而笔者认为，作为失去土地、流离失所的流民阶层，本身对天主教这种文化就不如上层文人士绅那样有着深刻的理解与鲜明的立场。在流落到当地后，在单一的宗教环境中，他们接受天主教信仰是理所当然的事情。

乾隆年间，在湖广地区工作的外籍传教士曾报道说：

> 基督教现已于该地区广为人知了，其四周的所有地区都对这一事件反响强烈。人们公开声称，成为基督徒具有许多优越性。③

正如湖广神父曾在书信中介绍当地一名基督徒的去世能引起众多民众关注一样：

> 当我到达病人那里时，我发现他准备接受圣事，而这些圣事是以极大的教化情感施行的，根据住院的贫困状态，最大可能地以被允许的体面而完成。基督徒直到最后一口气，也没有放弃。仅仅在整整这段时间，才在置于被祝福的蜡烛和垂死者的公开信仰之间，面对无玷

---

① Mgr. Noël Gubbels, *Trois siècles d'apostolat—— histoire du catholicisme au Hu-kwang depuis les origines 1587 jusqu'à 1870*, p. 244.

② 康志杰：《上主的葡萄园——鄂西北磨盘山天主教社区研究（1636—2005）》，第 21 页。

③ ［法］杜赫德编：《耶稣会士中国书简集：中国回忆录》第 4 卷，郑德弟、吕一民、沈坚译，第 286 页。

污而受孕的耶稣一幅圣像，出现了动人的鼓励、虔诚的向往和衷心的祈祷。当病人死亡时，要非常虔诚地为他举行葬礼：人们向那些出席死者葬礼的不信基督的亲属或邻居宣讲信仰之真谛。一名基督徒的死亡往往会导致数名偶像崇拜者的归化。①

这种宗教氛围，对于处于社会下层的平民来说，充满了吸引力，他们在这样的宗教环境与其他教徒的榜样力量下，纷纷加入到天主教的大家庭中来。沙百里神父曾记载道："有些信教徒是受到了他们的那些渴望分享新信仰亲友的吸引入教的。"②

3. 传道人员传教

神父与传道人员的努力也是推动湖广天主教发展的原因之一。尽管处于禁教时期，但是陆续不断秘密进入湖广腹地的西方传教士与中国神职人员，在维系整个湖广天主教的传承中发挥了巨大的作用。

首先，我们来看西方神父的工作。南怀仁神父自 1737 年到达澳门后在中国传教四十九年，其中大部分时间在湖北、湖南及河南三省地区。禁教时期，他经常在夜间利用船只穿行于湖广众多的河流与湖泊地区，寻找并发展基督徒。当时，他曾记载天主教在湖广地区繁荣的发展：

> 上帝已经用一种无法言语的快乐补偿了我所遭受的痛苦。在两个月的时间里，我一共听了 400 次告解，160 次洗礼。这个数字简直显示不出来现在是在禁教时期。③

嘉类思神父也说：

> 我经过计算发现，自 1744 年共有 368 人领洗，其中 170 人为成年人。如果您还希望从中加入我的基督徒授洗领洗的垂死异教徒中的

① ［法］杜赫德编：《耶稣会士中国书简集：中国回忆录》第 4 卷，郑德弟、吕一民、沈坚译，第 276 页。

② ［法］沙百里：《从李多林（又名徐德新）主教自 1789 年至 1805 年的通信看 18 世纪末至 19 世纪初四川本地社会中的天主教》，顾卫民译，《中国天主教历史译文集》，第 68 页。

③ Mgr. Noël Gubbels, *Trois siècles d'apostolat—— histoire du catholicisme au Hu-kwang depuis les origines 1587 jusqu'à 1870*, p. 156.

成年人与儿童（他们共达 42 人），那么其总数将是 410 人。我共计算到在陆地上和在水上方圆近 200 法里地域生活的基督徒共有 3000 多名。①

这一时期，中国神职人员在天主教的发展中更是起到了极大的作用，他们分散活跃在湖广各个地区。

1736 年胥孟德神父离开磨盘山之后，这里的教务由中国神父高若望②主持，他的努力得到了会长巴多明神父的称赞："其人气质优良，而其虔诚、谨慎、谦和尤堪钦尚。"③ "但愿上帝在中国人中能给我们更多这样的人，因为为了维持中国的传教我找不到其他的方法了。"④

1759 年河弥德神父对中国神职人员也给予了极高的评价：

> 天主的神国是赖传道员去推广的，因为自很久以来，环境已不准许传教士亲身去给外教人讲道。普通我们所付洗的，只是传道们所预先教育栽培好，然后介绍给我们的。⑤

耶稣会解散后，湖广的传教工作受到严重打击。由于缺少欧洲神父，于是照料教徒、发展天主教的重任不得不落到中国神职人员的肩上。在法国遣使会士阿本与潘奈于 1791 年来湖广掌管教务之前，这里的教务主要是由老耶稣会士，如郭类思和其他一些来自意大利中国书院的中国神父艰难地维持着。

遣使会士刘克莱神父来到湖广之后，与之相伴工作的六名中国神父更是天主教在禁教时期发展的中坚力量。西方材料曾记载：当时"我（指刘克莱神父）把沈神父派至江西，张约翰神父到江南，何神父在谷城和

①　［法］杜赫德编：《耶稣会士中国书简集：中国回忆录》第 4 卷，郑德弟、吕一民、沈坚译，第 312 页。

②　高若望，Jean-Etienne Kao，直隶宣化人，隶法国传教会。1731 年入会，1734 年至湖广磨盘山传教。

③　［法］费赖之：《在华耶稣会士列传及书目》，冯承钧译，第 756 页。

④　Mgr. Noël Gubbels, *Trois siècles d'apostolat—— histoire du catholicisme au Hu-kwang depuis les origines 1587 jusqu'à 1870*, pp. 128 – 140.

⑤　*Lettres édifiantes et curieuses，écrites des missions étrangers，mémoires des indes et de la chine*, tome13，p. 87.

汉阳、安陆、荆州。宋神父，则陪同我巡视这些茶园沟附近的地区。"①
有相当多的教徒是这些中国神职人员辛勤工作的结果。

四　信教的迷信色彩与修持方式

1. 信教的迷信色彩

平民教徒对教义的理解有限，禁教时期也无足够的神职人员能够妥善
照顾到他们的神学修养，因此希望他们对天主教教理有深入理解是很难
的。西方学者亦承认："传教士可能与文人进行过长期讨论，力图反击那
些早已确立并得到了丰富文献支持的颇有学问之观点。此外，他们还必须
劝说文人们离弃其妄。他们与平民百姓交往时却丝毫不会遇到这种情况。
这些人自己也承认这一点：平民百姓最容易被说服。"② 历史学家曾对平
民教徒对于教义的理解提出疑问："当方德望神父在陕西一个偏僻的村庄
中，仅于一年内就为 2699 名村民举行了洗礼，但大家可以怀疑这一农民
阶级是否真正理解了一种与中国传统具有深刻差异的宗教。"③ 19 世纪来
华的传教士也曾指出："即使办事人和贞女们都很虔诚，但经言和要理却
经常被忽视。更加困难的是，那些极优美的经文和要理问答，都是用官话
或是诗歌体裁写的，使那些不识字只会讲方言的人感到很困难，甚至无法
了解其中的意义。"④ 事实上，在传教和归化的过程中"始终都是一些被
认为是神奇的事件鼓励民众们要求举行受洗"⑤。于是，平民信教的过程
明显带上了神奇、神秘的色彩。

大多数中国人向来对宗教持有实用的态度，比如能治好疑难杂症或祈
求降福等。民间信仰的这种功利性价值取向自然也会影响到下层民众对待
外来宗教的态度。有学者就指出："能够打动民众的是新宗教的灵验性，
而不是那些玄妙高深的教理。"⑥ "中国传统文化的世俗性、入世性和人文

---

① Mgr. Noël Gubbels, *Trois siècles d'apostolat—— histoire du catholicisme au Hu-kwang depuis les origines 1587 jusqu'à 1870*, p. 235.

② ［法］谢和耐:《中国和基督教》，耿昇译，第 121 页。

③ 同上书，第 144 页。

④ 艾方济 1843 年 5 月 26 日信，转引自［法］史式徽《江南传教史》，天主教上海教区史料译写组译，第 26 页。

⑤ ［法］谢和耐:《中国与基督教：中西文化的首次撞击》，耿昇译，第 81—82 页。

⑥ 王雪:《基督教与陕西》，中国社会科学出版社 2007 年版，第 65 页。

主义色彩，使得基层民众的信仰具有十分浓重的功利主义，从而具有很大的随意性和盲目性。"① 在很多传教士的眼中，中国的"异教徒"都是讲究实际的人，没有多少人会为了解决灵魂上的问题而向在街头和乡间徘徊的"讲古鬼"请教人生的玄理。② "中国民众信仰的动机多是基于基本的生存需求，大都为今生现实的困惑所驱动，极少基于对来世的思考或追寻，更少能达世界观、人生观、价值观的层次。"③ 这种情况不单只在湖广发生。例如，山东济南地区干旱两年后，地方长官曾差遣两人带着一匹马去东堂把文都辣神父请到庙里来。地方大员要求文都辣祈雨，4 天以后雨水真的如期而至。④ 从而使神父在当地活动比较顺利。而在天主教进入湖广时，当时何大化由于不精于天文数理而被士大夫逐于城外，也是凭借其在医学方面的知识才在贫民中站稳脚跟。最初成为其教徒的两名平民就是因为神父治愈了其顽疾而感激受洗的。而洋人医病的消息在武昌传开后，附近的村民凡遇疾病，甚至天灾人祸都来求天主、圣母保佑，祈求平安，要求施洗入教的人数逐渐增多。⑤ 所以，从一开始湖广天主教在传播过程中就深深打上了神秘的色彩。这种情况经常在传教士的书信中被记载下来。张先清教授就曾以康熙年间抚州一女子的遭遇为突破口，对清前期天主教传播中的医疗情况作了详细的讨论，指出当时不少传教士已经注意到医疗在向中国人宣教中可以起到相当重要的作用。⑥ 李明神父亦指出："区别迷信在人不注意的情况下就会习惯于慢慢感化小民的情况。"⑦ 在方志材料中我们也发现，同一时期民间其他信仰大行其道："元真观在上津堡北一里，社民重祭，香烟最盛。"⑧ "其故乡遗俗好鬼而信神，如僧道巫

　　① 李平晔：《当代中国基督教发展透视》，罗明嘉、黄保罗编《基督宗教与中国文化：关于中国处境神学的中国—北欧会议论文集》，第 245 页。

　　② 吴义雄：《在宗教与世俗之间》，广东教育出版社 2000 年版，第 518 页。

　　③ 李平晔：《当代中国基督教发展透视》，罗明嘉、黄保罗编《基督宗教与中国文化：关于中国处境神学的中国—北欧会议论文集》，第 245 页。

　　④ 《中国方济各会志》第 2 卷，第 465 页，转引自［美］孟德卫《灵与肉：山东的天主教，1650—1785》，潘琳译，第 3 页。

　　⑤ 康志杰：《上主的葡萄园——鄂西北磨盘山天主教社区研究（1636—2005）》，第 12 页。

　　⑥ 张先清：《疾病的隐喻：清前期天主教传播中的医疗文化》，《身体·灵魂·自然：中国基督教与医疗、社会事业研究》，上海人民出版社 2010 年版。

　　⑦ ［法］谢和耐：《中国和基督教》，耿昇译，第 130 页。

　　⑧ 故宫博物院编：《故宫珍本丛刊·湖北府州县志·郧西县志》，第 355 页。

祝之徒，各有宗派源流，世代相传习，为人禳灾治病，时有灵奇，可以骇俗。"① 翻开湖广方志材料，可以发现该地寺庙众多，香火旺盛。这也说明湖广当地对民间信仰本身就有着很强烈的感情，而日益融入了中国底层色彩的天主教也成为其中的一种。

这种情况在湖广传教中屡被发现。曾在湖广活动多年的赵圣修神父曾记载类似事件：

> 在湖广某地有一位非教徒的儿子得了重病，试过多种方法，包括崇拜偶像也未使他痊愈，圣贤建议他去崇拜基督徒的上帝。当地从未听到过基督徒，但他仍旧在距其住宅 7 法里处找到基督徒，基督徒为孩子行了洗礼，但仍未再活多久。这名非信徒坚持阅读经书，最终入了教。②

处于社会底层的平民，他们在痛苦与困难时，很容易受到周边教徒的影响而求助于天主教。同时对于平民来说，在很多情况下，洗礼似乎是具有巫术作用的一种治疗措施。③ 早期耶稣会主要是通过介绍、传播医学知识，引起一部分儒学士人的兴趣，进而使一些儒生皈依了天主教。只是这种影响仅局限在少数知识界层面。④ 但是，由于行医可以最大范围地接近各种阶层的人群，从而扩大传教影响面。因此，传教士们也逐渐改变了原来利玛窦时期不直接行医的做法。特别是在康熙年间，当法国传教士来华之后，这种趋势就更加明显。也许是因为康熙皇帝对西医的兴趣及其在患病时期西医所展现的魅力，使传教士进而更加肯定了医疗传教的重要性。正如耶稣会士张诚所说："人们从欧洲寄来的药品，我们用来为这些可怜的偶像崇拜者缓解病痛，但它们对医治其灵魂所起的作用更大。我们每天都感到上帝在为我们的治疗工作降福，尤其在北京，这里成群结队的人向

---

① 王树人修，侯昌铭纂：《永定县乡土志》卷 3《宗教第十》，民国九年铅印本，张先清、赵蕊娟编《中国地方志基督教史料辑要》，第 503 页。

② ［法］杜赫德编：《耶稣会士中国书简集：中国回忆录》第 4 卷，郑德弟、吕一民、沈坚译，第 281 页。

③ ［法］谢和耐：《中国和基督教》，耿昇译，第 132 页。

④ 祝平一：《通贯天学、医学与儒学：王宏翰与明清之际中西医学的交会》，《中央研究院历史语言研究所集刊》1999 年第 1 期。

我们讨药。"① 在此影响下，平民为了自身利益入教的情况就日益增加。例如，康熙年间法国耶稣会士殷弘绪在江西景德镇传教时，就以施药给患者的方式来吸引民众入教，以至于他为自己在来华前没有学习更多医学知识而后悔。② 由于有医生职业作为掩护，殷弘绪还能以探视病人、分发药物的名义接近女性教徒，为她们办理各项圣事。③ 再如，1741 年死于北京的刘保禄，作为一位基督教徒医生，也曾"利用了职业中积累的声望，完成了大批归化"④。方志也有记载："近年来外国天主、耶稣诸教时时有游历本境者，亦只售药卖书，欲借以传行其道。"⑤ 甚至在鸦片战争后，来华的新教传教士也认为医药传道是当时在中国较好的传道方式之一。著名新教传教士郭实腊就是医药传道的积极倡导者。他曾经将救济金的预算全部拨给在中国的医疗事业。他认为，给人看病是与人接近的极好方法，并主张那些训练有素的医生来中国。⑥

这样的情况在中文档案中也时有记载。但是我们尤其需要注意下层民众信仰的原动力与其对天主教的理解在很大程度上并没有达到传教士们预期的期望。乾隆四十九年湘潭县民刘振宇吃斋案中就清楚明白地表明，刘振宇信仰天主教的过程完全是为了吃斋治病。⑦ 从某种意义上来说，他对天主教教义知之甚少，只是将天主斋与观音斋等同，认为拜天主教利于治病。遣使会士董文学到谷城茶园沟后，在当地教徒孙尚其隔壁的茅屋居住，也是采用了类似方法来吸引教徒：

　　　　取名观音堂，供奉天主图像、十字架，每隔五日吃斋二日，开讲

① ［法］杜赫德编：《耶稣会士中国书简集：中国回忆录》第 2 卷，郑德弟、吕一民、沈坚译，第 29 页。

② 同上书，第 145 页。

③ ［法］费赖之：《在华耶稣会士列传及书目》，冯承钧译，第 636 页。

④ ［法］杜赫德编：《耶稣会士中国书简集：中国回忆录》第 4 卷，郑德弟、吕一民、沈坚译，第 252 页。

⑤ 王树人修，侯昌铭纂：《永定县乡土志》卷 3《宗教第十》，民国九年铅印本，张先清、赵蕊娟编《中国地方志基督教史料辑要》，第 503 页。

⑥ 俞强：《鸦片战争前传教士眼中的中国——两位早期来华新教传教士的浙江沿海之行》，山东大学出版社 2010 年版，第 60 页。

⑦ 中国第一历史档案馆编：《清中前期西洋天主教在华活动档案史料》第 1 册，第 349 页。

洋字经，谬称诚心信奉，来世可以转生好处，向众诱惑，每遇斋期，令众人至其茅屋内礼拜、听讲，名为坐瞻。①

这充分体现了当时教徒对天主教信仰理解的模糊，天主教陷入了与中国各种鬼神崇拜类似的境地。

这种情况越是到禁教后期越发明显，嘉庆二十年于湖广被捕的天主教徒张义盛，原自嘉庆十年便不再念经，此年二月间，他患病日久未痊愈：

> 复思讽诵天主经咒，希冀除病消灾，随将家藏经像、十字架检出，独自拜诵，数日后，病适就痊，自此复行信奉，并未传徒及另为不法情事。维时张义盛之侄张大才、张大伦、张添赐闻知张义盛拜诵经卷可以除病，误信天主教有灵，亦复各自持诵。嗣又有方三多、何克振、何定潮、王立春、王志春……龚祥太等，因伊等祖上本习天主教，迨后仅止茹素，因闻张义盛念经除病，亦各在家念经。丁昆玉又在天门县素识之沈光年家见有刊刻天主教斋期单一纸，并捡回粘贴，按期吃斋。②

1840 年董文学神父受绞刑时，"天空忽显一光明大十字，历数日夜，武汉三处教友，皆同时目睹，即多数外教人，亦见而愕然，于是相告曰易观天主教所敬之圣号乎，吾等盖亦弃偶神而信奉天主教乎？"③ 甚至在1858 年迁董神父尸首时，"亲见武昌多教内外人，采掘董真福墓上之草根煎服，以为神方，病人得霍然者，不胜枚举"④。

这说明到禁教后期，由于教徒久无神父亲临指导，禁教的严峻形势使欧洲神父和本地神职人员的工作均转入地下，在社会上的影响力明显减弱，教义教理之类的书籍也大遭禁毁，使普通民众对天主教的认识也日益模糊。他们入教一般具有功利性，祈求消灾祛病，保得家宅平安，希望能

---

① 中国第一历史档案馆编：《清中前期西洋天主教在华活动档案史料》第 3 册，第1261 页。

② 同上书，第1064 页。

③ 成和德：《湖北襄郧属教史记略》，第 56 页。同时还记载了一患病刘姓者梦见神父显灵。家人找到会长胡章义等，并请神父为其付洗的事例。

④ 成和德：《湖北襄郧属教史记略》，第 58 页。

借此消除现世的苦痛。这种功利的需求非常实际，对民众有较强的吸引力。如在蓝月旺案中被捕的郭氏曾放弃天主教，也正是听神父说"学习天主教可以生前获福身后成仙，不可背悔"①，于是与家人受洗入教。但这也显示天主教日益沦为普通民间信仰。这一点在其他地区也有体现。1846 年山西代牧助理曾在信中描述了这样一个例子：

> 一位北京的穷苦新教友，在京中无法谋生，打算在山西省寒冷的山中做小贩以维持生活。他到达当地时，看见一家乡民的住宅前一个老旧十字架下燃着一柱香，他十分惊奇，便追问这种古怪敬礼的含义。那些人回答说他们崇拜的是一位不知名却有能力的神，他们追随着给这村庄留下这座十字架的人，视他为驱邪免灾的保障。②

这说明在长时间禁教的压迫下，天主教在中国内陆地区的传教活动受到严重打击，虽然在很多地区天主教的传统得到一定的保存，在中国民间文化上也打上了自己的印记。但是，我们也要承认，天主教教理在禁教时期不再广为人知，教徒们对于上帝、耶稣、性灵、教义的讨论也逐渐弱化，天主教慢慢与中国底层社会的民间宗教信仰杂糅。事实上，这种情况并不单单发生在湖广。西方学者在谈到山东天主教时说："山东的基督徒被广泛吸收进异端教派的本土传统之中。"③ 湖广的情况则似乎还略好一些，虽然天主教在一定程度上与民间信仰有融合，但是至少没有发现大量基督徒被吸收为异端分子的情况，这也是因为湖广教区即使在禁教时期，也基本没有中断过传教士与传道员，在指导者的管理与监督下，他们的信仰情况要保持得更加纯洁一些。现当代学者在谈到基督宗教与中国传统民间宗教时认为：在 1949 年以前，天主教在中国农村中的传播更为成功，许多地区建立了"教友村"，其原因或许正是因为天主教更重视礼仪和象征，且更倾向于集体主义和传统主义。④ 这也为我们理解当时天主教的本

---

① 中国第一历史档案馆编：《清中前期西洋天主教在华活动档案史料》第 3 册，第 1060 页。

② Annales de la Propagation de 1e la Foi, tome 18, pp. 136 – 137.

③ ［美］孟德卫：《灵与肉：山东的天主教，1650—1785》，潘琳译，第 174 页。

④ 吴梓明、李向平、黄剑波等：《边际的共融：全球地域化视角下的中国城市基督教研究》，上海人民出版社 2009 年版，第 231 页。

地化提供了新的视角。

2. 修持方式

这一时期，天主教日益下层化，天主教在知识层面与文人阶层产生共鸣的时代已经过去。教徒大部分是不识字的农民、商贩、渔民，由于受到自身文化层次的局限，加上经济条件的约束，因此他们的信仰方式也与之前的士大夫阶层有着鲜明的不同。沙百里神父认为一些信徒之所以不能保持他们的信仰，是因为"缺乏适当的训练和知识。许多人（教徒）不能阅读，只能口头上教育他们"①。这一时期，教徒很少研习天主教教义，也不再有与传教士探讨义理等方面的活动，其习教活动日益具体化、形式化。西方学者亦说道："在与平民百姓打交道时，不可能深入进行教理细节的探讨，仅对教理书作一番简单概述就足够了。"② 教徒保持信仰的方式仍以祈祷、参加教堂的各种日常活动为主。"基督徒生活方式的精义转化为每天在家庭中背诵很长的祈祷经文。"③ 当时一位在湖广传教的欧洲神父曾有如下描述，可以使我们对当时普通平民教徒的日常宗教生活有一定了解：

> 一大清早，他们（指当地的基督徒）便共同作特定祈祷，之后紧接着便是一场施教，以让他们准备做圣祭。这种施教是以问答的方式进行的，涉及到了信仰的主要奥义、忏悔、领圣体和弥撒。其中一人高声宣读这些要求，其他人则对此做出回答。继此之后，我登上祭坛。随着"圣哉颂歌"，其中的一位参加者解释接近于实施的奥义之伟大程度；随着圣体饼和圣体杯的升起，为了准备领圣体，人们便跪在地上，并凝视着在祭坛上确实存在的我主的五处伤口。人们在这种仪式中又增加了多种忏悔以及信、爱、望这三德和谦卑等行为。这一切都以谢主恩的行为而告结束。这就是每天所必须遵循的日程。节日和星期日期间，弥撒之后的祈祷更要长得多，它根据节日的圣人纪念

---

① ［法］沙百里：《从李多林（又名徐德新）主教自 1789 年至 1805 年的通信看 18 世纪末至 19 世纪初四川本地社会中的天主教》，顾卫民译，《中国天主教历史译文集》，第 68 页。

② ［法］谢和耐：《中国与基督教：中国和欧洲文化之比较》，耿昇译，第 144 页。

③ ［法］沙百里：《从李多林（又名徐德新）主教自 1789 年至 1805 年的通信看 18 世纪末至 19 世纪初四川本地社会中的天主教》，顾卫民译，《中国天主教历史译文集》，第 69 页。

日而变化不定。①

　　嘉庆二十二年，湖广地区抓捕了一批天主教徒，从材料记载中我们可以对湖广下层教徒平日的信教仪式略知一二：

　　　　刘作斌等祖上曾习天主教，茹素诵经，相沿已久。刘作斌、邓恒开、王槐三家祖上各遗有十字架、铜像、经卷，其唐选等家并无流传经、像等物。该犯等幼时，经伊父祖嘱令，勿忘根本，如能习教，日后总有好处，并口授该犯等十诫、七祈求等经文，以每年正月初四及二月二十等日，名为大斋期。是日，同教者拣择一人当瞻礼领首，俱在领首家内，供奉耶稣天主铜像并十字架等物，念诵十诫、七祈求经文。领首人在前念诵，余人在后依次跪念。念完后，领首人用麦捏薄饼，每人分给一个，闭目接吞，以为在生必蒙天主保佑，死后即入天堂。该犯等均各信从。先年系唐文才故父唐卓为领首，嗣唐卓故后，众人欲推刘作斌为领首，该犯不肯承当。嘉庆十八年，曾在在逃之唐文云家瞻礼一次。②

　　同时，在下层教徒中也出现了大量的苦修者。早在耶稣会士潘国光（1607—1671）在中国传教时就曾建立"耶稣苦会"。这种苦会由最坚信的基督徒组成，他们聚集在一起默想耶稣在十字架上所受的苦难，并进行忏悔修行。这些修行包括绝食、在手臂和膝盖上戴上镣铐，以及自我鞭笞。③尽管天主教的苦行修行方式曾被认为是具有鲜明西方特色的修行方式，但是最近的研究却表明中国也有大量类似的修行。我们在湖广就发现了不少这样的例子：

　　　　一般地来讲，我们所有的基督徒都非常热情地在心中牢记祈祷经文。我们发现他们之中有人根本不会阅读，雇佣先生来教他们学习，

---

　　①　［法］杜赫德编：《耶稣会士中国书简集：中国回忆录》第 4 卷，郑德弟、吕一民、沈坚译，第 277 页。

　　②　中国第一历史档案馆编：《清中前期西洋天主教在华活动档案史料》第 3 册，第 1111—1112 页。

　　③　［美］孟德卫：《灵与肉：山东的天主教，1650—1785》，潘琳译，第 97 页。

苦修、铁腰带和其他惩罚械具，则在他们之中是惯用的手段。①

　　在有传教士及传道人员巡视、居住的地区，人们对天主教教理及礼仪的理解与保持情况较好，基本都能参加宗教仪式。但是，在很多被传教士遗忘或是无法照料的地区，没有人指导、组织、监督教徒。在这些地区，教徒凭借着祖上传下来的习惯来保持着信仰。在这里，祈祷、日课经、弥撒等宗教活动比较鲜见，取而代之的则是简单可行的吃斋、守斋期。

　　上文提到的赵圣修神父在巡视中所遇到的女性基督徒，是"整个村庄中唯一的基督徒，也没有任何人向她传授教会规定的戒斋禁欲日"②。处于外教人包围的这名教徒，也目不识丁，对天主教教义知之甚少，对于礼节也了解不多，但是她却"自我强行规定永不食肉，以便永不忽略遵守该教教规"③。这名妇女保持宗教信仰的方式在现在看来，并不正确。她修持天主教的方式从某种意义上来说，与民间佛教徒的吃素类似。如在方志中我们经常看到："僧大彻者，偕其徒侄心月食苦茹素，计每岁稞资蓄而积之，以修其殿宇。"④ 在湖广天主教的传教过程中，我们在中西文材料中发现类似的情况不止一处。例如，在乾隆四十九年大教案中被捕的刘振宇的供词中我们就发现：刘振宇、刘盛传等人对天主教教义知之甚少，只是捡回印有天主教圣日的单子"照日吃斋"⑤，而且就连印单也被他们称为"斋单"。

　　以上材料均说明湖广天主教的传播在早期时与中国上层社会有一定的接触。然而由于时局所限，在禁教时期，天主教在湖广的发展不得不走上发展下层民众的路线。湖广天主教没有得到一批开明官僚士绅的支持，因此没有出现上海、杭州传教会那种既举行宗教活动，又刊刻西方图书的兴盛格局。例如，清初在江南工作的鲁日满神父就大量编写、印刷福音书。

---

　　① ［法］杜赫德编：《耶稣会士中国书简集：中国回忆录》第 4 卷，郑德弟、吕一民、沈坚译，第 276—277 页。

　　② 同上书，第 284 页。

　　③ 同上。

　　④ 故宫博物院编：《故宫珍本丛刊·湖北府州县志·郧西县志》，第 377 页。

　　⑤ 中国第一历史档案馆编：《清中前期西洋天主教在华活动档案史料》第 1 册，第 349 页。

后来，比利时学者钟鸣旦根据这一时期中国私人图书馆的分类目录，挑选出耶稣会士作品，研究这批作品在明末清初中国的流传情况时指出：除了两本书是来自福建以外，其余所有的作品皆来自于江南省。[①] 同时，在湖广也没有出现江南那样的文化冲突。晚明在杭州刊印的《破邪集》是一部资料丰富的反基督教著作。其中大部分作者来自江浙与福建等地。而反观天主教在湖广发展的情况，始终没有出现过能与北京、江浙一带相媲美的学术性传教士、上层文人与反教的一流僧人及儒生。

从信众方面来看，湖广的信众多是农民、渔民等下层百姓，普遍文化素质不高，也难以与江浙地区的"文化基督徒"相比。这种下层路线是当时各种原因综合造成的。在这种路线的指引下，禁教时期湖广天主教无论是从教徒构成、信教方式还是教徒对天主教的理解上均深深地打上了社会底层的印记，带有鲜明的时代特点。天主教从上层社会下降至平民阶层，不仅使天主教本身对中国文化尤其是精英文化的影响日益减少，另外我们也发现天主教越来越接近中国本土的民间信仰，与中国底层的文化融合在一起。自禁教以来，天主教在整个清代的发展日益本土化，在政府的打压下，艰难地在社会的下层发展。而这种本土化的另一个表现就是本地神职人员的大量出现。

第四节　纳玻里书院对湖广
天主教的影响

在意大利靠近桑尼塔桥西北方向斜坡的一个社区内，有一座中国书院。这指的是罗马传信部直属的、一个培养中国籍传教士和教师的宗教机构。这就是 18 世纪意大利人马国贤神父创办的"圣家书院"（Sacra Famiglia di Gesù Cristo），又名中国书院或纳玻里书院。[②]

马国贤自 1710 年来华，在中国宫廷待了十三年，历康熙、雍正两朝，在中外交流史上具有重要意义。中国社会科学院历史研究所万明教授曾发

---

① ［比］高华士：《清初耶稣会士鲁日满常熟账本及灵修笔记研究》，赵殿红译，第357 页。

② 这所学院即现意大利那不勒斯东方大学之前身，参见杨慧林《意大利那不勒斯东方大学及其汉学研究》，《世界汉学》创刊号，1998 年。

表《意大利马国贤与中国学院研究在中国》① 一文，对国内关于马国贤及中国学院研究作了总结概述。当前，学术界仍多关注于马国贤的在华活动及其在艺术方面的贡献。而对于纳玻里书院仅是在论述近代中国教会大学及意大利汉学时才略有提及。而对书院学生进行系统统计，分析其在禁教时期对中国内地天主教传播与发展中的作用则无人涉及。这一方面，是因为纳玻里书院的材料大部分仍收藏于国外图书馆，如学院人员名单等在国内鲜见。而且这些中国传教士本身也未曾留下多少回忆录之类的材料。另一方面，则是因为材料大部分是外文，识读也不容易。所以这批中国传教士就显得如此默默无闻。但是，我们并不能因此就忽视了他们的工作。天主教史学家徐宗泽先生曾写道："清初之际，圣教根基未固，一旦风波暴起，而西士驱逐，中国始初之圣教，危险极大，故中华本籍神职班之重要，又为时势所要求。"② 这就点明了中国籍神职人员的重要。在禁教之后，他们对天主教在中国的维持是具有重要意义的。如果没有他们的存在，很多教徒都会放弃信仰。③ 鄢华阳学者甚至认为在禁教时期，"远比外国传教士更重要的是中国籍神父"④。他以四川为例，认为在 1804 年，只有4 名欧洲传教士工作的四川，却有 4 万名天主教徒，"四川的天主教在许多方面是一个在中国人领导下的中国民间宗教"⑤，对中国籍神职人员的作用给予了极高的评价。本书详细整理、统计纳玻里书院留学生的个人信息，对纳玻里书院所培养的学生的传教活动作详细分析，以期重现这一时期的历史，对他们在中国天主教史上的作用给出一个适当的评价。

一　马国贤"在华十三年"

马国贤（Matteo Ripa），1682 年生于意大利萨来诺教区的爱波利

---

① 万明：《意大利马国贤与中国学院研究在中国》，载 Michele Fatica, *Matteo Ripa e il Collegio dei Cinesi di Napoli*（*1682 – 1869*），Napoli，2006.

② 徐宗泽：《明清间耶稣会士译著提要》，上海书店出版社 2006 年版，第 31 页。

③ Mgr. Noël Gubbels, *Trois siècles d'apostolat—— histoire du catholicisme au Hu-kwang depuis les origines 1587 jusqu'à 1870*, pp. 200 – 201.

④ ［美］鄢华阳：《18 世纪四川的中国籍天主教神职人员》，顾卫民译，《中国天主教历史译文集》，第 24 页。

⑤ 同上。

（Eboli）。① 18 岁时他遇到一位方济各会士向人们发表演说，备受鼓舞的他开始下决心将自己的生命献给天主教事业，他曾在回忆录中记载了这一年的转变："公元 1700 年，我 18 岁，正是风华正茂，幸福高兴的青春时光。这一年我从万能的天主那里收到了从事这一神圣事业的第一个推动力。"② 马国贤由此加入了虔劳会。这是一个在意大利鲜有名气的小修会，与东方传教毫无关系，承载不了马国贤远大的理想："尽管我曾经对那个修会有过最强烈的崇拜之情，但现在却感到了哀伤和沮丧，甚至不能继续前行。"③ 正当马国贤处于如此困境之时，他得到了一个与中国结缘的机会。当时，罗马教皇克莱门十一世为了培养在中国传教的人才，在传信部建立了罗马书院，"让前来中国传教的欧洲传教士在那里学习科学和汉语，以便把福音带到为异教所蒙蔽的中国人之中"④。马国贤抓住了这个机会，在其指导神父托勒斯神父的帮助下进入了罗马书院学习，成为这个"书院里最早的两名学生之一"⑤。罗马书院的学习经历为马国贤日后在中国的传教打下了基础。后来他还曾兼任罗马教师书院院长一职，虽然只有短短几个月时间，之后他被教皇派往中国为铎罗晋级，但是这些早年的经历为其日后创建纳玻里书院奠定了基础。

　　马国贤来华之际正值"中国礼仪之争"日益激烈。天主教会因为一场前所未有的争论而面临分裂，马国贤正是在天主教传教的困难时期来到中国，他的命运注定要和 18 世纪初中国天主教会内外的是是非非联系在一起。⑥ 当时，作为教皇特使的铎罗主教在中国最初受到皇帝的热情款待，于是教廷对在中国传教充满了信心，决定嘉奖铎罗，并加派传教士。就这样马国贤神父被选派到中国来。

---

①　方豪：《中国天主教史人物传》，宗教文化出版社 2007 年版，第 477 页。

②　Matteo Ripa, *Storia Della Fondazione Della Congregazione E Del Collegio Dei 'Cinesi*, Parte Prima, Napoli, 1832, pp. 8 – 9.

③　*Memoirs of Father Ripa*, *during the Thirteen Years'Residence at the Court of Peking in the Service of the Emperor of China*; with an Account of the Foundation of the College for the Education of Young Chinese at Naples, p. 14.

④　Matteo Ripa, *Storia Della Fondazione Della Congregazione E Del Collegio Dei 'Cinesi*, Parte Prima, Napoli, 1832, p. 21.

⑤　Kenneth Scott Latourette, *History of Christian Missions in China*, Cheng-wen Publishing Company, 1975, p. 161.

⑥　［意］马国贤：《清廷十三年——马国贤在华回忆录》，李天纲译，第 2 页。

1708 年 1 月，马国贤一行抵达伦敦，在威尼斯公使西格诺·考那罗的帮助下，马国贤等人直接到英国东印度公司乘船去中国。[①] 来华后，起初马国贤受到康熙的优待，在宫中以绘画才能而得到赏识。但是宫中的生活与他格格不入，尤其是他反对"中国礼仪"的立场更是让他在宫中的生活险象环生。因为康熙对不遵守"利玛窦规矩"的人并无好感，并日益加强了对传教士传教的控制。这一切使马国贤渐渐萌生了离开中国的念头。而且，他对当时传教士遵循利玛窦规矩所表现出来的上层生活方式也深为不满和忧虑："……不幸的是我们的传教士采取高高在上并带有炫耀性的生活方式。中国话叫'体面'。他们的衣服是最好的料子做的，从不步行，都是乘轿、骑马或坐船，并且带着许多随从民众在一起，因此受感化者寥寥无几。"[②] 在雍正登基后，马国贤更是陷入进退两难的境地，百般心理斗争后，他决意回到欧洲。

二　纳玻里书院的建立

马国贤对传教事业充满热情。在宫中烦闷的生活中，他一直希望能为天主教贡献力量。但是，马国贤与当时大部分传教士对传教的成绩有不同的意见。他认为不能只看传教士争取的教徒的数量，教徒的质量才是关键所在。正是有了这样的认识，马国贤来中国后并不急于发展教徒。在他看来，确切地理解天主教教义是成为天主教徒的首要条件。这从 1711 年马国贤在九江一个客栈住宿时，拒绝为旅馆主人及其子的授洗中就可以看出来。当时，这两人在马国贤神父的启发下对天主教教义产生了兴趣，萌生了入教的念头。但是，马国贤神父认为这短短的时间，他们对天主教教义的理解与认识远远不足，他们离合格的教徒还有很大的差距，于是他拒绝为他们授洗，反而留给他们一本有关教义的书，要求他们充分理解、接受教义后才考虑是否接纳他们为教徒。

马国贤之所以坚持要保证质量是因为当他从罗马来到中国时，经过印度，在那里他看到了很多不合格的传教士与教徒。这是由于葡萄牙国王急于维持和扩张天主教而滥收传教士与教徒而造成的。马国贤对他们的评价

---

① Matteo Ripa, *Storia Della Fondazione Della Congregazione E Del Collegio Dei 'Cinesi*, *Parte Prima*, p. 89.

② 赖诒恩等:《耶稣会士在中国》，陶为翼译，光启出版社 2007 年版，第 41 页。

非常低，认为这样的传教士和教徒不仅对圣教毫无益处，反而"使我们神圣宗教丢尽了脸"①。

　　长期的传教经历使来华的欧洲传教士深深感到中国如此广大的地区仅靠欧洲神父的工作是难以维持的，在中国本土创办修院以培养本地神职人员一直以来就是罗马传信部及欧洲传教士的希望。早在清初鲁日满神父于江南传教时，他就曾与传道员何世贞在常熟建立了一个新善会，专为年轻男性而设，然后挑选一些有关教义的主题，对这些年轻人进行系统性的教育，以使他们胜任将来传道员或讲道员的工作："他们组织善会，逐步地培养其中的成员成为传道员和讲道员。"② 殷铎泽神父曾于 1632 年 3 月 24 日向传信部详细说明："中国教会立刻需要'修养有素'的本地籍司铎。"③ 1680 年，南怀仁神父派遣柏应理神父前往罗马汇报情况，柏应理神父为此写有一篇备忘录，名叫《中国传教区于1671 年前后的条件和质量》（ "The Conditon and Quality of the Chinese Mission around the Year 1671"）。他强调，"直到那时，外国传教士仍然没有在中国建立坚实的扩展基督教的基础。因此，只有通过建立本地神职人员才能得以实现。"④ 最后，他以日本的例子来说明培养本地神职人员对于天主教在当地的存续有多么的重要。⑤ 1699 年毕天祥神父来华也担负着罗马教廷这样的愿望。⑥ 甚至在鸦片战争之后，重返中国传教的天主教传教士亦将培养中国籍神父当成恢复教务事业的第一项措施，"在这一切任务之中，培植本地神职人员是首要任务"⑦。当时，担任山东教区主教的方济各会士江类思（Louis Moccagatta）就在山东武城十二里庄

---

① *Memoirs of Father Ripa*, *during the Thirteen Years'Residence at the Court of Peking in the Service of the Emperor of China*; *with an Account of the Foundation of the College for the Education of Young Chinese at Naples*, p. 38.

② ［比］高华士：《清初耶稣会士鲁日满常熟账本及灵修笔记研究》，赵殿红译，第337 页。

③ 顾卫民：《明清之际耶稣会士倡导实行中文礼仪的尝试及失败》，徐以骅、张庆熊编：《基督教学术》第 7 辑，上海古籍出版社 2009 年版，第 41 页。

④ 转引自顾卫民《明清之际耶稣会士倡导实行中文礼仪的尝试及失败》，徐以骅、张庆熊编《基督教学术》第 7 辑，第 46 页。

⑤ 同上书，第 47 页。

⑥ Mgr. Noël Gubbels, *Trois siècles d'apostolat——histoire du catholicisme au Hu-kwang depuis les origines 1587 jusqu'à 1870*, p. 79.

⑦ ［法］史式徽：《江南传教史》，天主教上海教区史料译写组译，第 60 页。

成立了半公开性的修院，用于培养中国籍神父。① Stefano Borgia（斯蒂法诺·博基亚）也曾说过："一个外国人不可能被当地人很深地了解，而如果他不被人所深入了解，他是不可能得到他们的真正爱戴的。一个好的牧者应该很了解他的羊群，而且他也必须要被他的羊群所了解。"②在华的法国传教士亦觉得有训练本地牧师之必要，而且他们认为"在中国颇难使一司铎必具之拉丁文及其他科学等学识有所深造"③，所以打算将中国学子派到西方学习。马国贤神父也直言："我很清楚这个辽阔的国度是多么地缺乏人手，而欧洲又不能提供。从1580年至1724年，欧洲送到这里来的传教士数量不足500人。"④ 另外，语言的障碍也使传教事业事倍功半："无论欧洲传教士是多么热情，但因为语言上难以克服的障碍，不能产生令人满意的结果。"⑤ 所以，马国贤神父明白培养本地神职人员的紧迫："我坚定地相信在天主的教会里，应该责无旁贷地建立一个宗教团体，专门的目的就是使本地人有能力来行使传教使命。"⑥ 正是基于这种认识，从很早他就开始谋划："我还时时刻刻感到一种冥冥中的召唤，想建立一个宗教团体的愿望变得越来越强烈。为了天主的荣耀，我们有责任报偿他美妙的创造之功。我一定要把那些降临于我身的召唤，与这样一个团体机构联系起来。"⑦ 1714年，为了给教会培养人才，他带走一名古北口的年轻人，这就是殷若望，其父母都是基督徒。马国贤想将其培养成一个传教士。1719年，他再次在这里接受了三名男孩，准备开办书院。马国贤的愿望得到了很多欧洲人的支持，他们给他寄来了钱财作为资助。但是很快马国贤发现："我的努力受到了亚洲人和欧洲人的共同反对，这种敌意很快让我觉得天主显示的

① 吴梓明、李向平、黄剑波等:《边际的共融:全球地域化视角下的中国城市基督教研究》，第83页。

② 转引自 Gianni Criveller, *The chinese priests of the College for the Chinese in Naples and the promotion of the Indigenous Clergy（XVIII-XIX centuries）*，未刊稿。

③ [法]费赖之:《在华耶稣会士列传及书目》，冯承钧译，第760页。

④ *Memoirs of Father Ripa, during the Thirteen Years'Residence at the Court of Peking in the Service of the Emperor of China; with an Account of the Foundation of the College for the Education of Young Chinese at Naples*，p. 107.

⑤ Ibid..

⑥ Ibid.，p. 108.

⑦ [意]马国贤:《清廷十三年——马国贤在华回忆录》，李天纲译，第3页。

是别的意思，并且中国并不是我想要建立一所成功而繁荣的学校的地方。"① 并且，在中国也难以使学生受到神学语言上的熏陶，使其达到神父们所期望的结果："中国人很难做到精通拉丁文，他们的发音有困难，可能会影响圣事的效力。"② 而能否使用教会语言对于教会而言是一个非常重要的问题，1659 年，当时传信部部长巴布利尼枢机甚至致信三位新代牧去远东进行实地考察："那些本地修士是否如人们所言，几乎无法学习拉丁文？"③ 最后，马国贤神父决定回到那不勒斯创办学院培养中国神职人员。《西游笔略》中曾记有："康熙年间有马公玛窦者，意大里亚人也，泛海三年，始至中国。后敷教北京，以丹青天文驰名……及圣祖崩，马公请归，上问其所欲，对曰：'愿得英才而教育之。'上欣然允诺。"④

1732 年 7 月 25 日，马国贤回到那不勒斯，"乃以立书院之事请命于王，王许之，爰建高馆于城内，名圣家书上院，亦名中国学馆"⑤。他从中国带出来五个中国人，一位三十多岁的年长信徒，负责照看其他四个孩子。

选择在那不勒斯而非罗马建立书院是马国贤神父极力争取的结果。当时，传信部主任等都坚决反对在那不勒斯建立书院，理由是不允许马国贤神父"建一座神坛来反对另一座神坛"⑥，而且罗马方面也急于在自己的书院里招几个中国人，马国贤神父害怕他们将自己从中国辛苦带来的学生抢走。最后，马国贤神父得到了教宗本笃十三的同意，将他推荐给那不勒斯政府。

① *Memoirs of Father Ripa*, *during the Thirteen Years'Residence at the Court of Peking in the Service of the Emperor of China*; *with an Account of the Foundation of the College for the Education of Young Chinese at Naples*, p. 108.

② 顾卫民：《明清之际耶稣会士倡导实行中文礼仪的尝试及失败》，徐以骅、张庆熊编：《基督教学术》第 7 辑，第 41 页。

③ ［意］德礼贤：《初期耶稣会士培养中华圣职之努力》，施安堂译，载罗光主编《天主教在华传教史集》，第 319 页。

④ （清）郭连城：《西游笔略》卷下，同治二年新刻本。

⑤ 同上。

⑥ *Memoirs of Father Ripa*, *during the Thirteen Years' Residence at the Court of Peking in the Service of the Emperor of China*; *with an Account of the Foundation of the College for the Education of Young Chinese at Naples*, p. 161.

书院最初建立时除了中国本地人，还招收发誓言要到中国去传教的其他国籍的人。入学权力属于那不勒斯行政当局。但是，传信部声称要拥有将来学校教授任命之前的考试权。最后在 1732 年几方达成统一：

> 这个新的机构由一个书院和一个教团组成。书院由年轻的中国人和印度人组成，用学校的钱款作花费，培养他们成为合格的职业传教士。教团则是由教士们组成，愿意给书院学生提供必要的指导，没有任何金钱上的报酬。书院学生要做五次发愿：第一，安贫；第二，服从尊长；第三，加入圣会；第四，参加东方教会，听从传信部的调遣；第五，毕生为罗马天主教会服务，不进入任何其他社群。教团成员不必发愿，但是除了参加书院学生的教育外，还要和团体住在一起，履行属于本机构教会的职责。①

马国贤克服了重重困难，最后教团和书院终于得以在 1732 年 7 月 25 日开张。

三　纳玻里书院的学生

在书院的中国学生一般要花上十年左右的时间学习神学等知识，毕业时通过考试，成绩合格者授予神父之品，派遣至中国传教。1891 年出使意大利的中国使者薛福成有记载：纳玻里书院"所招中国学生，专以习天主教为本业，其于格致星算之学，不过兼涉"②。这些经过系统神学训练的中国神父在中国天主教的传播与发展中发挥了巨大的作用。张泽神父曾高度评价纳玻里书院："培养中国本地神职人员，实在是一种目光远大的宏伟目标。当教难危急之时，扶持教友信德，维持教统之不坠，中国神父之力居多。"③ 法国启蒙学者孟德斯鸠也认为培养本地神职人员是"能

---

① *Memoirs of Father Ripa*, *during the Thirteen Years' Residence at the Court of Peking in the Service of the Emperor of China*; *with an Account of the Foundation of the College for the Education of Young Chinese at Naples*, pp. 163 – 164.

② 薛福成：《出使四国日记》，湖南人民出版社 1981 年版，第 264 页。

③ 张泽：《清代禁教期的天主教》，第 42 页。

使在中国传教获得成功唯一可行的方式"①。因为"这些教友领袖是外国
传教士和中国天主教徒之间重要的媒介"②。因为中国神父来自于天主
教社团内部，他们的长相与外国神父不一样，隐秘性强，不易被发现而
遭到驱逐。同时，他们也较熟悉其所在社会的规范和文化，因此在传教
中也容易取得成效。"中国籍神父能够起到那些平信徒不能够起到的核
心作用：举行弥撒、倾听告解、施终傅礼和主持婚配仪式。"③ 甚至在
新教传教士来华时，他们也非常注意本地神职人员的培养。当时马礼逊
曾写信给伦敦总部，其所提的十项建议中重点之一就是创办英华书院，
其目的就是培养人才。正如其第六任院长伊云士（John Evans）所说：
"我确信，我们必须在这个书院为中国培养一批传教士，他们在不久的
将来会作为拯救灵魂的、传布福音的先驱，回到他们的同胞中间去。"④
鸦片战争后来华的新教传教士郭实腊也曾在香港创立"福汉会"，其目
的就在于训练华人传教士对中国人进行传教，因为"基督教的在华传播
仅靠几个外国传教士是远远不够的"⑤。纳玻里书院也受到同一时期其
他神父的好评，如巴黎外方传教会的李安德神父就极力支持培养中国本
土传教士的这一计划。⑥

　　书院自创办起到 1868 年 12 月 27 日为意大利政府所没收，历经 136
年的历史，共培养了中国学生 106 名。⑦ 书院在最开始仅招收中国学生。
此后，经过数次讨论也同意接纳中东地区的学生。根据克莱门十三世于
1760 年的规定，学院拟招收 20 名学生，其中中国 10 名，中东地区 10 名。
在 1775 年，这一数字扩大到 32，其中 22 名面向中国，10 名面向中东地
区，但是这一理想数字从未达到。中国书院在校人数最多时也仅为 15 名，

　　① ［英］罗伯特·夏克尔顿：《孟德斯鸠评传》，刘明臣等译，中国社会科学出版社 1991 年
版，第 132 页。

　　② ［美］鄢华阳：《清代早期四川中国天主教会的建立》，顾卫民译，《中国天主教历史译
文集》，第 6 页。

　　③ ［美］鄢华阳：《18 世纪四川的中国籍天主教神职人员》，顾卫民译，《中国天主教历史
译文集》，第 18 页。

　　④ Brian Harrison, *Waiting for China*, Hong Kong, Hong Kong University Press, 1979, p. 103.

　　⑤ 俞强：《鸦片战争前传教士眼中的中国——两位早期来华新教传教士的浙江沿海之行》，
第 60 页。

　　⑥ ［法］沙百里：《中国基督徒史》，耿昇、郑德弟译，第 214 页。

　　⑦ 方豪：《中国天主教史人物传》，宗教文化出版社 2007 年版，第 480 页。

在其存在的 136 年间，共培养了 173 名学生，其中 106 名来自中国，67 名来自中东地区。[①] 这 106 名中国学生中大约有 90 名成为神职人员，约 80 名返回中国工作。有两名在回国的路上去世，有一名最后留在新加坡，其他未曾返回的学生有一些是因为罗马当局希望他们在当地服从工作安排，还有一些则是在未晋铎之前就由于身体等多方面原因去世了。

这批来自纳玻里书院的中国神父由于其出色的传教表现，以至于在他们去世一个世纪后，当地教徒仍对他们记忆犹新。

宜昌主教古贝尔曾对他们的作用作了如下的总结：

> 这些本地神父的出现和他们的传教具有极其重大的意义。特别是我们考虑到当时的环境。首先，是他们深入中国腹地，照料和巡视那些新的传教点。它们是在 18 世纪由于禁教而在湖广西南部的山区建立的。第二，是他们在 1760 年后半个世纪里，接替了四川传教士在湖广的工作，照料起沙市、Heng-ti-shih 和常德等地的教徒。第三，也是他们，维持和扩大了葡萄牙耶稣会的成果。他们继承了葡萄牙耶稣会在整个湖南和湖北的大部分工作（武昌、德安等地）。湖广被托付给陕晋代牧兼管后，代牧仅能用书信指导和安慰纳玻里书院的神父。他们自耶稣会解散后（1775）到湖广从陕晋代牧兼管中独立出来（1838），在长达 63 年的时间里，他们对于湖广天主教事业的延续有着不容轻视的作用。[②]

首先，我们来仔细梳理一下这些中国学生的资料。方豪先生书中仅有学生人名及部分人的出生地。而西方学者 Karl Josef Rivinius（卡尔·约瑟夫·李维纽斯）的书中只记载了 80 名学生的信息；古贝尔神父一书也仅零星记载了出生于湖广地区的神父。因此本书在以上三种材料的基础上，再结合其他材料考证，将所有在纳玻里书院的学生考证列表如下。

---

　　① Gianni Criveller, *The Chinese Priests of the College for the Chinese in Naples and the Promotion of the Indigenous Clergy*（*XVIII-XIX centuries*），未刊稿。

　　② Mgr. Noël Gubbels, *Trois siècles d'apostolat——histoire du catholicisme au Hu-kwang depuis les origines 1587 jusqu'à 1870*, pp. 201–202.

表 4.5　　　　　　　　　　　　　纳玻里书院学生情况①

	西文名	中文名	出生地	生年	出国	回国	传教地	卒年	去世地
1	Jean Bapt. Ku	谷文耀（谷若翰）	直隶顺天	1701	1724	1734	四川、直隶	1763	北京
2	Jean. Evang. In	殷若望	直隶固安	1705	1724	1734	—	1735	湖南湘潭
3	Philippus Hoam	黄巴桐	直隶固安	1712	1724	1760	直隶	1776	—
4	Lucius Vu	吴露爵	江苏金山	1713	1724	—	—	1763	罗马
5	Gabriel de Angelis	—	菲律宾	1713	1736	—	—	1738	那不勒斯
6	Dominicus Ciao	赵多明尼克	四川成都	1717	1738	1751	湖广	—	常德
7	Simen Ciao	赵西满	湖北荆州	1723	1738	—	四川	1778	湖北巴东溪沙
8	Jas. Lucius Li	李若瑟	广东顺德	1717	1739	1755	陕西	1776	—
9	Vitalis Jos. Kuo	郭元性	陕西渭南	1728	1739	1751	山西、陕西、甘肃	1778	
10	Paulus Z'ai	蔡文安	福建龙溪	1720	1739	1751	四川、广东	1782	广东
11	Pius Conf. Lieu	刘必约	四川重庆	1718	1739	1755	直隶、山东	1786	山东
12	Pius Mart. Lieu	刘成仁	四川铜梁	1718	1739	1755	陕西	1785	流放至伊犁
13	Joan. Ev. Ciam	张月旺	广东始兴	1712	1750	1761	广东	1782	广东
14	Antonius Siao	萧安多	湖北松滋	1735	1754	1764	—	1766	澳门
15	Petrus. Andr. Vu	吴伯铎	广东广州	1738	1754	—	—	1763	那不勒斯
16	Franciscus Zem	曾清贵信德	陕西临潼	1740	1754	1767	陕西、广东、直隶、山东		
17	Emmanuel Ma	马功撒	广东香山	1740	1754	1769	澳门、陕西	—	北京
18	Joan. Ev. Tai	戴金冠则明	广东惠来	1735	1756	1761			

① 此表据 Karl Josef Rivinius, *Das Collegium Sinicum zu Neapel und seine Umwandlung in ein Orientalisches Institut*, Collectanea Serica, Institut Monumenta Serica, 2004, pp. 150 – 153；Mgr. Noël Gubbels, *Trois siècles d'apostolat—— histoire du catholicisme au Hu-kwang depuis les origines 1587 jusqu'à 1870*；Elenchus Alumnorum, *Collegium Sacrae Familiae Neapolis*, chang-hai, 1917；Gennaro Nardi, *Cinesi a Napoli*, *un uomo e un'opera*, Napoli, 1976, pp. 442 – 460；方豪《同治前欧洲留学史略》, 《方豪六十自定稿》（上），第 379—387 页统计而来。

续表

	西文名	中文名	出生地	生年	出国	回国	传教地	卒年	去世地
19	Jacobus Jen	严雅谷	福建漳州	1736	1756	—	—	1762	那不勒斯
20	Cassius Jos. Tai	戴德冠则仁	广东惠来	1737	1756	1764	直隶	1785	广东
21	Simon Car. Lieu	刘嘉禄	陕西城固	1742	1756	1771	陕西	1820	—
22	Lucius Thomas Hoam	黄多玛	广东潮州	1741	1756	1771	—	1772	Gadibus
23	Petrus Z'ai	蔡若祥	福建龙溪	1739	1767	—	湖广、陕西、广东		果阿
24	Jacobus Ngai	艾亚柯	湖北谷城	1741	1761	1765		1765	Gadibus
25	Barnabas Sham	常纳巴	湖北襄阳	1741	1761	1767	山西、直隶	1797	—
26	Caralus Jos. Vam	王加荣	广东潮州	1739	1761	1766			
27	Joannes Ev. Kuo	郭儒旺	山西壶关	1743	1766	1775	直隶、陕西、山西、甘肃	1817	—
28	Dominicus Lieu	刘明茂	陕西临潼	1747	1766	1774	山陕、甘肃	1828	—
29	Jacobus Jos. KUO	郭雅歌	山西壶关	1747	1766	1775	山西	1779	—
30	Josephus Ciam	章儒瑟	广东潮州	1742	1770	1774	广东	1778	—
31	Joan. Bapt. Vam	王儒翰	陕西渭南	1748	1770	—	—	1771	那不勒斯
32	Philippes Lieu	刘凯弟	湖南沅江	1752	1770	1775	湖广	1785	伊犁
33	Martians In	殷玛玎	四川铜梁	1753	1770	—	—	1774	那不勒斯
34	Mathius Vam	王正礼①	陕西	1754	1770	1773	陕西	—	1819
35	Cajetanus Siu	徐格达	甘肃甘州	1748	1773	1778	山西、蒙古	1801	流放伊犁
36	Marcus Cen	陈廷玉	甘肃甘州	1752	1773	1783	甘肃、山东	1829	—
37	Michael Li	李汝林	直隶	1754	1773	1783	广东、湖广	1802	广东
38	Simon Fan	范天成	直隶景州	1755	1773	1783	—	1828	—
39	Paulus K'U	柯宗孝	直隶	1758	1773	1792	直隶、山东	1825	—

---

① 1781 年 3 月才晋铎为神父，参见 Karl Josef Rivinius, *Das Collegium Sinicum zu Neapel und seine Umwandlung in ein Orientalisches Institut*, pp. 150 – 153。

	西文名	中文名	出生地	生年	出国	回国	传教地	卒年	去世地
40	Nicolaus Ho	贺明玉	四川巫山	1759	1773	1785	湖广	1827	—
41	Petrus Vam	王英	陕西渭南	1759	1773	1792	陕西	1843	陕西汉中
42	Jacobus Li	李自标	甘肃凉州	1760	1773	1792	甘肃、山西	1828	—
43	Vincentius Jen	严宽仁	福建漳州	1757	1777	1792	湖广	1794	湖北天门
44	Franciscus Han	韩芳济	山西	—	1785	—	—	1829	那不勒斯
45	Marcus Ciam	张玛谷	广东始兴	1761	1789	—		1829	
46	Joannes Fei	斐如汉	山东济南	1770	1789			1804	那不勒斯
47	Antonius Ciu	朱万禾	山西	1770	1789	—		1812	那不勒斯
48	Paulus Vam	王保禄	山西太原	1770	1789	1802	山西	1843	山西太原
49	Josephus P'an	潘如雪	直隶顺天	1773	1789			1847	那不勒斯
50	Frank. Xau. Tai	戴勿略	广东惠来	1772	1789			1832	那不勒斯
51	Lucas P'an	潘路加	广东乐昌	1772	1795	1817		—	—
52	Dominikus Jen	严甘霖	福建漳州	1774	1795	1823	山西、湖广	1832	湖北洪山
53	Josephus Cium	钟理珍	广东广州	1783	1802	1826	湖广、香港	1851	香港
54	Paulus Vam	汪振亭	广东广州	1784	1802	1823	山西、陕西、湖北	1867	湖北洪山
55	Antonius Tam	唐安多（多尼）	广州广州	1785	1802	1823	湖广	1830	湖北天门
56	Stephamus Sie	谢斯德	广东广州	1786	1802	—		1806	那不勒斯
57	Pacificus Ju	余恒德	陕西城固	1795	1821	1831	陕西	1854	—
58	Lio Ceu	陈良	山西潞安	1805	1821	1831	湖广、山西	—	
59	Paulus Ciam	张保禄①	山西太原	1804	1821	1831	蒙古、山西、湖广	1861	
60	Petrus Vam	王多禄	山西潞安	1804	1821	—		1829	那不勒斯
61	Joannes Kuo	郭约安	山西阳曲	1805	1824	1834	湖广、山西	1884	山西阳曲
62	Didacus Vam	王悌达	山西文水	1805	1824	1834	山西	—	
63	Franc. Xav. Tien	田广益	山西长治	1809	1828	1839	湖广	1885	湖南衡州
64	Valentinus Jen	任万有	山西太原	1810	1828	1839	湖广	1852	湖北沔阳杨又湾

①　从1850年起，他在湖南长沙在监狱里度过了五年多时间。

	西文名	中文名	出生地	生年	出国	回国	传教地	卒年	去世地
65	Augustunus Tam	唐永贵	甘肃	1810	1828	1839	湖广	1861	湖北谷城茶园沟
66	Andreas Lieu	刘安得	山西太原	1811	1828	1831	—	—	—
67	Marcellinus Ciam	张蕴华	甘肃凉州	1810	1832	1850	江南	1864	上海
68	Philippus Jen	闫玉亨	山西	1811	1832	1850	江南、湖北	1871	湖北洪山
69	Andreas Shen	沈静渔	湖北天门	1816	1834	1850	江南、湖北	1881	湖北洪山
70	Dominicus Lo	罗振铨	湖南衡州	1820	1834	1849	湖广	—	湖南
71	Josephus Vam	王乐瑟	山西太原	—	1840	1852	—	—	—
72	Stanislaus Lo	罗振钊	湖南衡州	1823	1840	1852	湖广	—	湖南
73	Thomas Ciam	张天义	湖北谷城	1826	1843	1853	湖北	1895	湖北老河口
74	Joan. Neporn. Tam	唐逢泰	江苏奉贤	1832	1849	1858	湖北东部	1893	湖北天门岳口
75	Franc. Xav. Ciam	张懋德	江苏华亭	1834	1849	1858	—	—	—
76	Bartholonuxua Lu	陆乐默	江苏昆山	1827	1850	1858	湖北东部	1876	湖北洪山
77	Franciscus Hoam	黄廷彰	江苏海门	—	1854	1864	湖北江南	1876	上海
78	Mathuas Shen	沈明达	江苏海门	—	1854	1861	—	—	—
79	Augustuanus Han	韩长生	—	—	—	—	—	1854	新加坡
80	Josaphat Li	李敏如	江苏	1837	1855	1858	—	—	—
81	Franciscus Shen	沈顺坤	江苏海门	1838	1855	1868	—	—	—
82	Ingatius Tien	钱沧	江苏南通	1840	1855	1868	湖北西南	1912	湖北荆州
83	Simon Kao	高四孟	江苏上海	1840	1855	1868	—	1868	上海
84	Franc. Xav. Vam	王佐才	湖北应城	1842	1861	1891	湖北东境	—	湖北武昌小鬼山
85	Joseph. M. Kuo	郭栋臣	湖北潜江	1846	1861	1873	湖北东境	—	湖北汉口
86	Paulus. Vu	吴承烈	湖北天门	1848	1861	1873	湖北东境	1880	湖北武昌洪山

续表

	西文名	中文名	出生地	生年	出国	回国	传教地	卒年	去世地
87	Andreas Ciam	张懋功	湖北郧西	—	1861	1866	湖北西北	1887	湖北谷城茶园沟
88	Thomas Fran	范祖大	湖北江夏	—	1861			1867	那不勒斯
89	Petrus Tem	邓文道	湖北沔阳	—	1865	1874	—	1911	武昌
90	Aleysius Ciam	张定养	广东新安	—	1871	—			
91	Richardus Tem	邓国太	广东新会	—	1871	—			
92	Petrus P'an	潘上登	广东南海	—	1871	—			
93	Aloysius Lo	罗禧仔	广东番禺	—	1871	—			
94	Andreas Lu	卢成带	广东南海	—	1871	1884			
95	Stephanus Tem	邓文爽	湖北沔阳	—	1876	1884			
96	Joan. Bapt. Ciam	张连三	江苏华亭	—	1876	1884			
97	Simon Vam	王永振	直隶宛平	—	1876	—			
98	Joannes Lu	陆秉仁	江苏江宁	—	1876	—		1886	那不勒斯
99	Joan. Bapt. Cen	陈国章	湖北沔阳	1863	1886	1892	湖北东境	—	武昌小龟山
100	Andreas Kao	高作霖	湖北天门	1866	1886	1892	湖北东境	—	
101	Martinus Ciou	周昌琅	湖北江陵	1866	1886	1893	湖北西南	1901	湖北宜昌
102	Stephanus Cium	钟思德	湖北郧西	1864	1886	1892	湖北西北	1904	湖北老河口
103	Thomas Ciam	张道发	湖北郧西	1867	1886	1891	湖北西北	1892	湖北老河口
104	Josephus She	时炳文	河南镇平	1867	1886	1894	河南南境	—	
105	Philippus Tam	唐轮光	湖南湘潭	1865	1887	1893	湖南南境	1898	湖南衡州
106	Joan. Bapt. Juen	袁永隆	湖南湘潭	1868	1887	1891	湖南南境	1898	湖南衡州

注："—"表示不详。

　　从表4.5中我们可以看出，学生主要来自以下几个省区：湖广23名，河北7名，江苏11名，四川5名，广东21名，陕西8名，福建5名，山西15名，山东1名，甘肃5名，北平1名，河南1名，南京1名，其他未详者1名，菲律宾籍1名。通观整个学院的历史，我们承认一百多年间仅有一百来名学生毕业，差不多一年才一名，数字非常不理想，之所以出现这样的情况是因为太难从中国招收到新的学生送到国外学习。除了经济、政治等多方面原因之外，最重要的一条则是当时中国国内的各修会团体在培养年轻人员出国进修方面并没有很好的合作与协调。在马国贤神父去世时即 1746 年，学院仅有 11 名中国学生，但是这个数字也已经是这一时期的最高纪录了。此后，在 1756 年新到 5 名学生，1776 年有 6 名，1773 年最多，来了 12 名，1789 年 6 名，1861 年 5 名，1871 年 5 名。1802—1821 年长达近二十年的时间里没有一名中国学生到达学院，主要是因为这一时期那不勒斯王国处于法国拿破仑势力之下，颁布了一系列反教规定，使得学院的培养工作受挫。①

在这一百多名学生中，湖广籍贯最多，占有五分之一。早期洪勋所撰《游历闻见录》有记：

> 院在那波利城中山坡上……嗣后华人辄有往者，大率湖北人……今游院中，见学徒弱冠者六七人，叩其籍贯，皆楚产也……昨观罗马教王宫术奇会，有寿文二篇，置楼上玻璃匣内，皆华文小楷：一系某教堂公具，一署尾曰："弟子湖北省某府县廪生某上教王寿表"，字样偕越，称谓奇异，可知楚人之信彼教，必由阿其所好者……②

神父主要出生于湖广的西北部等偏远地区，这是与当时整个传教形势相符合的。禁教时期，天主教从一线城市缩退到山区等偏远不易被官府干扰的地区。湖北西北部及西南部成为传教比较繁荣的地区。这些地区的天主教教徒形成教友村，世代相袭。很多神父就出生于这些传统基督教家庭。如赵西满神父，其父母双方都是基督徒。荣振华也记载在 1741 年，Barnabe Chang（常·巴纳比）出生于襄阳这个老基督教社区，他是未来纳玻里书院的神父。③ 此外，教难中被捕的刘开迪神父也是来自基督教徒家庭："小的是沅江县人……由祖父相传下来俱习天主教。"④

---

① Gianni Criveller, *The Chinese Priests of the College for the Chinese in Naples and the Promotion of the Indigenous Clergy*（*XVIII-XIX centuries*），未刊稿。

② （清）洪勋：《游历闻见录》卷 13，光绪庚寅年上海仁记石印本。

③ Dehergne Joseph, "La Chine centrale vers 1700", *Archivum Historicum Societatis Iesu*, Vol. 36, 1967, pp. 32 – 71.

④ 中国第一历史档案馆编：《清中前期西洋天主教在华活动档案史料》第 2 册，第 502 页。

　　湖广教区在各位神职人员的努力下，源源不断向纳玻里书院输送了 23 名湖广籍学生，最终却有超过 40 多名学生学成归来传教于湖广教区。[①] 其中在 1870 年之前共有 27 名来自该学院的神职人员在湖广地区工作。[②] 据表 4.5 显示，其去世地点可考者有 62 名，其他 13 名一直没有回国，在那不勒斯去世，26 名埋葬于湖广境内。柯毅霖博士统计：106 名中国学生中，大约有 90 名成为神父，其中约 80 名返回中国传教。传教地区明确可考者有 66 位，其中 35 名传教于湖广。柯博士亦指出这批中国神职人员大部分工作于两个代牧区，即 45 名在陕晋代牧区，而约 40 名在湖广代牧区。[③] 湖广成为纳玻里书院学生在中国内地的重要教区。我们先来看看这些杰出工作者在湖广的成绩。这 40 名传教士中有 20 多名是在 1870 年之前到湖广工作的，在 1870 年后到湖广传教的神父我们在此不作讨论，他们中最为人所知的是以下几位：

1. 谷文耀与殷若望

　　殷若望，直隶人，1734 年抵达湖南，是第一位来自纳玻里书院的神父。他是马国贤神父最初的几名学生之一。对马国贤来说，这位学生"口德高尚、虔诚而又温顺，是一个极大的安慰"[④]。1734 年，他与谷文耀在那不勒斯晋升铎品，同年上船前往中国，在经过长达 9 个月的海上历险后，到达澳门。他们受到了传信部账房 Miralta（米拉尔塔）神父极大的欢迎。传信部在澳门账房（后来移至香港）的职责是在与各代牧协商后，根据各地教区需要将新到达的神职人员分派至各教区。[⑤] 米拉尔塔神父打算将新来的两位神父分配到四川，受穆天尺主教的领导。[⑥] 但是，不幸的是，当他们到达湖南湘潭时，殷若望由于受惊得了热病去世。谷文耀

---

①　Mgr. Noël Gubbels, *Trois siècles d'apostolat—— Histoire du Catholicisme au Hu-kwang depuis les origines 1587 jusqu'à 1870*, p. 200.

②　Ibid..

③　Gianni Criveller, *The Chinese Priests of the College for the Chinese in Naples and the Promotion of the Indigenous Clergy*（*XVIII-XIX centuries*），未刊稿。

④　Mgr. Noël Gubbels, *Trois siècles d'apostolat—— histoire du catholicisme au Hu-kwang depuis les origines 1587 jusqu'à 1870*, p. 203.

⑤　Rizzolati, *Praxis missionariorum*, p. 24, dans Mgr. Noël Gubbels, *Trois siècles d'apostolat—— histoire du catholicisme au Hu-kwang depuis les origines 1587 jusqu'à 1870*, p. 203.

⑥　Pascal M. D'Elia, S. J., *Catholic native episcopacy in China*, *1300 – 1926*, Shang-hai T'usewei Printing Press, Sicawei, 1927, p. 43.

神父埋葬殷若望后继续前行，雍正十三年到达四川合州，此后他一直在国内传教。[①] 穆天尺曾记载他在四川时就接收过五六名中国神父，这些神父有一些就是纳玻里书院培养的。[②]

2. 赵西满与赵多明尼克

谷文耀与殷若望两位是最早从纳玻里书院到湖广的神父。但是他们并没有传教于湖广。第一位传教于湖广来自纳玻里书院的神父是赵西满。

方豪先生书云：

> 乾隆十五年三月，那不勒斯有中国青年学生八人卒业。时教宗方以中国教会之衰落及西洋教士不能自由传教为殷忧，乃召八人至罗马……加以甄试。试毕，教宗大为褒奖，并在教廷全体人员前，对那不勒斯书院，盛加称誉。其后，即有郭元性、赵多明、赵西满、蔡文安等四人回国工作。[③]

赵西满神父 1723 年生于湖北荆州。当时有记载表明在湖广曹家场和杨家场，曾有赵姓、雷姓、孔姓和文姓基督教家庭。后来由于其地贫瘠，被迫移民到其他地区。[④]

其父母均是基督徒，教名 Matthieu Tchao（赵马修）和 Claire Ly（李克莱尔）。赵西满先在穆天尺神父于四川创办的修道院学习，后来在苏洪学的带领下来到澳门，被派至意大利那不勒斯学习。赵西满于 1747 年升神父，1751 年到达中国后在湖广度过了一生。高神父在统计中曾记载赵西满神父也在四川传教。赵神父主要管理崇阳和巴东山区。他最后于 1778 年 6 月 8 日死于细沙河的一座山上。

赵多明尼克（Dominique Tchao），出生于四川成都，与赵西满同时被派到纳玻里书院，又同时晋铎回到中国。赵多明尼克传教于湖南，于 1754 年 8 月 18 日在常德去世。[⑤]

---

① 吴旻、韩琦编校：《欧洲所藏雍正乾隆朝天主教文献汇编》，第 160 页。

② Alphone Hubrecht, *La mission de Peking et les lazaristes*, p. 22.

③ 方豪：《同治前欧洲留学史略》，《方豪六十自定稿》（上），第 390 页。

④ Mgr. Noël Gubbels, *Trois siècles d'apostolat—— histoire du catholicisme au Hu-kwang depuis les origines 1587 jusqu'à 1870*, p. 56.

⑤ Gennaro Nardi, *Cinesi a Napoli*, *un uomo e un'opera*, p. 442.

3. 蔡多伯禄、刘凯弟和何神父

1767 年蔡多伯禄来到湖广。蔡神父是乾隆禁教时期最著名的中国神父之一。以往的材料，包括方豪先生均认为他只是教友，而非神父。但是从纳玻里书院的外文材料中，我们可以查明蔡多伯禄在纳玻里书院毕业后被授以神品，是正式神父。蔡多伯禄 1739 年出生于福建龙溪，1761 年被派至纳玻里书院，六年后即 1767 年升为神父。① 方豪先生认为蔡多伯禄只是普通教徒是有其原因的。因为一般的学生在那不勒斯要完成差不多十年的学习并通过考试才能晋铎为神父。但是蔡多伯禄却只在那不勒斯书院学习了六年时间。如果不是几份西文材料中明确指出 1767 年蔡多伯禄升成神父后派遣回国，② 我们确实对他的神父身份有所怀疑。同年他返回中国传教于湖广、福建等地区，且与多明我会在福安穆阳等地的教徒、神职人员有所接触，可见蔡神父一直在国内的传教网络中起着联系人的作用。很快蔡多伯禄名声大振，因为他是接引乾隆四十九年大教案的重要人物之一。

当时澳门主教于乾隆四十九年先后派出了三批传教士潜入内地。最后第三批传教士潜入内地时被官方拿获。据湖广总督特成额奏报：

> 七月十二日据郧阳镇右营守备舒万年禀称，其巡查水汛至白家湾，起获四名往陕西传教的西方传教士，并查点舡上箱物，内箱一口，俱装西洋经卷，并纸画神像等物。还在小木箱内见有蔡伯多禄寄与李姓书一封。③

信中是广东罗玛当家发四名传教士往陕传教，令蔡伯多禄送至湖南湘

---

① Eugenio Menegon, "Ricercato mumero uno : la via avventurosa tra Europa ed Asia di Pietro Zai (Cai Ruoxiang 蔡若祥，1739 – 1806)", Michele Fatica, *Matteo Ripa e il Collegio dei Cinesi di Napoli* (*1682 – 1869*), Napoli, 2006.

② Karl Josef Rivinius, *Das Collegium Sinicum zu Neapel und seine Umwandlung in ein Orientalisches Institut*, Collectanea Serica, Institut Monumenta Serica, 2004, pp. 150—151. Gennaro Nardi, *Cinesi a Napoli, un uomo e un'opera*, pp. 442 – 444. Eugenio Menegon, "Ricercato mumero uno : la via avventurosa tra Europa ed Asia di Pietro Zai (Cai Ruoxiang 蔡若祥，1739 – 1806)", Michele Fatica, *Matteo Ripa e il Collegio dei Cinesi di Napoli* (*1682 – 1869*), pp. 87 – 100.

③ 中国第一历史档案馆、澳门基金会、暨南大学古籍所编：《明清时期澳门问题档案文献汇编》第 1 册，第 421 页。

潭暂住，另着人送樊城，直走西安，札托李姓送往之语。①

乾隆对此事件极为重视，尤其是对中国人蔡多伯禄更是恼火，极力要求各级官员将其逮捕归案：

> 蔡伯多禄……系此案要犯。何以至今未获。该犯素与夷人熟识。见缉获紧急。自必仍逃往广东。或竟在澳门藏匿。……饬属严密设法踩缉务获。解京审办。毋得日久疏懈。致令远扬。②

然而，蔡神父却在澳门当地神职人员的掩护下，逃难果阿，③ 此后终生没有返回内地。

在此案中，还损失了一名纳玻里书院的神父，这就是刘凯弟。刘凯弟神父的生平及姓名从西方材料和方豪先生书中综合考证如下：

> 刘凯弟（Philippe Lieou），1752 年出生于湖南沅江，18 岁时入纳玻里书院学习，1774 年晋铎。同年他来到中国，被派往湖南湘潭传教。④

在乾隆四十九年大教案中曾抓捕了一名叫做刘开迪的教徒，通过仔细比对两人的生平事迹，可以确认为同一人，即刘凯弟神父。

> 据刘开迪供称：小的是沅江县人，刘开寅、刘开达俱是胞兄，由祖父相传下来俱习天主教。小的从十五岁就往广东生理来往澳门，还到过西洋吕宋国，所以会说西洋话，能写西洋字，就是家里起出的十

---

① 中国第一历史档案馆编：《清中前期西洋天主教在华活动档案史料》第 1 册，第 357 页。

② 《清高宗实录》卷 1216，第 7 页。

③ Gennaro Nardi, *Cinesi a Napoli, un uomo e un'opera*, p. 444.

④ 生平情况据 Karl Josef Rivinius, *Das Collegium Sinicum zu Neapel und seine Umwandlung in ein Orientalisches Institut*, pp. 150—151; Mgr. Noël Gubbels, *Trois siècles d'apostolat—— histoire du catholicisme au Hu-kwang depuis les origines 1587 jusqu'à 1870*, p. 204; Gennaro Nardi, *Cinesi a Napoli, un uomo e un'opera*, p. 446; 方豪《同治前欧洲留学史略》，《方豪六十自定稿》（上），联合考证得出。

字架、洋汉字经本都是吕宋国买来。①

最后，刘开迪等人被发配伊犁。虽然从其口供中，刘神父否认自己是神职人员，且对自己留学海外的经历也只字不提，但是从多方材料我们仍可肯定其与西文中纳玻里学院的刘凯弟神父为同一人，口供的出入当是为了避免引发更大的教难而有所隐瞒。

蔡神父将接引四名传教士进入内地的任务托付给刘神父，但是没想到这场逮捕引起了全国性的教难。刘神父也被捕，被押解至北京后判流放伊犁，1785 年死于流放地。

大教难使湖广传教面临危险。然而，这并没有阻挡住纳玻里书院的中国神父回国传教的热情。就在大教难发生的同年，又一位出生四川的神父来到湖广。这就是阿本神父未来的得力助手——何神父（Nicolas Ho）。1759 年他生于四川，1773 年被派到那不勒斯学习，1784 年晋铎，1785 年10 月 29 日回国。他一直在湖广传教，直到 1827 年 7 月 2 日去世，在湖广传教工作长达 42 年之久。② 其主要传教地是湖北西南部山区，如细沙河、弹子山等地。1790 年他从武昌起程去广东迎接遣使会士阿本神父。他的妹妹即著名的贞女何亚加达（Agatha）也跟随他来到湖广。何贞女在1840 年董文学神父被捕时受牵连入狱受尽折磨，最后死于流放地。③ 1816年何神父从湖南长沙将蓝月旺神父的遗体运回广东，此后仍秘密返回湖广进行工作。

4. 田神父

田神父据其生平年代推测应该是田广益（Francois Tien）神父。因为方豪先生与西文材料中提到中国学院中只有一位田姓神父，名字在方书中记为田广益，其出生地为山西，于 1839 年回国后传教于湖广地区，最后死于湖南衡州。④ 1845 年，李文秀巡视湖广时曾提起这位传教士。田神父

---

① 中国第一历史档案馆编：《清中前期西洋天主教在华活动档案史料》第 2 册，第 502 页。

② Gennaro Nardi, *Cinesi a Napoli*, un uomo e un'opera, p. 460.

③ Mgr. Noël Gubbels, *Trois siècles d'apostolat*—— histoire du catholicisme au Hu-kwang depuis les origines 1587 jusqu'à 1870, p. 214.

④ 方豪：《同治前欧洲留学史略》，《方豪六十自定稿》（上），第 379—387 页；Karl Josef Rivinius, *Das Collegium Sinicum zu Neapel und seine Umwandlung in ein Orientalisches Institut*, pp. 150 – 151.

与另一位传教士 Irtelli（易达利）管理 He-tan-kow（河滩口）地区。后来
他们在房县被捕，被指控为当地基督徒的首领。房县县令要求他们从十字
架上践踏过去以示弃教，但是他勇敢地回答："还不如让我去死！"①

李文秀主教记载了田神父在监狱中备受折磨：

> 　　官吏经常传呼神父到廷来折磨他。有一天官员极其野蛮地对待神
> 父，将他的双手绑成十字架的样子，然后将神父吊在房梁上。还有一
> 次，官员在神父的伤口上盖一块盐布来恶化他的伤口，这样的酷刑从
> 太阳升起一直持续到半夜，长达六天，每当神父支持不住倒下时，官
> 吏就派人将神父折腾醒，然后让他继续跪着。②

尽管在监狱中受尽折磨，但是田神父仍然没有动摇自己的信念，在他
入狱十个月之后，他被遣送至出生地。此后又重回湖广传教。田神父最后
于 1885 年去世。③

5. 唐永贵

唐永贵神父于 1810 年生于甘肃，1828 年被派至那不勒斯学习，1838
年晋铎后次年回国。唐神父主要传教于弹子山地区。他在当地得到基督教
徒们的资助，买下了一块土地及一座房产用作小教堂，改变了以前传教士
居住在当地教徒家中的情况。唐神父于 1861 年在谷城茶园沟去世。

总之，在 1870 年之前，湖广共有 27 名来自纳玻里书院的中国神职人
员传教于此，此后又陆续接纳了 13 名神职人员。

四　纳玻里书院对湖广天主教的影响

纳玻里书院的学生无论从籍贯还是从传教地来看，均以湖广为众。之
所以出现这种情况是以下几方面造成的：

第一，从表 4. 5 我们可以看出，这些出生于湖广地区的学生主要来源
于天门、襄阳、湘潭、郧西、沔阳等。这些均是湖广较为重要的基督教地

---

① Mgr. Noël Gubbels, *Trois siècles d'apostolat——histoire du catholicisme au Hu-kwang depuis les origines 1587 jusqu'à 1870*, p. 278.

② Ibid. , p. 279.

③ Gennaro Nardi, *Cinesi a Napoli, un uomo e un'opera*, p. 456.

区。如湘潭，早在清初穆迪我神父传教于湖广时，就在湘潭开辟了传教点。此后据西方学者荣振华统计，在聂若望神父时期，湘潭地区"计算有 2000 名基督徒，6 个教堂，每年有 290 次洗礼"①。成和德亦曾记载："惟以历来关系重要言之。则上津堡远逊于木盘山。其处教友则即由襄阳城逃难迁来者。是以圣教史略（十三卷百六十页）所载在康熙年间有襄阳知府江方济各奉教热心，助穆迪我神父传教。不久授洗五六百人。又据某信史云。清雍正三年。即西一七二五年。圣教大遭风波。襄阳热心教友为保守信德，故结队襄族避隐于谷西木盘山。"② 所以，这一地区的基督教传统也较湖广其他地区长久而持续。洪勋亦提及："可知楚人之信彼教，必由阿其所好者，以自愚愚人，自惑惑人。"③

　　第二，襄阳、郧西等地是湖北西北部及西南部比较偏僻的山区。郧西地区曾经一度是法国耶稣会士很长时间内唯一未涉足的地区。因为这里地理环境恶劣。但是，禁教后这种情况就发生了改变，湖北西北和西南部成为湖北的两个传教中心。从磨盘山基督教社区的建立中就可知一二。雍正禁教令"是令教会在清朝前期再也没能恢复元气的重重一击"④，教徒们被迫"在两日内行走到老河口西部，在谷城山中建立了著名的茶园沟天主教社区，它被称为圣心的殖民地"⑤。"襄阳教区的领袖们避开官员们的严密搜查，决定逃到这个大省的北部，离古镇七法里的山区里去。"⑥ 这里"适当谷城房县保康三县界部，行旅既难"⑦。房县"其境万山嵯峨，林壑遂深，知为幽远险僻之区"⑧。这样的地理环境对躲避官府的迫害极为有利，这个社区在百年禁教时期一直是湖北天主教发展的重心。特别是

①　Dehergne Joseph, "La Chine centrale vers 1700", *Archivum Historicum Societatis Iesu*, Vol. 36, 1967, pp. 32 – 71.

②　成和德：《湖北襄郧属教史记略》，第 2 页。

③　（清）洪勋：《游历闻见录》卷 13，光绪庚寅年上海仁记石印本。

④　[美] 魏若望：《耶稣会士傅圣泽神甫传：索隐派思想在中国及欧洲》，吴莉苇译，第 263 页。

⑤　Mgr. Noël Gubbels, *Trois siècles d'apostolat—— histoire du catholicisme au Hu-kwang depuis les origines 1587 jusqu'à 1870*, p. 130.

⑥　[法] 杜赫德编：《耶稣会士中国书简集：中国回忆录》第 3 卷，郑德弟、吕一民、沈坚译，第 151—152 页。

⑦　成和德：《湖北襄郧属教史记略》，第 177 页。

⑧　（清）杨廷烈纂修：《房县志》（一），清同治刊本，《中国方志丛书》第 329 号，成文出版社 1975 年版，第 9 页。

耶稣会解散后，遣使会士几乎无一例外均以谷城磨盘山为主要居住地，对当地基督教社区的延续及发展起着重要作用。正因此，他们才有可能培养出年轻人前往纳玻里书院进修学习。

同时，由于湖广处于遣使会的管理下，遣使会又以培养本地神职人员为首要任务，他们对当地年轻人的教育也是非常重视的。我们从法国遣使会在北京设立的修院中湖广籍贯的学生也占了相当大的比例就可明白。①

传教于湖广长达二十七年之久的遣使会士刘克莱神父，也非常重视培养本地神职人员。当时，他就曾挑选出品性良好的儿童学习拉丁文，以为将来进入修道院做准备。② 刘克莱神父还"规定儿童自七岁后至十七或十八岁止，均当一律赴考（考试天主教教义）"③。这些行为无一例外均是为了培养年轻神职人员。1804 年，刘克莱神父就曾将自己小学校里的三名优秀学生送往北京遣使会修道院。④ 正是湖广这种一直致力于本地神职人员的培养传统，才导致大量的纳玻里书院学生来自这一地区。这是与当地浓厚的宗教氛围分不开的。

湖广地区之所以成为纳玻里书院的学生来华传教的首选则要从以下方面来分析：

第一，由于大批学生均出生于湖广，因此他们学成回国时回到自己家乡传教无疑是最合情理的。由表 4.5 我们可以看到，大部分出生于湖广的学生神父最后传教地仍是湖广。

第二，对于那些非湖广籍贯的学生神父而言，为什么湖广也是他们的传教首选？这就要从当时的情况来分析了。

上面我们已经分析了当时湖广山区的基督教社区在禁教时期，由于地理环境等多方面因素，是一个比较安全的地区。这里宗教气氛浓厚，形成单一的宗教社区，没有外教人员，在禁教的汪洋大海中犹如一处世外桃源，因此吸引神父前往传教是理所当然的事情。

另外，当时湖广教区由于地处偏远，不易受到官府的压迫，因此这一

---

① ［法］荣振华等：《16—20 世纪入华天主教传教士列传》，耿昇译，第 563、564、567 页，均有来自湖广郧阳等地区的教徒成为遣使会司铎。

② 天主教台湾地区主教团宣圣委员会编：《中华殉道圣人传》，第 109 页。

③ 成和德：《湖北襄郧属教史记略》，第 30 页。

④ Mgr. Noël Gubbels, *Trois siècles d'apostolat*—— *histoire du catholicisme au Hu-kwang depuis les origines 1587 jusqu'à 1870*，p. 224.

地区教徒发展较好，人数众多，也急需大量的传教士来此服务。禁教时期来华的刘克莱神父曾传教于江西一年，后被罗广祥神父召至湖广，因为罗会长认为湖广教区"比江西更需要传教士"①，"湖北教友，较他省独多，惟皆处深山之中，如上津之田家沟，郧西之黑炭沟，房县之高桥沟，枣阳之东山北山，谷城之黄山娅、栗子坪、磨子崖、茶园沟等处是也。而其中尤以茶园沟教友为数最多。据真福遗书所云，约有二千"②。所以，传信部将大量的中国神父派至此地协助神父工作也是出于以上考虑。薛福成游历之时曾与纳玻里书院教师，曾经的书院学生郭栋臣交谈，在其回忆录中亦留下以下字句："余问中国人入天主教共有几何，据称共有五十万人，江苏、四川两省最多，各有十万左右。湖北一省，约有二万三千人。盖自雍正年间驱禁以后，咸丰十年与各国立约，复许传教，迄今仅三十年，所以止有此数也。"③ 同时我们还应该考虑到1819年，传信部同意调换传教辖区：河北南部和山东西部归入北京教区，而从前隶属耶稣会管辖的湖广省则转为传信部辖区。④ 意大利纳玻里书院的中国神父是直属于罗马传信部的。所以，将他们派至其单独的管辖区也是再正常不过的事情。1841年，李文秀主教巡视湖广天门等地时，就提及这里大约有1800名基督徒，上百个基督教社区，在六名传教士的指导下，而这六名传教士中有五名是来自意大利罗马的纳玻里书院的中国学生。⑤

意大利宗教界对培养中国学生前去中国传教寄予了极大的希望，《那不勒斯公报》说："根据从中国得到的最新说法，我们知道中国皇帝不断提高反对圣教的严厉程度，下令驱逐了35个欧洲传教士，把他们流放到广州后还不满意。他还下达最严格的命令，搜查了剩余几个在北京躲藏起来的留守人员。我们还得知，已经有两个传教士被捉住。我们满意地获悉：就在天主的葡萄园——中国传教领域内神工们被剥夺的关键时刻，我们新办书院里的两个中国学生已经作为传教使徒开赴中国去了。因为是中国人，他们不是这么容易就被捉住。我们可以指望他们在为当地同胞的良

---

① ［法］樊国阴：《遣使会在华传教史》，吴宗文译，第125页。
② 成和德：《湖北襄郧属教史记略》，第3页。
③ 薛福成：《出使四国日记》，第264页。
④ ［荷］金普斯、麦克罗斯基：《方济会来华史（1294—1955）》，李志忠译，第13页。
⑤ *Annals de la Propagation de la Foi*, tome 16, p. 346.

善与福祉等广大方面取得成功。"①

　　鄢华阳先生亦认为本地神职人员"作为中国人,他们能够买卖土地和房屋,不致引起当局的怀疑"②,对传教事业的开展具有重要意义。

　　总之,马国贤所创办的这所纳玻里书院不仅招收了大量湖广籍学生,培养他们成为神父,更重要的是,它为湖广提供了大量传教士。这些中国神父,不仅在接引传教士进入教区,协助神父工作方面取得了巨大成功,他们自身对湖广整个天主教的发展也是具有重要意义的。正是得益于他们,湖广天主教才在百年禁教时期禁而不绝。正如西方学者指出:"在整个禁教时期,当欧洲神父无法守护住其职责时,正是本地神职人员和那些传道员,拯救了整个形势,他们尽了自己最大的努力而使信仰禁而不绝。"③

　　①　*Memoirs of father Ripa*, *during the thirteen years' residence at the court of Peking in the service of the emperor of China; with an account of the foundation of the college for the education of young chinese at Naples*, p. 166.

　　②　[美]鄢华阳:《清代早期四川中国天主教会的建立》,顾卫民译,《中国天主教历史译文集》,第6页。

　　③　Mgr. Noël Gubbels, *Trois siècles d'apostolat—— histoire du catholicisme au Hu-kwang depuis les origines 1587 jusqu'à 1870*, p. 126.

结　语

　　自明末耶稣会士罗明坚进入湖广始，到道光二十年（1840）第一次鸦片战争爆发，天主教在湖广活动长达三百余年。在这漫长的历史进程中，各天主教修会团体不断前往湖广地区开辟传教点，发展教徒，使湖广天主教经历了从无到有，再到繁盛，然后进入禁教时期备受打压，而转入秘密地下活动的演变历程。基于此，笔者认为，明清时期湖广天主教传播与发展历程大致可以分为三个时期，即自罗明坚首次进入湖广到何大化在武昌买地建堂为第一个时期。这一时期正值明清交接，各天主教修会在湖广地区进行了最初的传教尝试。其特点主要表现为：进入湖广的传教士人数少，逗留时间短。除何大化在武昌买地建堂留居长达两年之外，其他传教士，诸如罗明坚、史惟贞、费乐德等人均未在当地立足，很快就在官府的打压下被迫离境。此时湖广的天主教事业可谓举步维艰。究其原因，在于早期传教士来华正值明清鼎革，政局动荡不安，社会混乱不堪，加之又没有得到湖广当地官府的重视与扶持，故而在飘摇动荡的社会环境中生存不易，传教更是无从谈起。

　　第二个时期则是从法国耶稣会士穆迪我进入湖广起，到1724年雍正禁教令下达为止。这一时期，以穆迪我神父为首的耶稣会士奉行上层传教路线，其目的在于"首先赢得最有文化修养阶层的友谊，以便一直进入宫廷"，通过赢得皇帝的规划，从而"赢得了全局"，"因为整个中国社会是以等级关系为基础的"[①]。因此，在湖广各地官吏的帮助下，传教士开始在武昌等中心城市建堂传教，慢慢地将天主教势力扩张到其他地区。这一时期，湖广教区开始受到天主教各修会的重视，方济各会、葡萄牙耶稣

---

　　①　［法］谢和耐：《中国和基督教》，耿昇译，第23页。

会、法国耶稣会、遣使会先后进入此地并开辟新的传教点。由于当时天主教在中国得到以皇帝为首的上层支持，"湖广等省地方官优待教士"①，因此传教环境较为宽松。虽然传教士在开辟传教点时仍然遇到不少困难，但总体而言，这一时期湖广天主教的发展呈现出一种"遍地开花"的态势。传教士首选"那些位处交通中心，拥有较多人口的大城市或是比较重要的城市建立传教区"②，很快在湖广省城及二级城市建立起传教点。为平衡各方关系，这一时期，天主教各修会之间开始划分传教范围。详细说来，葡萄牙耶稣会活动范围以武昌为中心，包括德安、安陆等地区，同时在湖南湘潭等地设立传教点。而法国耶稣会士这一时期势力范围最为广阔，沿长江东起黄州，西至宜昌，南到汉口和汉阳，北达襄阳和郧阳。③据1720年的统计，法国耶稣会士在汉阳、黄州、安陆、襄阳、岳州、荆州、宜陵和汉口等地都已建立起传教会口。④ 与此同时，以穆天尺为首的遣使会士则主要在湖南常德等地活动。

　　第三个时期，是从雍正元年（1723）全面禁教始至道光二十年（1840）第一次鸦片战争爆发为止。随着罗马教廷与清政府的交恶，清朝皇帝对天主教的态度逆转，最终造成全面禁教政策的确立，"令教会在清前期再也没能恢复元气"⑤。禁教时期，湖广天主教的发展无论是从传教方法上，还是区域格局上均发生了重要改变。这一时期，法国耶稣会放弃在大城市的传教点，转而在湖广西北、西南部的边远山区开辟传教点。在崇山峻岭的掩护下，远离清政府的管制，在山区开创由单一基督徒组成的天主教社区。这个被称为"上主的葡萄园"的纯基督徒社区虽然历经数次破坏，但是却一直延续至当代。通过梳理天主教社区形成、发展的变迁史，我们可以发现，这一地区由于地理上存在着天然的屏障，加之来此地传教的神父络绎不绝，同时建立之初，传教士就注意保证此传教区社区人员成分的单一，此后历任传教士无不遵守旧例，极力将非教徒转化成教

　　① 萧若瑟：《天主教传行中国考》，《中国天主教史籍丛编》，第 169 页。

　　② Mgr. Noël Gubbels, *Trois siècles d'apostolat——histoire du catholicisme au Hu-kwang depuis les origines 1587 jusqu'à 1870*, p. 56.

　　③ Ibid., p. 172.

　　④ Ibid., p. 68.

　　⑤ ［美］魏若望：《耶稣会士傅圣泽神甫传：索隐派思想在中国及欧洲》，吴莉苇译，第263 页。

徒，利用宗教氛围增强信仰力量，从而使得湖广地区天主教事业并未因禁教而销声匿迹。相反，却使这一地区成为同时期整个中国发展较好的传教点之一。

当法国耶稣会士退缩至湖北西北、西南部边远山区时，与之同时在湖广传教的葡萄牙耶稣会士，则坚守在湖广中部、东部的辽阔水乡。传教士们充分利用了这里水路交通的便利，在渔民中发展了不少信众，形成与山区农民教徒遥相呼应的局面。耶稣会解散后，接替而来的遣使会持续不断地派遣传教士进入湖广传教，湖广成为他们进入中国传教的首选之地。一方面是因为湖广地区遍布山林的地理优势，被西方传教士认为是"最安全的地方"①；另一方面是因为"湖北教友较他省独多"②，"比江西更需要传教士"③。所以自禁教起，湖广教区相较于其他教区在接受传教士方面要更具连续性。这样就使湖广天主教一直能够得以秘密发展，禁而不绝。如禁教时期山东地区的天主教形势，用西方学者的话来说是："1784—1785 年的大迫害给传信部在直隶南部和山东西部以及西班牙方济各会在山东西部和中部的传教工作画上了戏剧性的句号。"④ 曾在山东传教的利安当神父在谈到中国传教时，把中国比作一棵大树，上面有的枝条（比喻省份）郁郁葱葱并结出了丰硕的果实，然后另一些枝条则干枯萎缩了。⑤ 毫无疑问，湖广就是这些挂满了果实的枝条。

明清时期，作为独立政区的湖广地区，一直接纳众多天主教修会在此传教，并最终成为一个统一的传教区域。这种多修会交织的传教形势促成湖广天主教的不断发展。由于早期天主教各修会均来此开辟传教点，一时间湖广传教点激增，截至禁教之前，湖广各府首府均有传教士的活动痕迹。但是，由于各修会之间的传教范围之争、对传教方法看法不一，因此在某种程度上，也束缚了湖广天主教的进一步发展。例如，早期由于葡萄牙耶稣会士和法国耶稣会士在荆州教堂与教徒的归属问题上争执不下，致使法国耶稣会士在湖广的传教受挫，受洗教徒人数一度骤降，教堂亦被官

---

① Mgr. Noël Gubbels, *Trois siècles d'apostolat—— histoire du catholicisme au Hu-kwang depuis les origines 1587 jusqu'à 1870*, p. 216.

② 成和德：《湖北襄郧属教史记略》，第 9 页。

③ ［法］樊国阴：《遣使会在华传教史》，吴宗文译，第 125 页。

④ ［美］孟德卫：《灵与肉：山东的天主教，1650—1785》，潘琳译，第 174 页。

⑤ 同上书，第 23 页。

府没收。① 与其他省份相比，湖广在接纳众多修会传教士方面，很难找出一个省份可与之相比。陕西地区曾经一度是耶稣会的重要传教地，但在"礼仪之争"后，耶稣会大量撤离该地，由方济各会取而代之。而四川则在巴黎外方传教会持续的努力下最终成为其修会单独的传教区。福建地区始终是多明我会的大本营，山东则是方济各会的传教势力范围，均未像湖广这样众多修会互不领属，同时传教。

　　禁教时期，耶稣会解散，遣使会士接替其在湖广传教。湖广天主教的传播对象开始与早期有所不同。耶稣会在早期传教中，"走上层传教和知识传教的路线，而不是通常在下层民众中使用的神秘主义的灵性路线"②，"倾向于把社会中最有权势、最杰出的人士培养成基督徒，从而利用他们的权力和影响来使得中国的一般民众信仰基督"③。但禁教时期，天主教与上层社会的联系被割断，"信徒多属下级社会。上级社会之人多系恋富贵，对于命令解脱富贵之宗教未敢皈依"④。同时，接替的遣使会"更注重于贫穷和边远地区，着眼于华人中的下层贫民"⑤，非耶稣会传教士亦"倾向于使大量的普通中国人归信基督教"，之所以如此，"部分是因为（耶稣会与其他修会）不同的哲学，另外也是因为实际情况。耶稣会士最早到达中国，在传教方面占有垄断地位，而葡萄牙公使又使这种地位得到了加强。耶稣会士不愿意与其他人分享这种垄断地位——有时是出于一些好的原因，源于他们对中国超卓理解，而不是出于嫉妒——迫使其他传教士不得不转向乡村"⑥。因此，湖广天主教不可避免地走上了本地化、下层化的路线。下层化首先表现在这一时期受洗的教徒多数为处于社会底层的平民，即农民、小商人及渔民等。底层平民受其教育程度的影响，对天主教教理的理解往往较肤浅，很难如同"传教士可能与文人进行过长期讨论，力图反击那些早已确立并得到了丰富文献支持的颇有学问之观点。他们与平民百姓交往时却丝毫不会遇到这种情况。这些人自己也承认这一

---

① Mgr. Noël Gubbels, *Trois siècles d'apostolat—— histoire du catholicisme au Hu-kwang depuis les origines 1587 jusqu'à 1870*, p. 53.

② 李天纲：《中国礼仪之争：历史、文献和意义》，第 18 页。

③ ［美］孟德卫：《灵与肉：山东的天主教，1650—1785》，潘琳译，前言第 2 页。

④ ［法］费赖之：《在华耶稣会士列传及书目》，冯承钧译，第 984 页。

⑤ ［法］荣振华等：《16—20 世纪入华天主教传教士列传》，耿昇译，第 545 页。

⑥ ［美］孟德卫：《灵与肉：山东的天主教，1650—1785》，潘琳译，前言第 2 页。

点：平民百姓最容易被说服"①。平民信教带上了神奇、神秘甚至迷信的色彩，而教徒们的习教活动也日益具体化。

值得一提的是，禁教时期，由于地理位置、人文因素等多方面原因，湖广天主教走上了一条以底层社会、山区纯宗教社区发展的模式道路。这是湖广天主教与其他教区所不同的表现之一。如陕西曾是耶稣会的重点传教区之一。因为这一地区虽然离京城较远，又不是沿海城市，但是作为西北重镇，在中国西北部的影响力是不言而喻的。因此，自金尼阁之后，汤若望、曾德昭、杜奥定、方德望、南怀仁等十几位耶稣会士曾相继来陕西传教。经过长达七十多年的努力，陕西已然成为耶稣会的一个重要据点。但"礼仪之争"后，耶稣会撤离，方济各会开始大量涌入。至康熙四十年（1701），陕西基本上已经成为方济各会的独立传教区。陕西天主教在禁教时期也存在着大量的底层教徒，他们也避开政治中心如西安等府城，转而在东部的广大农村，主要是以渭南、商州等地为中心，进行秘密传教。那么他们与湖广天主教的发展有何不同？笔者认为，同是在下层传教，同是在偏远地区传教，除了在自然、人文地理细节等方面的不同外，湖广、陕西天主教的不同之处还表现在陕西天主教与中国民间宗教的融合程度要更高一些。极端的例子就是在当地传教的方德望神父竟然成为陕西当地民众祭祀的对象，成为教内外人士朝拜的"圣人"。"在羊肠小道和大道沿途的许多小塔中可以发现该神父的塑像，在不同程度上被改造成了菩萨，脚下踏一只虎"，甚至尊敬神父为"方土地"，等等。②这种情况在湖广尚未发现。尽管在湖广的下层传教中，也存在大量的被西方传教士视为迷信的行为，但是传教于湖广的神父并没有被改造成有中国文化特色的神灵，而仅是作为宗教的传播者被敬仰。

明清时期的另一个天主教大省福建与湖广相比，也存在差异。福建当地自古以来宗族观念强烈，随着高琦等多明我会士进入福安传教，天主教信仰逐渐渗入到福安乡村社会，相当部分的乡村居民接受了这种宗教信仰，成为天主教徒，由此在乡村社会形成了一个个规模甚大的天主教群体。与某些宗教群体成员组成的松散性不同，这一乡村天主教群体主要由分布于乡村间的各个宗族组成，具有十分明显的宗族依附性特征。而明清

---

① ［法］谢和耐：《中国和基督教》，耿昇译，第121页。
② 王雪：《基督教与陕西》，第67—68页。

时期当地乡村宗族对天主教信仰的皈依，是天主教能够深入福安乡村社会传播、发展的根本原因。正是由于一些乡村宗族的天主教化，天主教信仰得以依附在这些宗族中，依靠地方宗族的力量不断发展壮大，直至成为对当地民间社会生活具有深刻影响的一种区域性主流宗教。而在湖广地区，虽然我们也发现了大量家庭信教的材料，但是却没有出现像福建这样明显的大规模宗族全体信仰天主教，并将天主教的教义与宗族内部的文化认同如此紧密地结合在一起的情况。无论是在宗教认同还是内部成员管理上，天主教在福建的影响要深于湖广地区。同时，福建相比湖广不同的另一个方面是，尽管在禁教时期，天主教均开始远离政府上层社会，转而在底层民众中发展教徒，但是在福建的教徒中我们还是可以发现有大量的政府下层官吏信教。张先清先生就指出福建的天主教教徒中有大量的乡绅、书吏、衙役存在，他们的信教使地方官府无法操纵乡治工具来达到禁教目的，相反，教会却得以利用宗族在基层社会权力网中的各种资源来保护自身利益。① 所以，福建天主教禁而不绝是与当地强宗大族信仰天主教分不开的。而福建之所以在教案中对待传教士与教徒如此残忍，也是因为天主教在当地已经渗透到清政府的基层组织，对清朝在地方上的统治造成了一定的威胁，引起了地方官员的恐慌与厌恶。

山东地区天主教发展的一个特点是，"山东的基督教徒被广泛吸收进异端教派的本土传统之中。这种吸收与欧洲传教无关，而恰恰是在没有他们的情况下发生的。这是中国老百姓的自发运动，而中国经济、信仰和社会力量的变化刺激了这种运动。有些欧洲传教士致力于扩大自己的施洗名单，而似乎忽略了基督教徒被异端教派吸收的事实"②。而湖广地区来此工作的传教士源源不断，因此并没有出现类似山东这样极端的情况。

湖广天主教本地化的另一个表现还在于神职人员的本地化。在湖广传教的遣使会热衷于培养本地神职人员，"大力从平民中培养高级神职人员"③。因此湖广一直有培养儿童的传统。加之这一地区拥有大量的教友村，对于维持天主教传统较为有利。所以，湖广地区培养出大量的中国神

---

① 张先清：《官府、宗族与天主教——17—19 世纪福安乡村教会的历史叙事》，第 309—310 页。

② ［美］孟德卫：《灵与肉：山东的天主教，1650—1785》，潘琳译，第 174 页。

③ ［法］荣振华等：《16—20 世纪入华天主教传教士列传》，耿昇译，第 545 页。

职人员。而这些中国神职人员又传教于当地。尤其以马国贤神父的中国书院最为显著。中国神职人员的到达不仅使湖广天主教持续不断发展，另外它也使湖广天主教深深打上本地化的印记。

　　总之，湖广天主教三百年的发展进程，为我们展示了一幅丰富多彩的历史画卷。天主教各修会在湖广地区的争夺与分歧，也是全国大范围内的一个小缩影，通过考察湖广多修会交织下的传教也可以使我们对当时全国各修会传教的整体策略有所了解。同时，湖广天主教在禁教后，逐渐步入了底层化、本地化，它与中国民间信仰文化日益接触，与中国文化逐渐融合，不仅对中国教徒的生活产生深远影响，也对天主教自身产生了不可忽视的作用。在鸦片战争爆发后，随着西方列强再次以合法身份进入湖广地区的天主教已经与早期天主教有着质上的区别。天主教文化与湖广地方文化发生了强烈的冲突。清末湖广地区教案频繁，民教冲突严重。这一次天主教的重新进入，与荆楚、湖湘文化更多的是碰撞而非融合，"中国人也确信不疑地认为欧洲传教士在传教的同时，既破坏了中国文明，又为欧洲势力的扩张做了准备"①。基于此，对鸦片战争前后的天主教传教活动进行比较、甄别与分析，尤值得我们仔细鉴别。

---

① ［法］卫青心：《法国对华传教政策——清末五口通商和传教自由》，黄庆华译，第31页。

参考文献

中文档案：

韩琦、吴旻校注：《熙朝定案》，中华书局 2006 年版。

（清）蒋良骐：《东华录》，中华书局 1980 年版。

《清高宗实录》，中华书局 1986 年版。

吴旻、韩琦编校：《欧洲所藏雍正乾隆朝天主教文献汇编》，上海人民出版社 2008 年版。

［比］钟鸣旦等编：《徐家汇藏书楼明清天主教文献》，辅大神学院 1996 年版。

中国第一历史档案馆编：《康熙朝满文朱批奏折全译》，中国社会科学出版社 1996 年版。

中国第一历史档案馆编：《清中前期西洋天主教在华活动档案史料》，中华书局 2003 年版。

中国第一历史档案馆、澳门基金会、暨南大学古籍所编：《明清时期澳门问题档案文献汇编》，人民出版社 1999 年版。

中国第一历史档案馆译编：《雍正朝满文朱批奏折全译》，黄山书社 1998 年版。

中国第一历史档案馆、福建师范大学历史系合编：《清末教案》，第 2 册，中华书局 1998 年版。

中国第一历史档案馆编：《雍正朝汉文谕旨汇编》，广西师范大学 1999 年版。

方志、文集材料：

（清）程启安修，张炳钟纂：《宜城县志》，清同治五年刊本。

（清）常丹葵修，邓光仁纂：《竹山县志》，清乾隆五十年刊本。

（清）范锴辑：《汉口丛谈》，清道光二年刊本。

故宫博物院编：《故宫珍本丛刊·湖北府州县志·巴东县志》，海南出版社 2001 年版。

故宫博物院编：《故宫珍本丛刊·湖北府州县志·郧西县志》，海南出版社 2001 年版。

故宫博物院编：《故宫珍本丛刊·湖北府州县志·枝江县志》，海南出版社 2001 年版。

湖北省谷城县地方志编纂委员会：《谷城县志》，新华出版社 1991 年版。

湖北省江陵县地方志编纂委员会编纂：《江陵县志》，湖北人民出版 1990 年版。

（清）李拔等纂修：乾隆《福宁府志》，《中国地方志丛书》，成文出版社 1966 年版。

（清）隆庆修，宗绩辰纂：《永州府志》，清道光八年刊本。

（清）梁廷枏总纂，袁钟仁校注：《粤海关志》，广东人民出版社 2002 年版。

（清）上官廉等修，姚炳奎纂：《邵阳县乡土志》，清光绪三十三年刊本。

（清）松林修，何远鉴纂：《施南府志》，清同治十年刊本。

（清）王履谦修，李廷锡纂：《安陆县志》，清道光二十三年刊本。

（清）王庭桢修，彭崧毓纂：《江夏县志》，清光绪七年重刊本。

（明）徐昌治：《圣朝破邪集》，《中国宗教历史文献集成》，黄山书社 2005 年版。

（清）许缵曾：《宝纶堂集》，《四库全书存目丛书》，集部，第 218 册，齐鲁书社 1997 年版。

（清）印光任、张汝霖：《澳门记略》，澳门文化司署 1992 年点校本。

（清）英启修，邓琛纂：《黄州府志》，清光绪十年刊本。

（明）杨光先：《不得已》，《中国宗教历史文献集成》，黄山书社 2005 年版。

（清）杨廷烈纂修：《房县志》，清同治刊本。

（清）张映蛟等修，俞克振等纂：《晃州厅志》，清道光五年修，民国二十五年铅印本。

（清）钟铜山修，柯逢时纂：《武昌县志》，清光绪十一年刊本。

（清）黄伯禄：《正教奉褒》，辅仁大学出版社 2003 年标点本。

中文著作：

陈方中、江国雄：《中梵外交关系史》，台湾商务印书馆 2003 年版。

陈垣：《陈垣学术论文集》，中华书局 1980 年版。

成和德：《湖北襄郧属教史记略》，上海土山湾印书馆 1924 年版。

崔维孝：《明清之际西班牙方济会在华传教研究：1579—1732》，中华书局 2006 年版。

《董圣人致命歌诀》，汉口方济各会 1940 年出版。

方豪：《中国天主教史人物传》，中华书局 1988 年版。

方豪：《中西交通史》，上海人民出版社 2008 年版。

方豪：《方豪六十自定稿》，台湾学生书局 1969 年版。

耿永顺：《董文学——中国第一位列品圣人》，台湾闻道出版社 1976 年版。

顾裕禄：《中国天主教的过去与现在》，上海社会科学出版社 1989 年版。

顾卫民：《基督教与近代中国社会》，上海人民出版社 2010 年版。

韩承良：《中国天主教传教历史》，香港思高圣经学会出版社 1994 年版。

韩承良：《忠烈英魂：方济会中华殉道圣人小传》，香港天主教方济会 2000 年版。

黄一农：《两头蛇：明末清初的第一代天主教徒》，上海古籍出版社 2006 年版。

康志杰：《上主的葡萄园——鄂西北磨盘山天主教社区研究（1636—2005）》，辅仁大学出版社 2006 年版。

李天纲：《中国礼仪之争：历史、文献和意义》，上海古籍出版社 1998 年版。

刘羡冰：《双语精英与文化交流》，澳门基金会 1994 年版。

刘天路主编：《身体·灵魂·自然：中国基督教与医疗、社会事业研究》，上海人民出版社 2010 年版。

罗光：《教廷与中国使节史》，台湾传记文学出版社 1983 年版。

罗光主编：《天主教在华传教史集》，台北征祥出版社 1967 年版。

梁家勉编：《徐光启年谱》，上海古籍出版社 1981 年版。

倪化东编著：《天主教修会概况》，香港真理学会 1950 年出版。

秦和平：《基督宗教在四川传播史稿》，四川人民出版社 2006 年版。

戚印平：《远东耶稣会史研究》，中华书局 2007 年版。

《圣教史略》，河北献县 1932 年出版。

孙尚扬、［比］钟鸣旦：《1840 年前的中国基督教》，学苑出版社 2004 年版。

汤用彤：《隋唐佛教史稿》，中华书局 1982 年版。

谭树林：《马礼逊与中西文化交流》，中国美术学院出版社 2004 年版。

天主教台湾地区主教团宣圣委员会编：《中华殉道圣人传》，天主教教务
　　协进会出版社 2000 年版。

佟洵：《基督教与北京教堂文化》，中央民族大学出版社 1999 年版。

王雪：《基督教与陕西》，中国社会科学出版社 2007 年版。

王之春：《清朝柔远记》，中华书局 1989 年版。

王治心：《中国基督教史纲》，文海出版社 1971 年版。

伍昆明：《早期传教士进藏活动史》，中国藏学出版社 1992 年版。

吴义雄：《在宗教与世俗之间》，广东教育出版社 2000 年版。

吴梓明、李向平、黄剑波、何心平等：《边际的共融：全球地域化视角下
　　的中国城市基督教研究》，上海人民出版社 2009 年版。

萧若瑟：《天主教传行中国考》，《中国天主教史籍丛编》，辅仁大学出版
　　社 2003 年版。

薛福成：《出使四国日记》，湖南人民出版社 1981 年版。

许明龙：《中西文化交流先驱》，东方出版社 1993 年版。

徐宗泽：《明清间耶稣会士译著提要》，上海书店出版社 2006 年版。

徐宗泽：《中国天主教传教史概论》，上海书店出版社 1990 年版。

晏可佳：《中国天主教简史》，宗教文化出版社 2001 年版。

赵庆源：《中国天主教教区划分及其首长接替年表》，台湾闻道出版社
　　1980 年版。

张力、刘鉴唐：《中国教案史》，四川社会科学院出版社 1987 年版。

徐以骅、张庆熊主编：《基督教学术》，上海古籍出版社 2009 年版。

朱维铮主编：《基督教与近代文化》，上海人民出版社 1994 年版。

外文译著：

［法］埃德蒙·帕里斯：《耶稣会士秘史》，张茄萍、勾永东译，罗结珍
　　校，中国社会科学出版社 1990 年版。

［英］阿·克·穆尔：《一五五〇年前的中国基督教史》，郝镇华译，中华

书局 1984 年版。

［法］安田朴：《中国文化西传欧洲史》，耿昇译，商务印书馆 2002 年版。

［法］白晋：《清康乾两帝与天主教传教史》，冯作民译，光启出版社 1966 年版。

［法］沙百里：《中国基督徒史》，耿昇、郑德弟译，中国社会科学出版社 1998 年版。

［美］邓恩：《从利玛窦到汤若望：晚明的耶稣会传教士》，余三乐等译，上海古籍出版社 2003 年版。

［法］杜赫德：《耶稣会士中国书简集：中国回忆录》，郑德弟、吕一民、沈坚译，大象出版社 2001 年版。

［法］樊国阴：《遣使会在华传教史》，吴宗文译，台北华明书局 1977 年版。

［法］费赖之：《在华耶稣会士列传及书目》，冯承钧译，中华书局 1995 年版。

［美］费正清：《中国：传统与变迁》，张沛等译，世界知识出版社 2002 年版。

［比］高华士：《清初耶稣会士鲁日满常熟账本及灵修笔记研究》，赵殿红译，大象出版社 2007 年版。

［法］古洛东：《圣教入川记》，舒伏隆译，四川人民出版社 1981 年版。

［意］利玛窦、［比］金尼阁：《利玛窦中国札记》，何高济、王遵仲、李申译，何兆武校，中华书局 1983 年版。

［英］李提摩太：《亲历晚清四十五年》，李宪堂、侯林莉译，天津人民出版社 2005 年版。

［意］马国贤：《清廷十三年——马国贤在华回忆录》，李天纲译，上海古籍出版社 2004 年版。

［英］马戛尔尼：《康熙与罗马使节关系文书》，刘复译，台湾学生书局 1986 年版。

［美］孟德卫：《1500—1800：中西方的伟大相遇》，江文君、姚霏等译，北新星出版社 2007 年版。

［美］孟德卫：《灵与肉：山东的天主教，1650—1785》，潘琳译，大象出版社 2009 年版。

［法］裴化行：《天主教十六世纪在华传教志》，萧睿华译，商务印书馆

1937 年版。

［法］荣振华:《在华耶稣会士列传及书目补编》,耿昇译,中华书局 1995
年版。

［法］荣振华、方立中、热拉尔·穆赛、布里吉特·阿帕乌:《16—20 世
纪入华天主教传教士列传》,耿昇译,广西师范大学出版社 2010 年版。

［法］史式徽:《江南传教史》,天主教上海教区史料译写组译,上海译文
出版社 1983 年版。

［法］维吉尔·毕诺:《中国对法国哲学思想形成的影响》,耿昇译,商务
印书馆 2000 年版。

［法］穆启蒙编著:《中国天主教史》,侯景文译,光启出版社 1981 年版。

［法］卫青心:《法国对华传教政策——清末五口通商和传教自由》,黄庆
华译,中国社会科学出版社 1991 年版。

［美］魏若望:《耶稣会士傅圣泽神甫传:索隐派思想在中国及欧洲》,吴
莉苇译,大象出版社 2006 年版。

［法］谢和耐:《中国和基督教》,耿昇译,上海古籍出版社 1991 年版。

［法］谢和耐:《中国与基督教:中西文化的首次撞击》,耿昇译,上海古
籍出版社 2003 年版。

［捷克］严嘉乐:《中国来信》,丛林、李梅译,大象出版社 2002 年版。

外文档案及著作:

Adrien Launay, *Histoire des missions de Chine*: *mission du Se-Tchoan*, Paris,
1920.

Albert Chan S. J. , "Michele Ruggieri S. J. (1543 – 1607), and His Chinese
Poems", *Monumenta Serica*, Vol. 41, 1993.

Alphone Hubrecht, *La mission de Peking et les lazaristes*, Peking, Imprimerie
des Lazaristes, 1939.

Andien Launay, *André Ly*, *Journal d'André Ly*, *prête chinois*, *missionnaire et
notaire apostolique*, *1746 – 1763*, Hongkong : Imprimerie de Nazareth,
1924.

Brian Harrison, *Waiting for China*, *Hong Kong*, Hong Kong University Press,
1979.

Chaney, S. J. , *La colonie du Sacré-Cœur*, Tournai, 1889.

Cordier H. , *Catalogue albums chinois et ouvrages relatifs à la Chine conservés au cabinet des estampes de la bibliothèque nationale*, Paris, imprimerie nationale, 1909.

Domenico Gandolfi, *La mission di Laohokow（Hupei）1921 – 1955*, Hong Kong, Franciscan fathers, 1987.

Dominique Dinet, *L'imprimerie au service de la mission：Les missions étrangères et l'apostolat par le livre（années 1770 – 1880）*, thèse de doctorat d'histoire, Université Strasbouge II-Marc Bloch, 2008.

Eugenio Menegon, *Ancestors, Virgins and Friars：the Localization of Christianity in Late Imperial Mindong（Fujian, China）1632 – 1863*, Ph. D. dissertation, University of California, Berkerley, 2002.

François Rousseau, *L'idée missionnaire aux XVIe et XVIIe sièclés*, Paris, 1930.

Havret Henri, *La style chrétienne de Si-ngan-fou*, Shanghai, 1895.

Henri Fouqueray, S. J. , *Histoire de la compagnie de jésus en France des origines à la suppression（1528 – 1762）*, Paris, Bureaux des études, 1922.

Jacques G. , *Chine et christianisme*, Gallimard, 1982.

J. De Moidrey, *Confesseurs de la Foien Chine 1784 – 1863*, Imprimerie de Touse-ue, presse Zi-ka-wei, Shanghai, 1935.

J. de St Blanguat J. G. , *Perboyre, de la mission martyr en chine*, Mothes, 1994.

Jean-Pierre Duteil, *Le Mandat du Ciel-le role des jésuites en chine, de la mort de François-Xavier à la dissolution de la compagnie de jésus（1552 – 1774）*, Paris, Editeur Arguments, 1994.

Jean Guennou, *Missions Etrangères de Paris*, Paris, Le sarment Fayard, 1986.

J. M. Sedes, *Une grande ame sacerdotale, le prêtre chinois André Ly*, Paris, Desclée, 1940.

Joseph Van den Brandt Frère, *Lettre du Bienheureux François-Régis Clet*, Pékin, 1944.

Joseph Van den Brandt Frére, *Saint Jean-Gabriel Perboyre prêtre de la mission*, Pékin, 1940.

Léonide Guiot, *La mission du Su-tchuen au XVIIIe siècle*, Paris, 1892.

M. Demimuid, *Vie du bienheureux François-Régis Clet*, *prêtre de la congrégation de la mission*, *martyres en chine le 18 fèvrier* 1820, Paris, 1900.

M. Huc, *Le christianisme en chine*, *en Tartarie et au Thibet*, Paris, Gaume Frères et J. Duprey, 1858.

Mongesty J. de, *Témoin du christ*, *le Bienheureux J-G. Perboyre*, Paris, 1905.

Murray H., *Historical Account of Discoveries and Travels in Asia*, Edinburgh, 1820.

R. G. Tiedemann, "Christianity and Chinese 'Heterodox Sects': Mass Conversion and Syncretism in Shangdong Province in the Early Eighteenth Century", *Monumenta Serica*, Vol. 44, 1996.

Robert Entenman, "the Problem of Chinese Rites in Eighteenth Century Sichuan", in Stephen Uhalley, Xiaoxin Wu eds., *China and Christianity*: *Burdened Past*, *Hopeful Future*, N. Y, 2001.

R. P. Daniele Van Damme, O. F. M., *Necrologium fratrum minorum in Sinis*, Hong Kong, 1978.

William Dean, *The China mission*, *Embracing a History of the Various Missions of all Denominations Among the Chinese*, *with Biographical Sketches of Deceased Missionaries*, New York, 1859.

中文论文:

宝成关:《明末西学东渐重评》,《学术研究》1994 年第 3 期。

宝成关:《清初西学输入的成就与局限》,《史学月刊》1995 年第 3 期。

宾静:《清代禁教时期华籍天主教徒的传教活动》,博士学位论文,暨南大学,2007 年。

陈开华:《二十世纪汉语界的天主教传华史研究综述》,《中国天主教》2004 年第 3 期。

陈青松:《雍正时期的禁教与禁教时期的天主教》,硕士学位论文,暨南大学 2006 年。

耿昇:《试论巴黎外方传教会的在华活动》,"明清时期的中国与西班牙"国际学术研讨会论文,2007 年,澳门。

郭熹微：《黄一农及其明清天主教传华史研究》，《世界宗教研究》2000年第2期。

顾卫民：《17世纪罗马教廷与葡萄牙在中国传教事业上的合作与矛盾》，《文化杂志》2003年第46期。

顾卫民：《清初顺康雍三朝对天主教政策由宽容到严禁的转变》，《文化杂志》2002年第44期。

顾卫民：《本世纪中国学者对马尔蒂尼（卫匡国）的介绍与研究》，《社会科学》1994年第9期。

何桂春：《十年来明清在华耶稣会士研究述评》，《中国史研究动态》1992年第5期。

黄启臣：《16—18世纪中国文化对欧洲国家的传播和影响》，《中山大学学报》1992年第4期。

黄一农：《明末清初天主教传华史研究的回顾与展望》，《新史学》1996年第7卷第1期。

江晓原：《通天捷径——明清之际耶稣会士在华传播的欧洲天文学说及其作用与意义》，载朱维铮主编《基督教与近代文化》，上海人民出版社1994年版。

康志杰：《湖北天主教开教述略》，《江汉论坛》1999年第2期。

康志杰：《关于湖北磨盘山神权社会的考察》，《世界宗教研究》2004年第3期。

荆世杰：《50年来中国天主教研究的回顾与前瞻》，《南京晓庄学院学报》2007年第1期。

林金水：《艾儒略与明末福州社会》，《海交史研究》1992年第2期。

林金水：《试论艾儒略传播基督教的策略与方法》，《世界宗教研究》1995年第1期。

李平晔：《当代中国基督教发展透视》，载罗明嘉、黄保罗编《基督宗教与中国文化：关于中国处境神学的中国—北欧会议论文集》，中国社会科学出版社2004年版。

刘亚轩：《清初来华传教士马国贤研究》，博士学位论文，浙江大学，2009年。

陆敬严：《中德科技交流的先驱——汤若望》，《中国科技史料》1993年第2期。

马钊：《中国第一历史档案馆藏乾隆朝查禁天主教档案述论》，《历史档案》1999 年第 2 期。

钱志坤：《试论中国耶稣会传教重心的转移》，《杭州师范学院学报》1990 年第 5 期。

钱国权：《天主教在华传播史的研究状况概述》，《甘肃社会科学》2005 年第 3 期。

秦和平：《清代中叶四川天主教传播方式之认识》，《世界宗教研究》2002 年第 1 期。

陶飞亚：《1895 年传教士集体上疏清廷考》，载吴义雄主编《地方社会文化与近代中西文化交流》，上海人民出版社 2010 年版。

汤开建：《清前期天主教在中国社会的发展与兴衰》，《国际汉学》2003 年第 9 期。

汤开建：《顺治朝全国各地天主教教堂教友考略》，《清史研究》2002 年第 3 期。

汤开建：《晚清天主教在陕西三边的传播》，《西北师大学报》2004 年第 4 期。

汤开建：《明清之际澳门与中国内地天主教传播之关系》，《汉学研究》2002 年第 20 卷第 2 期。

汤开建：《明清时期中国天主教各修会的经费来源》，《世界宗教研究》2001 年第 1 期。

汤开建：《明清之际方济各会在中国的传教》，载卓新平主编《明末清初中西文化交流国际学术讨论会论文集》，宗教文化出版社 2003 年版。

汤开建：《明清之际甘青地区天主教传教活动钩沉》，《兰州大学学报》2007 年第 5 期。

汤开建：《明末清初天主教在江南的传播与发展》，《社会科学》2006 年第 12 期。

汤开建：《明清之际天主教在海南的传播、发展及兴衰》，《海南大学学报》2001 年第 4 期。

万明：《明代后期西方传教士来华尝试及其成败述论》，《北京大学学报》1993 年第 5 期。

韦羽：《清中前期巴黎外方传教会在四川传教活动研究》，博士学位论文，暨南大学，2009 年。

万俊人：《为何基督教更容易进入中国文化？——从利玛窦传教中国的进入方式看宗教与道德的文化亲缘性》，载罗明嘉、黄保罗编《基督宗教与中国文化：关于中国处境神学的中国——北欧会议论文集》，中国社会科学出版社 2004 年版。

吴伯娅：《乾嘉时期清廷的西方文化政策》，《暨南史学》2004 年第 3 辑。

许敏：《明清之际耶稣会传教士与中国社会生活的西传——西方人眼里中国人的衣食住行》，《史学集刊》1992 年第 1 期。

许敏：《西方传教士对明清之际中国婚姻的论述》，《中国史研究》1994 年 3 期。

许明龙：《试评 18 世纪末以前来华的欧洲耶稣会士》，《世界历史》1993 年第 4 期。

徐明德：《论意大利汉学家卫匡国在中意文化交流史上的卓越功绩》，载陈材富主编《宗教与文化论丛》，东方出版社 1994 年版。

徐如雷：《简述鸦片战争前天主教来华各修会的矛盾》，《宗教》1989 年第 2 期。

叶农：《明末天主教在广东地区的传播与发展》，《暨南学报》2001 年第 5 期。

［美］鄢华阳：《18 世纪四川的中国籍天主教神职人员》，顾卫民译，《中国天主教历史译文集》，广西师范大学出版社 2010 年版。

章文钦：《澳门与明清时代的中国天主教徒》，《澳门历史文化》，中华书局 1999 年版。

张先清：《1990—1996 年间明清天主教在华传播史研究概述》，《中国研究史动态》1998 年第 6 期。

张先清：《疾病的隐喻：清前期天主教传播中的医疗文化》，《身体·灵魂·自然：中国基督教与医疗、社会事业研究》，上海人民出版社 2010 年版。

索　引

后　记

　　从 2010 年博士毕业到今年博士论文终于出版，已经八年了。面对即将出版的书稿，我心里惴惴不安。因为在研究中我发现仍有许多问题尚未解决，当年毕业时想要进一步深入探究的愿望却在这八年里一直没有付诸行动，因此本书势必会有不少错误与不足，只能继续寄希望于未来。

　　本书从选题、资料收集到最后写作完稿，每一个步骤无不凝聚了导师汤开建教授的指导和帮助。恩师不仅学术理论丰富、治学态度严谨，也是一位慈爱的长者，对我的学习和生活都非常关心。回首往事，正是恩师谆谆教诲和无私关爱，才使我得以坚持下去。一日为师，终身为师，恩师在这些年来对我的教导令我终身受益。

　　回首博士学习时光，我感叹万千。2004 年我初入汤开建教授门下，那时一片懵懂，对未来研究方向毫无把握。正是在汤教授卓有远见的指导下，我选择了以地区宗教史作为自己未来的研究方向，并在恩师的指点下开始学习法语。在汤教授的挚友中山大学刘文立教授的帮助下，我学习用法语解读外文历史档案，这为我日后的研究打下了基础。也正是在恩师和刘老师的推荐下，我才终于走出国门，来到梦寐以求的法国求学。在法国学习的两年时间里，我遇到无数的困难，曾退却过，迷茫过，是老师和师母田映霞女士的悉心开解与指导，终于使我坚持了下来。我现在还清楚地记得初到法国时，时常在繁忙的学习之余，叨扰师母，正是师母谆谆的宽慰才使独自一人在法国求学的我忘却了思乡的痛楚。

　　无论是在暨南大学的这几年还是在法国学习的两年内，我得到了无数热心老师、同学、朋友的帮助与指导。如果没有他们的帮助，这段艰难的求学历程靠我一个人是绝对无法走下来的。

　　在此我要感谢暨南大学的吴宏岐教授、陈文源、陈才俊、叶农、赵立峰副、吴青等老师……诸位老师在学习上和生活上对我指点颇多，令我在求学路上始终感觉温暖。我在学业上取得的每一个进步都是和老师们的关心和帮助分不开的。

在求学过程中，我还得到了同门及各位挚友的关心。特别是师弟张中鹏，给了我极大的帮助，此外我还要感谢：吴艳玲博士、韦羽博士、王学斌博士及彭蕙师姐、田渝师姐、赵新良师弟等。这寥寥数语实在无法将我的心意表达。

毕业之后，由于各种原因，我没能继续在学术研究这条路上前进，现在想起来总是感觉很惭愧，辜负了各位老师的一片苦心。值得欣慰的是，虽然我自己脱离了学术研究岗位，无法全身心地投入到学术研究中去，但是作为一名学术编辑，仍然有许多机会与各位学者交流探讨，这亦是一件幸福的事情。

本书有幸被纳入 2017 年度"中国社会科学博士论文文库"，要特别感谢中国社会科学出版社的各位领导与同事，是他们的支持与鼓励使这本书稿最终得以出版。

刘芳

2018 年 6 月 1 日